풍운의
도시,
난징

지성인들의
도시
아카이브

신경란

풍운의
도시,
난징

보고사
BOGOSA

일러두기
• 본문의 한자는 중국에서 쓰는 간체자 대신 우리글에서 쓰는 정자체로 표기했다.
• 중국의 인명, 지명(중국 행정구역 단위의 한자음 포함), 동식물 이름 등 고유명사는 우리말
  한자음으로 쓰되, 이 책의 주인공인 남경(南京)의 경우, 책 제목에는 '난징'으로 표기했다.

들어가는 말

지금의 서울은 고려 때 남경이라 불렸다. 도읍지 개경의 남쪽에 있었기 때문이다. 일본의 도쿄(東京)도 교토-나라 지구 기준으로 동쪽에 만든 새 서울이었으니, 명치유신으로 천황이 교토를 떠나 에도로 가면서 도쿄라는 새 이름을 붙인 것이다. 막부의 쇼군 권력이 아무리 강해도 그때까지 일본의 중심은 교토-나라 지구였기 때문에 그냥 서울이 아닌 동쪽의 서울이 될 수밖에 없었다. 중국 역사상 북송의 수도를 동경성이라고 한 까닭도 이와 비슷하다. 그전까지는 효산 서쪽의 낙양이나 서안이 중국의 중심이었으나 조광윤은 그 중심을 동쪽으로 옮겨 지금의 개봉에 동경성을 쌓고 새로운 시대를 열었다.

이 책의 주인공인 남경은 또 어떻게 해서 남경이 되었을까? 1368년, 주원장이 명나라 도읍지로 선택한 곳은 금릉 또는 강녕이라고 부르던 당시 중국 강남의 중심, 지금의 남경이었다. 주원장은 도읍지의 이름을 '천명에 응한다'는 '응천(應天)'으로 정했다. 응천은 당시 세계에서 가장 번화한 도시였다. 국립대학 격인 국자감에서 숙식을 제공받던 과거시험 응시자만도 1만 명에 달했다. 고려 말, 네 명의 고려인 유학생이 이 국자감에 들어가 공부했고, 그중 김도(金濤)는 최종 단계인 전시(殿試)에 급제하여 진사가 되기도 했다. 김도가 공부하던 국자감 자리에 남경시청이 들어섰다. 근처를 지날 때면 1만 명이 북적이던 당시의 응천 국자감을 그려보게 된다.

주원장이 죽고 명나라 정권에 권력 다툼이 생겨 기어코 남북 전쟁으로 번졌다. 양쪽에 전마를 대느라 조선까지 말려 들어간 이 전쟁 끝에 응천은 남경이 되었다. 당시 북평(北平)에 근거지를 두고 있던 주체(朱棣)가 승리하여 영락제가 되면서 응천 대신 북평을 새로운 도읍지로 정했기 때문이다. 새 도읍지의 새 이름을 '천명에 순종한다'는 '순천(順天)'으로 정한 영락제는 기존의 도읍 응천을 버리지 않고 이경제(二京制)를 실시하고자 했으나, 이미 권력의 중심은 응천 기준 북쪽의 순천으로 넘어간 뒤였다. 당시 사람들은 새로운 도읍지를 응천의 북쪽에 있다 하여 북경이라 불렀다. 북경이 생기자 응천은 자연스레 남경이 되었다.

이렇게 생긴 북경과 남경은 600년이 지난 지금까지도 북경과 남경으로 불리고 있다. 명나라 초기 수도였던 남경은 19세기에 이르러 태평천국의 수도가 되면서 잠시 천경(天京)으로 불렸으나 다시 남경으로 바뀌어 신해혁명으로 탄생한 중화민국의 수도가 되었다. 북경은 명나라와 청나라를 지나 중화인민공화국의 수도가 되었다.

이 책에는 남경에 대한 좀 더 자세한 이야기를 담되 '중국사'와 '한중 관계사'라는 두 가지 기준을 적용하여 기술했다. 중국사에서 남경은 10개 나라의 수도였을 뿐 아니라 수도가 아니었을 때에도 문화 중심지였다. 삼국시대 오나라 손권이 수도로 정하면서 급속도로 발전하기 시작한 남경은 남북조 시대를 거치면서 남조 귀족 문화의 중심지이자 당시 세상의 중심이 되었다. 이런 남경을 찾아왔던 고구려와 백제, 신라 사람들이 많았다. 〈양직공도〉를 보면 그 시절 국제 무대에서 활약하던 백제의 세련된 직업 외교관을 만날 수 있다. 〈양직공도〉에는 여러 나라 사람이 그려져 있으나 백제 사신이 개중 가장 멋지다. 기록에 따르면 고구려 사신이 머물던 현인관(顯仁館)과 백제 사신의 숙소였던 집아관(集雅館)은 황궁 남동쪽 끝에 위치하여 황궁을 편히 드나들 수 있었다. 고려 말, 주원장을 만나러 왔던 이색, 정몽주, 권근, 정도전 등이 유숙했던 객관도 명나라 황궁 남쪽 궐외각사 안에 있었다. 건물은 사라졌지만 '주소'가 남아 있는 이 객관들을 지날 때마다 몇백 명 규모의 사신단이 활발하게 움직이는 환영을 본다. 남경에 사는 특별한 재미 중의 하나다.

남경은 지형이 특수하여 예로부터 군사 요지였다. 남경 구간의 장강을 양자강이라고 부르는데 남북으로 흐르다 직각으로 꺾어 동서로 흐르면서 남경의 서쪽과 북쪽을 감싸고 있다. 동서로 흐르는 구간에서는 '강남'과 '강북'이 성립하지만 남북 구간에서는 '강동'과 '강서'가 있다. 남경을 예전에는 '강좌(江左)'에 있다고 했는데, '강좌'는 곧 '강동'이다. 이런 강의 흐름을 따라 길을 냈기 때문에 남경에서는 방향 감각을 잃기 십상이다. 남향 건물이 동향처럼 느껴지고 동향은 또 남향처럼 느껴지기도 한다.

남경은 중국에서 주축선에 따라 설계된 최초의 도성이다. 중국 중세의 황궁 양식이 주축선을 따라 건물을 대칭 배치하고 남쪽에 중요 관아를 두는 식이라 도시도 자연히 주축선을 따라 발달했다. 고대에는 권력이 확장되는 대로 필요할 때마다 궁이나 관공서를 지었기 때문에 도읍지 이곳저곳에 흩어져 있는 다궁제였으나 중세에 와서는 주축선을 따라 건물을 가지런하게 대칭 배치했다. 손권은 남경에 도읍하면서 다궁제를 도입했으나 동진부터 도성에 주축선을 두었다. 그런데 그때의 주축선은 남서-북동 방향 25도로 기울어져 도시가 비스듬히 생기게 되었다. 남북에서 동서로 흐름을 바꾸는 양자강에 맞추려고 주축선을 기울인 것으로 보인다. 남경성이 정남북 주축선 위에 건설된 것은 명나라 주원장 때의 일이다. 강의 흐름에 따르지 않고 정남북을 고집하는 바람에 옛 건강성의 도로와 마을이 이때 많이 사라졌다. 그러나 동쪽으로 25도쯤 기울어져 있는 골목이 아직도 몇 군데 남아 1500년 전 중세형 도시로 출발하던 때의 모습을 간직하고 있다.

남경은 근현대사의 아픔을 고스란히 안고 있는 도시이기도 하다. 특히 중화민국의 수도로서 중일전쟁 때 처참하게 파괴되고 대학살까지 당했다. 당시 중화민국 사람들은 그 아픔을 안은 채 한국 사람들과 연대하여 항일 투쟁을 했다. 대한민국 정부 수립 후 그 연대의 뜻을 귀하게 여겨 손문과 장개석, 송미령 같은 지도자들에게 건국훈장 대한민국장을 수여했다. 1930년대, 남경은 김구가 정치 지도자로 가장 빛나는 시절을 보낸 곳이라고 할 수 있다. 김원봉의 의열단을 중심으로 좌파 '혁명'과 우파 '민족'이 합세하여 '민족혁명당'을 결성한 좌우 합작의 성지도 바로 남경이다. 지금도 남경의 여름은 무덥기로 유명한데, 1935년 7월, 한 달 넘게 이념과 노선을 넘어선 조별 토론을 거쳐 민족혁명당의 강령을 마련했던 항일 투사들의 모습이 눈에 선하다. 투사들은 '일본 침략 세력을 박멸하여 국토와 주권을 회복하고, 정치, 경제, 교육의 평등에 기초한 민주공화국을 건설하며, 세계 인류의 평등과 행복을 촉진한다'는 데 의견을 모았다. 조별 토론을 하며 한 달 동안 머물렀던 여러 군데의 숙소는 찾기 어렵지만 민족혁명당을 창당했던 대회장은 아직도 남경대학교 안에 그 모습 그대로 남아있다.

중일전쟁을 일으킨 일본은 당시 중화민국 수도 남경을 점령하고 대학살과 방화로 철저하게 짓밟았다. 대학살이 벌어지던 바로 그때 일본군 위안소도 급하게 설치되었다. 그들에게 위안소는 점령군의 사기를 높이기 위한 필수불가결한 설비였다. 그곳에 조선인, 중국인, 일본인들이 끌려와 비인간적 학대를 당했다. 남경에는 일본군이 전쟁 중에 만들었던 위안소 중 가장 규모가 컸던 곳이 남아 전시관이 되어있다. 그곳에 가면 박영심이라는 우리 이름을 만나게 되는데, 자신이 학대 당한 위안소를 찾아와 참혹했던 그때 실정을 고발했던 유일한 증인이다. 피해자의 눈물이 지금도 뚝뚝 떨어지는 그곳을 찾는 날은 유독 뼈마디가 쑤신다.

남경은 이야기가 풍성한 곳이나 재주가 부족하여 그 이야기를 이 책에 다 담지 못했다. 그러나 장담한다. 중국의 고대사부터 근현대사를 관통하는 터널이자 고구려, 백제 이후 역대에 걸쳐 우리의 국제 활동 무대였던 남경에서는 찾는 만큼 보물을 캐낼 수 있다는 점. 이 책은 독자를 실망시킬 수 있지만 남경은 그럴 일이 없다는 사실을.

차례

3부

강대국 명나라의 도읍지

6부

피눈물을 흘린 땅

7부

진회하 이야기

1부

남경에 갈 이유

최치원이 다스린 고을

남경과 최치원.

별 관련이 없을 듯하지만, 남경은 최치원의 첫 직장이 있던 곳이다. 당나라 빈공과에 급제한 최치원은 율수(溧水) 현위로 부임하여 4년 동안 재직했다. 율수현은 지금의 남경시 율수구와 고순구(高淳區)에 걸쳐 있었다. 당시의 선진국 당나라에서 고위 공무원 시험에 합격하여 관직에 있었을 뿐 아니라 명문장으로 이름을 드날렸던 최치원은 선진국 언어에 통달했고 선진국 백성을 다스렸으며 선진국 사람들의 마음마저 얻어냈다. 오죽하면 중국 국가 주석이 최근 공개 석상에서 세 차례나 최치원의 시 구절을 인용했을까!

868년, 최치원이 당나라 수도 장안에 갈 무렵 신라와 당나라는 활발하게 교류하고 있었다. 12살 최치원은 충청남도 남양만에서 무역선을 타고 험난한 서해 해로를 거쳐 산동성에 내렸을 것으로 추정된다. 동행이야 있었겠지만 부모와 떨어진 어린 최치원이 직선거리 500km의 거친 해로와 서안까지의 1,500km 여정을 어떻게 이겨냈는지 알 길이 없다. 기록에 따르면 장안에 무사히 당도한 최치원은 국자감에 들어가 6년 동안 공부한 끝에 빈공과에 급제했다.

중국에서 최치원은 한중 문화교류의 문을 연 사람이라 일컬어진다. 최치원 전에도 중국을 오간 사람이 많았지만 사신이나 무역상의 경우 대개 이름이 남지 않았고, 의상대사처럼 승려들도 중국에서 공부했지만 최치원만큼 활동 폭이 넓지는 않았다.

장안의 국자감에서 6년 공부 끝에 빈공과에 급제한 최치원은 현재의 남경국제공항이 있는 율수현의 현위로 부임했다. 스물도 안 된 최치원이 외국인으로서 율수현의 군사와 치안을 책임지는 자리에 앉게 된 것이다. 최치원 본인의 표현에 따르면 '녹후관한(祿厚官閑)', 급여는 많으나 일은 많지 않은 자리였다. 당시 율수현 고을 인구는 몇만을 헤아렸을 것으로 추정된다.

젊디젊은 신라인 현위는 중국의 백성을 돌보기 위해 현의 구석구석을 시찰하러 다녔다. 하루는 율수현 소재지에서 남쪽으로 55km쯤 떨어진 초현(招賢)역에 이르러 역참 객사 가까이 쌍녀분이 있다는 이야기를 듣고 그곳을 찾아갔다.

어느 댁의 따님들이 이 무덤에 계시나	誰家二女此遺墳
적적한 무덤 수없는 원한의 봄을 보냈으리	寂寂泉扃幾怨春
개울에 비친 달에 종적이 남았을까	形影空留溪畔月
먼지 이는 무덤 앞엔 비석도 없네	姓名難問塚頭塵
꿈속에서 아름다운 정을 나눌 수 있을까	芳情倘許通幽夢
긴 밤 나그네를 달래줘도 좋으리	永夜何妨慰旅人
쓸쓸한 객사에서 운우의 정을 나눈다면	孤館若逢雲雨合
그대들에게 낙신부를 지어드리리	與君繼賦洛川神

두 처녀가 묻혀 있는 연고를 생각하며 무덤 앞을 배회하던 젊은 현위가 바친 시라고 한다. 최치원의 진심이 귀신을 울렸을까, 객사로 돌아가 잠을 청하던 중에 기어이 자매 귀신을 만나고 만다. 그동안 한 번도 진정 어린 위로를 받아본 적 없던 자매 귀신에게 최치원은 처음

만난 인자한 사람이 아닐 수 없었다.

두 처녀 이야기는 장화홍련전과 많이 닮았다. 한을 품고 죽은 자매는 새로 부임하는 관리가 근처 역참 객사에 들 때마다 나타나 읍소했지만 그 누구도 아픈 한을 풀어주지 못했다는 것이다. 몇백 년 세월이 흐른 뒤에 나타나 먼저 손을 내밀어준 열아홉 신라 청년 최치원. 자매도 울컥했을 것이다. 세 사람이 대화를 나누는 중에 동이 텄다. 최치원과 자매 귀신은 누가 먼저랄 것도 없이 이별의 아쉬움에 눈물을 흘렸다.

젊은 현위가 자매에게 말했다.

"이제 한을 풀고 영면하시라."

아침에 무덤을 다시 찾은 젊은 현위는 길고 아름다운 글을 써서 다시 바쳤다. 그 뒤로 자매 귀신은 객사에 나타나지 않았다.

한국에는 그날 밤 이야기가 잘 알려져 있지 않지만, 중국에서는 당나라판 '사랑과 영혼'으로 유명하다. 『고순현지(高淳縣誌)』 등에는 쌍녀분에 관해 두 가지 전설이 내려온다. 하나는 이 지방의 부호였던 장씨 집 두 딸이 원하지 않던 혼인을 강요받다가 한을 품고 자결했다는 것이고, 다른 하나는 근처 역참 아전의 두 딸이 겁탈당할 위기에서 스스로 목숨을 끊었다는 것이다. 두 전설의 공통점은 젊은 여자 두 사람이 자결했다는 것이다.

기이한 꿈에서 깨어난 최치원이 얼른 붓을 들어 사라지는 기억을 문장으로 붙잡아 두었을까? 최치원이 겪은 귀신 이야기가 중국과 한국에 여러 판본으로 남아 있는데 얼개가 대개 비슷하다. 학계 최신 소식을 전하자면 여러 판본 중 〈쌍녀분기〉의 저자가 최치원이라는 견해도 나왔다.

율수 현위의 임기를 채운 최치원은 회남(淮南) 절도사 고변(高駢)의 막료가 되어 양주(揚州)로 갔다. 그곳에서 황건적의 수령 황소를 떨게 한 〈격황소서(檄黃巢書)〉를 쓰는 등 문필가로 이름을 날리던 최치원은 스물여덟 나이에 아버지의 부름을 받고 신라로 돌아갔다. 16년 만에 고국에 돌아왔지만 찬란한 날은 이미 지나간 뒤였다. 정치개혁을 주장했지만 받아들여지지 않았고 6두품에 걸려 탁견을 펼칠 기회도 얻지 못했다. 불세출의 국제 스타이자 한국 한문학의 비조 최치원의 마지막 모습은 알려지지 않았다. 은거 끝에 신선이 되어 학을 타고 날아갔다지만 언제 어디서 그런 일이 일어났는지, 남겨진 가족은 있었는지 아무것도 알 수 없다.

한중 수교 후, 쌍녀분을 찾는 한국 손님들이 많아지자 남경시에서 부랴부랴 조사에 나서 1997년에 쌍녀분을 고순현 문화재로 지정하고 비석도 세웠다. 2005년에는 남경시 문화재로 등록되어 더 높은 등급의 관리를 받게 되었고 '최치원과 쌍녀분 이야기'는 제1차 남경시 무형문화유산으로 등록되었다.

2012년 남경시박물관 현장조사 결과 이 무덤은 동한(東漢)시대 전후쌍실분으로 밝혀져, 오백 년을 기다려 겨우 최치원을 만날 수 있었다던 자매 귀신의 이야기에 신빙성을 더했다. 쌍실분에 묻힌 두 사람이 여성일지는 발굴이 진행되지 않아 알 수 없다. 그러나 이 동네 사람들은 이 무덤이 전설 속 자매의 유택(幽宅)이라고 믿고 있다.

쌍녀분이 있는 마을은 지금의 고순구 소재지에서 15km쯤 떨어져 있다. 남경 시내에서 전철을 타고 고순현 번화가에 내려 아무 택시나

타고 쌍녀분을 가자고 해도 모르는 기사가 없을 만큼 유명한 곳이다. 쌍녀분이 있는 이가촌(李家村)을 지나 치원교(致遠橋)를 건너면 최치원이 자매 귀신을 만났던 초현역 객사 터가 나온다. 그리고 객사 300m 앞에 쌍녀분이 있다. 이가촌은 청나라 때 생긴 마을인데 현재 150가구 480명이 살고 있다. 최치원 유적을 찾는 한국 방문객이 많아지면서 남경시 차원에서 마을을 단장할 계획을 세우고 있다. 뿐만 아니라 초현역참 객사도 복원하고 최치원 시비도 세울 계획이라고 하니 머지않아 최치원 마을이 될 듯하다.

이 마을 가까이에 있는 고성호(固城湖)에서 중국 최고의 민물게가 난다. 민물게는 단백질 덩어리에 각종 미네랄이 풍부한 데다 맛도 좋아서 남경 사람들은 늦가을이 되기만 기다린다. 입맛이 동하면 늦가을에 고성호를 찾을 일이다. 통통하게 살이 찬 남경의 진미 민물게를 맛볼 수 있다. 이제 제철 민물게는 인터넷 쇼핑몰에서도 판다. 잔챙이는 남경 시내 자동판매기에서 구매할 수 있다.

율수현 관아 동남쪽 5km 못 되는 곳에 있는 중산(中山)은 산토끼 털로 만든 붓 산지로 유명했다. 왕희지와 백거이가 칭찬했던 자호필(紫毫筆)이다. 왕희지는 이 산에 사는 산토끼가 유독 몸집이 굵고 털이 길어 붓을 묶기 좋다고 했고, 백거이도 대나무 잎을 먹고 맑은 샘물을 마시는 이 산의 토끼가 털이 검고 가늘어서 붓 만들기 좋다고 했다. 그 시절엔 이 산에서 잡은 검은 토끼의 가는 털 천만 가닥 중에서 가장 가는 한 올을 골라 썼다는 이야기가 있다. 그때 산토끼의 씨를 말려 버려서인지 지금은 붓이 생산되지 않는 야트막한 산에는 혁명열사

묘지가 있다.

범려와 부차의 남경성

기원전 5세기 무렵의 춘추시대, 오나라 땅이었던 남경은 월나라와 접하고 있었다. 당시 오왕 부차(夫差)는 남경 최초의 성인 야성(冶城 야 철지에 쌓은 성)을 쌓았다고 알려져 있다. 그 뒤 월왕 구천(勾踐)이 남경을 점령하고 범려를 파견해 새로운 성을 쌓게 했다. 이때 쌓은 성이 월성(越城)인데 지금은 터만 남아 있다.

부차와 구천은 그 유명한 와신상담(臥薪嘗膽)의 주인공이 아닌가. 남경의 역사에 유명 인물 이를테면 손권(孫權)이나 주원장(朱元璋) 같은 중국 역사의 풍운아들이 많이 등장하는데, 그 시작이 부차와 구천인 것이다. 부차의 오나라와 구천의 월나라가 전쟁을 했는데 구천이 졌다. 구천은 있는 힘을 다해 복수의 칼을 갈았는데, 『사기(史記)』〈월왕구천세가〉에 그 모습이 잘 그려져 있다. 구천이 살았던 춘추시대 역사서에는 구천의 복수담이 나오지 않는다. 쓸개를 반찬 삼아 복수의 칼을 갈던 구천의 이야기는 구천이 죽고 몇백 년이 흐른 뒤 사마천이 채록하면서 유명해졌다. 사마천은 그저 쓸개라고만 썼지 어떤 동물의 쓸개인지는 밝히지 않았지만 아마도 웅담이 아니었을까 생각된다.

먼저 춘추시대 역사서 『춘추 좌전』을 보면 월왕 구천이 자주 등장하지만 와신상담과 관련된 이야기는 전혀 나오지 않는다. 그러다가 몇백 년이 흘러 사마천의 『사기』〈월왕구천세가〉에 와서야 관련된 이야기가 처음 나온다.

　오왕 부차가 회계에서 월왕 구천을 포위했다 풀어주었다. 수도로 돌아온 월왕 구천은 복수심에 불타 반성을 거듭했을 뿐 아니라 몸을 괴롭혀가며 노력했다. 자리 위에 쓸개를 걸어놓고 앉으나 누우나 그 쓸개를 바라보았고, 밥을 먹을 때엔 반찬 삼아 입을 댔다. 그러면서 스스로에게 "너는 회계의 치욕을 잊었느냐?"고 반문했다. 구천은 몸소 밭을 갈고 부인은 베를 짰다. 고기반찬을 먹지 않았고 물들인 화려한 옷을 입지 않았으며 인재 앞에서는 무릎을 꿇었고 빈객을 후하게 대했다. 가난한 백성을 구제하고 죽은 이를 애도하며 백성과 함께 고생했다.

- 『사기』 〈월왕구천세가〉

　여기에 쓸개를 입에 댄 '상담'은 나오지만 땔나무 더미 위에 잤다는 '와신'이 없다. 사마천 이후 동한(東漢) 때에 나온 〈오월춘추 구천귀국외전(吳越春秋 勾踐歸國外傳)〉에 내용이 약간 보충되었다.

　월왕이 오왕에게 복수하겠다고 생각한 건 하루 이틀 일이 아니었으니, 밤낮을 가리지 않고 반성하며 노력했다. 졸리면 여뀌로 눈을 찌르고 발이 시리면 물에 담갔다. 겨울에는 늘 얼음을 껴안았고 여름에는 오히려 집에 불을 땠다. 괴로운 생각이 들면 의지를 단련하느라 문에 쓸개를 걸어놓고 출입할 때마다 맛을 보았으니 입에 쓴맛이 가실 날이 없었다.

여기에도 '와신'은 나오지 않는다. 알려진 바에 따르면 월왕 구천이 땔나무 더미 위에 잤다는 '와신' 이야기는 송나라 사람들이 지어냈다고 한다. 소식(蘇軾)이 손권에게 보내는 가상 편지에 처음 등장한 와신상담은 남송을 지나면서 더 많이 언급되었고 명나라 말기 풍몽룡(馮夢龍)이 『동주열국지(東周列國志)』에 자주 써먹으면서 돌이킬 수 없는 성어로 자리 잡았다. 송나라 사람들은 '와신상담' 이야기를 좋아해서 심지어 월왕 구천의 적수 오왕 부차에게도 와신상담을 썼다고 한다.

복수에 성공하고 오나라 땅을 차지한 월왕 구천은 지금의 남경 땅을 주목했다. 양자강(揚子江)과 진회하(秦淮河)에 둘러싸인 천혜의 요새를 알아본 것이다. 기원전 472년, 구천은 심복 범려(范蠡)를 파견하여 성을 쌓게 했다. 범려는 진회하 변에 월성을 쌓았다. 둘레 1.2km, 면적이 9만 5천m²였다는 이 성을 남경 사람들은 범려성이라고 부르기도 한다. 축성 연대가 알려진 남경 최초의 성이다.

범려가 예순이 넘은 나이에 축성 공사를 지휘하는 동안 구천은 양자강을 넘어 중원 쪽으로 진출하여 패자의 자리에 올랐다. 범려는 토사구팽을 피해 야망가 구천의 곁을 떠났다. 오왕 부차에게 미인계로 바쳤던 아내 서시(西施)와 함께 자유를 찾아 방랑의 길을 떠난 것이다.

춘추시대의 남경은 오나라와 월나라 외에도 서쪽으로 초나라와 붙어 있었다. 범려가 떠난 뒤로 약 150년이 지나서 남경 땅은 초나라 땅이 되었다. 기원전 333년, 월나라를 무너뜨린 초위왕(楚威王)이 이 땅을 점령하고 금릉읍(金陵邑)을 설치했다. 춘추시대의 읍이란 행정구역의 한 단위로서 성벽을 두른 도회지를 이르는 말이었다. 범려가 쌓은 성은 월나라 변경의 방어시설에 불과했지만 초나라에서 금릉읍으로 격상된 것이다.

금릉의 '릉'은 '높은 지대'라는 뜻의 초나라 말이다. 초나라에서 양자강 중하류 강변의 높은 지대에 이 '릉'이 들어가는 지명을 많이 붙였는데 지금도 '강릉(江陵)', '동릉(銅陵)' 같은 이름이 남아 있다. 남경의 옛 이름인 금릉은 현재 정식 명칭은 아니지만 별칭으로 널리 쓰이고 있다.

진시황의 방문

기원전 221년 진시황이 전국(戰國)시대를 끝냈다. '전국'은 말 그대로 '싸우는 나라'이다. 진시황은 합종연횡을 거듭한 진, 초, 제, 연, 한, 위, 조, 일곱 나라의 전국시대를 마무리하고 중국 천하를 통일했다. 진시황은 통일 기념으로 전국을 시찰했다. 권력의 중앙집권에 필수적인 군현제가 제대로 시행되고 있는지 자신도 궁금했을 것이다. 옛 오나라와 월나라 땅을 차지하고 있던 초나라를 합병하긴 했지만, 그쪽 사람들이 말을 잘 들어줄지 알 수 없었다. 양자강 남쪽은 문화가 달라도 크게 달랐고, 언어도 잘 통하지 않았기 때문에 눈으로 확인할 필요가 있었다.

기원전 210년, 진시황이 남쪽으로 길을 떠났다. 그 수행 요원 중에 풍수에 밝은 자가 있었는데, 당시 금릉 땅에 이르러 이렇게 말했다.

"이곳에 제왕이 나올 기운이 있사옵니다."

그 말을 듣자 진시황은 금릉 땅이 보기 싫어졌다. 그리하여 군데군데 산맥을 끊어 금릉의 왕기(王氣)를 망쳐놨다. 그리고도 분이 풀리지 않아 땅 이름을 금릉에서 말릉(秣陵)으로 바꿔버렸다. 말(秣)은 소나 말에게 먹이는 꼴이다. 말 그대로 방목지로나 쓰겠다는 뜻이었다. 진시황은 금릉 외에도 남녘 도처에서 발견한 풍수 좋은 땅을 그냥 두지 않았다.

진시황은 금릉의 산맥을 끊는 것에 만족하지 않고 물길까지 팠다. 현재는 자연 하천으로 간주되는 진회하(秦淮河)의 원조가 바로 그 물길인데, 그 뒤로 수많은 제왕이 출현한 남경 땅의 젖줄이 되었다. 아이러니가 아닐 수 없다.

진시황은 남쪽 땅을 돌아보면서 직접 권력을 행사했다. 옛 오나라, 월나라, 초나라의 제후나 토호들로부터 땅을 빼앗아 현(縣)을 설치했다. 이때 금릉읍이 말릉현으로 바뀌었다. 남경에 최초로 현이 설치된 것이다.

오강에 지는 영웅

기원전 201년 정월, 오강(烏江)에서 항우(項羽)가 자결했다. 거사한 지 8년, 그중에 5년 넘게 진행된 초한(楚漢)전쟁이 끝나는 순간이었다.

오강은 남경과 안휘성(安徽省) 화현(和縣) 접경 지역에 있다. 항우가 유방과의 대결에서 지고 남경 땅에 이르러 죽은 것이다. 그 뒤로 이 지방 사람들은 항우 사당을 세우고 해마다 정월이면 성대한 제사를 지내고 있다.

항우는 진(秦)나라를 멸망시킨 장본인이다. 진시황이 죽은 뒤 진나라의 혹정에 반대하는 거사가 곳곳에서 일어났다. 진나라가 합병했던 전국시대 여러 나라의 옛 왕족이나 각 지방의 토호가 진나라에 대해 독립을 선언한 것이다. 한편 평민도 거사했다. '왕후장상에 씨가 따로 있느냐'던 진승(陳勝)과 오광(吳廣)이 이끄는 무리가 그 누구보다 먼저 일어났다는 소문이 퍼지면서 온 천하가 술렁이기 시작했다.

항우의 할아버지는 전국시대 초(楚)나라 대장군이었다. 초나라가 망한 뒤 가세가 기울자 항우는 삼촌을 따라 오현(吳縣)으로 가서 진나라의 회계 태수부 무관이 되었다. 하루는 항우가 삼촌과 함께 있다가 시찰 중이던 진시황의 행차를 만났다. 항우가 말했다.

"진시황, 저걸 갈아치워야 해요."

삼촌은 항우의 입을 황급히 막았다. 그러나 삼촌은 흐뭇하지 않을 수 없었다. 이 녀석, 키가 괜히 2m가 아니다. 조카를 원래도 미덥게 생각했지만 그 기개를 보니 거사하여 초나라 독립을 꾀할 수도 있겠다는 생각이 들었다. 그로부터 몇 해 지나지 않아 기원전 209년에 진승이 거사했다. 항우는 삼촌을 도와 진나라 조정에서 임명한 회계 태수를 해치우고 거사했다. 그때 항우 나이 24세였다.

이듬해 초나라를 다시 세우는 데 공을 세운 항우는 나이 많은 라이벌 송의(宋義)를 숙청하는 데 성공하고 거록(巨鹿)전투에서 진나라를 상대로 대승을 거두어 상장군이 되었다. 이어서 항우는 각지에서 일어난 무리를 연합하여 진나라 수도 함양(咸陽)으로 쳐들어갔다. 함양에 먼저 들어가는 쪽이 그 땅을 차지한다는 약조하에 각각의 부대가 공격에 나섰는데 예상 밖에 유방(劉邦)이 가장 먼저 함양에 입성했다.

항우는 체면이 깎인 채로 홍문연에서 유방을 만났다. 반건달 출신에 군사 실력도 부족했던 유방이 함양을 양보했다. 이어진 논공행상에서 유방은 한왕(漢王)이 되었다. 항우도 함양 땅을 사양하고 서초패왕(西楚霸王)으로서 초나라로 돌아갔다.

유방의 함양 입성과 양보는 초한전쟁의 불씨였다고 봐야 한다. 천하에 두 영웅이 존재할 수는 없는 것이다. 전쟁이 시작되자 각지의 제후들이 항우 편에 섰다. 그러나 시간이 갈수록 항우 쪽에 가담했던 부대들이 유방 쪽으로 돌아섰다. 이에 대해 "유방이 고명한 정치가였던 반면에 항우는 정치가가 아니었다."는 모택동(毛澤東)의 평가가 들어볼 만하다. 스스로 재주가 뛰어났던 항우가 인재를 품을 줄 몰랐다는 평가도 있다. 용인술에 문제가 있었다는 이야기다. 젊어서 성공한 장군이 나이 많은 장수들을 다루기가 쉽지는 않았을 것이다. 유방만 해도 홍문연에서 24살이나 어린 항우에게 고개를 숙여야 했으니 복수의 칼날을 갈지 않을 수 없었을 테다.

기원전 202년 섣달, 초한전쟁의 마지막 전투가 남경 북쪽 해하(垓下)에서 벌어졌다. 군사가 줄고 군량마저 바닥난 상태에서 항우는 유방 연합군과 대적했다. 연합군이 항우의 진지를 겹겹이 에워쌌다. 유방의 최종 병기는 구슬픈 노래였다. 어두운 밤에 항우 진영을 에워싸고 연합군 군사들이 초나라 노래를 불렀다. 사면초가(四面楚歌). 잔인한 작전이었다. 이 기이한 심리전에 천하의 항우가 말리고 말았다.

"한나라가 벌써 초나라를 얻었단 말인가? 어찌하여 저쪽에 초나라 사람이 저리도 많은가!"

패배를 인정한 항우는 눈물을 흘리며 후궁 우미인(虞美人)과 노래로 작별했다.

힘은 산을 뽑고, 기개는 세상을 덮었지	力拔山兮氣蓋世
불리한 때, 애마 추가 전진하질 않네	時不利兮騅不逝
추가 전진하지 않으니 어쩔 수 없구나	騅不逝兮可奈何
우야, 우야, 어쩔 수 없구나	虞兮虞兮奈若何

- 항우, 〈해하가(垓下歌)〉

패왕별희의 클라이맥스 장면이다. 『사기』에는 우미인의 최후가 그려져 있지 않다. 자결했을까? 우미인의 묘가 지금도 해하 땅에 남아 있다.

항우는 그 밤에 추를 타고 탈출했다. 끝까지 남아 있던 800여 부하들을 위해 홀로 몇백 명을 해치우며 겹겹의 포위망을 뚫어 주고 양자강 건너의 오현(吳縣)을 향해 말을 달렸다. 중간에 길을 헤맸지만 단숨에 200km 넘게 달려 오강에 이르렀다. 오강은 양자강의 한 구간 이름이다.

강변에서 항우는 망설였다. 강을 건너 자신이 군사를 일으켰던 땅 오현으로 돌아갈 생각도 했다. 그러나 이내 포기하고 자신을 추격하는 유방의 군사들을 기다렸다. 유방이 보낸 5천 명의 군사가 항우를 쫓아오고 있었다. 지금의 오강 동장쯤 되는 사람이 강변에 배를 댄 채 항우에게 강을 건너자고 권했다. 항우가 웃으며 말했다.

"하늘이 나를 버렸는데 강을 건너서 무엇하겠나. 부끄러워 강동 백성을 볼 면목도 없다."

항우는 그 사람에게 자신이 타던 준마 추를 하사했다. 그리고는 자결했다.

항우는 추격자들에게 자신의 목에 걸린 황금 천 근과 식읍 만 호를 나눠 가지라고 당부했다. 추격하던 군사들이 죽은 항우에게 몰려들었다. 항우의 몸을 나눠 가지려고 서로 뒤엉켜 싸우다가 몇십 명이 죽는 일이 발생한 가운데 다섯 명이 항우의 목과 사지를 차지했다.

이로써 직접 지휘한 전투에서 모조리 패했던 유방이 불패의 항우를 죽이고 최종 승자가 되었다. 항우는 너무 뛰어나서 패배했고 유방은 약점이 많아 승리한 것이 아닐까? 유방은 죽은 항우를 서초패왕이 아닌 노공(魯公)으로 대접하여 장례를 치러 주었다. 8년 전 자신과 연합하여 진나라를 치러 갈 때의 항우가 초회왕에게 받은 계급이었다.

이때의 일을 두고 송나라의 시인이 이렇게 노래했다.

살아서 호걸이	生當做人傑
죽어서도 영웅이 되었네	死亦爲鬼雄
지금도 항우를 그리워하는 것은	至今思項羽
끝내 강동으로 건너가지 않았기 때문이지	不肯過江東

- 이청조, 〈하일절구(夏日絶句)〉

양자강은 남경 땅을 향하면서 강줄기가 꺾여 남에서 북으로 흐른다. 그래서 강 건너 땅은 강남이 아닌 강동이 된다. 강동에는 항우가 군사를 일으킨 땅 오현이 있었다. 그곳에는 여전히 항우를 믿고 따르는 백성이 많았지만 항우는 면목이 없어 돌아가지 못한 것이다.

소학교 교과서에 실린 이 시를 모르는 중국 사람은 거의 없다. 게다가 항우를 그리는 지극한 마음이 담겨 천 년 동안 사랑을 받아왔다. 이 시를 지은 사람은 송나라 시인 이청조(李淸照)다. 이청조는 여성으로 전장의 영웅 항우를 기린 최고의 시를 남겼다. 어떻게 이런 일이 생겼을까?

여진족 금나라의 북송 침입이 잦아지더니 마침내 최후의 순간이 왔다. 1127년, 수도가 함락되고 황제는 여진족에게 끌려갔다. 정강의 변이라 일컫는 사건이다. 그때 엄청나게 많은 사람이 북송 땅을 버리고 양자강을 건넜다.

이듬해, 44살의 이청조도 피난민 무리에 섞여 남하했다. 먼저 부임지 강녕(江寧)으로 떠난 남편을 찾아가던 길이었다. 강녕은 남당(南唐), 송, 청(淸)나라 때 쓰던 남경의 다른 이름이다. 오늘날 남경이 속한 강소성(江蘇省)은 강녕의 '강'과 소주(蘇州)의 '소'를 따서 지은 이름이다.

각설하고 이청조 이야기로 돌아가 보자. 남쪽을 향해 길을 재촉한 이청조가 양자강 강변에 이르렀다. 너른 강 건너 남경을 눈앞에 둔 그곳은 바로 항우가 자결한 곳이었다. 이청조는 수도를 잃은 주제에 자결은커녕 도망가기 바쁜 송나라 상류층을 보면서 울분에 찬 심정으로 위 시를 읊었다.

패장 항우를 생각해 보라. 양자강을 건너 재기를 노릴 수 있었지만 자신을 믿어준 백성들을 볼 면목이 없어 자결했다. 단기필마로 몇백 명의 적을 상대한 뒤였다. '역발산'의 힘이 다한 순간 항우는 적의 손에 구차하게 죽을 생각이 없었을 것이다. 남쪽으로 남쪽으로 도망가던 송나라 상류층과는 완전 딴판이었다. 남자들은 도망가기 바빴을까? 이청조는 이 상황을 항우의 죽음에 빗대어 비웃었다.

어려서부터 시와 문장에 능한 이청조였다. 남자들로 이루어진 문단에서 일찌감치 인정도 받았다. 생활과 자연을 아름답게 노래하던 이 여류 문인은 양자강 경험 이후 시풍을 바꾸었다. 국난을 당해 고생하는 백성을 위로하고 옛 시절을 회고하는 격앙된 어조의 작품을 많이 썼다. 시인은 남편의 임기 동안 남경에 머물렀다.

시대 배경이 달라서였는지 당나라 시인 두목(杜牧)은 오강에서 자결한 항우를 이렇게 노래했다.

전쟁의 승패는 예측하기 어려우니　　　　勝敗兵家事不期

수모와 치욕을 견뎌야 남자라네　　　　包羞忍恥是男兒

강동 젊은이는 인재가 많아서　　　　江東子弟多才俊

권토중래를 할 수도 있었으리　　　　捲土重來未可知

- 두목, 〈제오강정(題烏江亭)〉

이런 생각에 동의하지 않는 시인도 있었다. 이청조보다 60년 먼저 태어났던 왕안석(王安石)은 두목의 의견에 토를 달았다.

수많은 전투에 피로한 병사들은 고달팠으리　　　　百戰疲勞壯士哀

중원에서 지고 세를 만회하기 어려웠지　　　　中原一敗勢難回

지금의 강동 젊은이들이라면　　　　江東子弟今雖在

초왕 항우의 권토중래 함께하려 했을까　　　　肯與君王卷土來

- 왕안석, 〈첩제오강정(疊題烏江亭)〉

서로 의견은 달랐어도 사람들은 오래도록 각자의 방식으로 항우를 기려왔다. 항우 사후에 대대적인 격하 운동이 일어났을 것은 어렵지 않게 상상할 수 있다. 그렇다고 해도 사람들은 용맹과 지략을 갖춘 젊고 매력적인 장군을 잊을 수 없었다. 항우는 오늘날에도 인기가 많아 심심찮게 회자된다. 중국의 재물신이 된 관우(關羽)보다 덜 부담스럽게, 영화 주인공으로 또는 노래 가사 속에 등장하여 심금을 울리고 있다. 서른 갓 넘어 자결했던 항우의 자존심을 어찌 미워할 수 있을까!

달을 따라 강물에 뛰어든 이백

오강 맞은편은 채석기(采石磯)이다. 전라북도 변산반도에 있는 채석강의 채석이 바로 이 채석이다. 채석강은 해식애, 채석기는 양자강변의 절벽이라서 그런지 가서 보면 두 지형이 닮았다. 양자강이 중하류로 내려오면 평원을 지나는 구간이 많아서 강변에 솟은 봉우리가 드물다. 남경 접경에 있는 채석기는 남경 시내 구간의 연자기(燕子磯), 호남성(湖南省) 악양(岳陽)의 성릉기(城陵磯)와 더불어 양자강의 3대 명기(名磯)에 꼽혀왔다. 게다가 동오(東吳)의 손책(孫策)과 주유(周瑜), 육손(陆逊)이 주둔한 뒤로 남경을 지키는 서쪽 관문 역할을 했다.

절경의 산수를 싫어한 문인이 있었던가. 채석기는 예로부터 문인들의 사랑을 듬뿍 받았는데 그중에서도 이백(李白)의 채석기 사랑이 유별났다. 중국 땅 만 리를 두루 돌아다녔던 이백은 채석기를 천하의 절경으로 꼽았다. 이백이 채석기를 노래한 여러 시가 가운데 한 수를 소개한다.

천문산에서 끊겼다 다시 열리는 초강	天門中斷楚江開
동쪽으로 흐르던 푸른 물 여기서 휘감기네	碧水東流至此回
양안의 청산이 마주보고 솟아 있는데	兩岸靑山相對出
외로운 배 한 척 저 멀리서 떠오네	孤帆一片日邊來

– 이백, 〈망천문산(望天門山)〉

현장을 찾아보면 이 시에서 말한 장면이 그대로 펼쳐진다. '양안의 청산'은 동량산과 서량산으로 강변에 마주한 이 두 산을 합해 천문산이라 부른다. 천문산에 막혀 끊어진 듯하다가 다시 채석기 쪽으로 나타나는 양자강의 모습이 잘 그려져 있다. 채석기가 지금은 강변의 절벽이지만 이백이 살던 당나라 때에는 강변과 살짝 떨어져 있었으므로 천문산과 함께 더 멋진 풍경을 이루었을 테다.

하늘에서 쫓겨난 신선이란 뜻으로 적선(謫仙)이라 일컬어지던 이백은 별명만큼 행동도 기이했다. 채석강에 배를 띄우고 놀던 이백이 강물에 비친 달을 잡겠다고 물에 뛰어든 순간 이백의 몸은 하늘로 날아가고 입고 있던 옷과 모자만 강물 위에 남았다는 것이다. 사람들이 유품을 거두어 묻어주고 의관총(衣冠塚)이라 불렀다. 지금도 채석기에는 의관총과 함께 태백루(太白樓)와 착월대(捉月臺), 취월정(醉月亭), 행음교(行吟橋)가 남아 있어 이백의 체취를 느낄 수 있다.

이백의 진짜 무덤은 채석기에서 20km 남쪽 당도(當塗)에 있다. 당도는 양자강 강변의 절경 채석기와 함께 서북쪽의 적을 막는 군사 요

채석기가 양자강과 만나는 지점이다. 삼국시대 동오 때 오채석이 나서 채석기라는 이름이 붙었다고 한다. 채석기는 우저기(牛渚磯)라고도 부른다.(吳靖 사진)

지였다. 채석기가 남경을 지키는 강변 요새라면 당도는 육로의 요새였다. 예컨대 수(隋)나라가 중국 남북조시대를 끝내고 통일을 이룬 것도 채석기와 당도를 함락했기 때문에 가능했다. 『수당연의(隋唐演義)』에 자주 등장하는 명장 한금호(韓擒虎)가 500여 정예부대를 이끌고 오강 쪽에서 한밤에 양자강을 건너 채석기를 점령하고, 반나절 만에 당도를 함락하자 당시 수도 남경에서 유흥을 즐기던 진(陳)나라 황제가 투항했다. 천혜의 방어선 양자강이 뚫리리라고는 생각도 못했던 것이다. 한금호의 본명은 금표(擒豹)인데 13세에 호랑이 한 마리를 잡아 이름을 고쳤다고 한다.

채석기를 사랑했던 이백은 말년을 당도 친지 집에 얹혀 보냈다. 이

친지는 이양빙(李陽冰)으로 이백의 말년을 돌봤을 뿐 아니라 이리저리 흩어져 있던 이백의 작품을 모아 『초당집(草堂集)』을 엮어준 은인이다. 이양빙의 집은 남제(南齊) 시인 사조(謝朓)가 좋아했던 당도 청산(靑山) 아래에 있었다. 이백은 사조를 마음의 스승으로 여겨 평생을 고개 숙여 존경했다. 이백은 환갑 넘어 지치고 병든 몸을 이끌고 사조가 머물렀던 당도의 유적을 찾아다니다가 예순둘에 세상을 떠났다. 뒷날 이백의 이런 마음을 헤아린 한 관찰사가 이백의 무덤을 사조의 청산 아래로 옮겨 주었다. 이 무덤이 있는 마을 이름은 지금도 태백진 태백촌이다.

이백이 죽고 10년 뒤에 태어났던 백거이(白居易)가 청년 시절 이태백의 무덤을 찾아와 시를 남겼다. 경천동지라는 고사성어를 탄생시킨 시이다.

채석강 가에 이백의 무덤이 있네	采石江邊李白墳
끝없는 풀밭이 무덤을 둘러 구름에 닿았네	繞田無限草連雲
가련타, 황량한 구렁에 묻혀 있는 유골이여	可憐荒壟窮泉骨
일찍이 경천동지하던 문장을 지었지	曾有驚天動地文
시인 중에 박명하는 이가 많았다고 해도	但是詩人多薄命
곤경에 빠졌던 선생만큼은 아니었다네	就中淪落不過君

-백거이, 〈이백묘(李白墓)〉

그냥 지나칠 수 없어 이백의 무덤을 한 바퀴 돌아보았다. 쉰다섯 걸음, 젊은이 걸음으로는 마흔일곱 걸음이었다. 머지않아 남경 시내에서 이백의 무덤이 있는 동네까지 전철이 놓인다고 한다. 지금도 남경에서 당도까지 28분 만에 도착하는 고속철도가 다니고 있지만 전철이 이 동네 앞에 개통되면 이백의 무덤을 찾는 사람들이 더 많아질 테니 박명했던 시인은 이제 외롭지 않을 것이다.

왕안석이 소동파와 화해한 곳

남경박물원(南京博物院)은 동쪽으로 명나라 도성 성벽과 이웃하고 있다. 그 성벽과 박물원 사이에 송나라 정치가이자 문학가인 왕안석(王安石)의 반산원(半山園) 터가 남아 있다.

왕안석(1021~1086)은 북송의 정치가이자 문학가이다. 재상으로서 경제를 살리기 위해 변법을 일으켰다가 희녕(熙寧) 9년(1076)에 파면되었을 때, 왕안석이 돌아간 곳은 고향 강서(江西)가 아니라 남경이었다. 부모가 묻힌 곳이자 젊어서 두 번이나 부임했던 남경은 왕안석에게 제2의 고향이었다.

강서성 임천에서 태어났지만 아버지의 부임지 남경에서 어린 시절을 보냈고, 젊은 시절에는 그 역시 남경에 부임했으며, 중앙 무대를 떠난 뒤 세상을 떠날 때까지 말년을 보냈으니 왕안석 예순여섯 생애 중에 대략 20년을 남경에서 산 셈이며 죽어서도 남경에 묻혔다. 그러니 제2의 고향이란 말이 무색하지 않다. 그런데 좀 더 들여다보면 왕안석에게 남경은 실패 후의 은거지였다. 세상의 온갖 질타에서 벗어나 마음의 평안을 찾고, 온전히 경학과 문학에 몰두할 곳으로 왕안석은 번번이 남경을 선택했다.

왕안석은 산문에 뛰어나서 당송팔대가(唐末八大家)의 한 사람에 꼽혔다. 당송팔대가는 당나라의 한유(韓愈)와 유종원(柳宗元), 송나라의 구양수(歐陽修), 왕안석(王安石), 소순(蘇洵), 소식(蘇軾), 소철(蘇轍), 증공(曾鞏)을 이르는데 모두 고문(古文) 부활 운동가들이다. 왕안석은 시인으로도 이름을 날렸는데 그중에서 남경에 대해 남긴 시(詩)와 사(詞)가 300수쯤 된다. 한 도시에 대해 이렇게 많은 작품을 남긴 시인이 또 있었을까! 아무튼 왕안석의 남경 사랑은 유별났다.

아버지가 지금의 남경시 시장 자리에 있었지만 청렴했기 때문에 어린 시절 왕안석의 집안은 넉넉지 않았다. 왕안석이 한평생 지나칠 만큼 검소하게 산 것은 어린 시절 부모에게 배운 바가 컸기 때문이다. 왕안석의 검소함은 병적일 만큼 기이해서 주변의 질책을 샀다. 당송팔대가 소순(蘇洵)이 남긴 인상 비평을 보면, 왕안석은 '하인의 옷을 입고 개나 돼지의 죽을 먹으며 죄수마냥 봉두난발에 상주처럼 얼굴을 씻지 않은 채' 지냈다는 것이다. 소순의 이런 평가를 그 아들 소동파조차 인정하지 않은 것을 보면 과장된 수사겠지만, 왕안석의 생활이 당시 벼슬아치의 흔한 모습과 거리가 있었음은 분명하다. 포청천으로 불리던 포증(包拯)이 왕안석의 상사였을 때, 술자리에서 술을 권했다가 거절당한 이야기도 유명하다. 상사의 술을 거절한 이유는 그저 술을 마시지 않기 때문이었다. 왕안석은 평생 술 대신 차를 즐겼다.

왕안석은 사십대 후반에 재상의 반열에 올라 변법을 추진했다. 반대가 심했지만 뚝심으로 밀어붙였다. 이 과정에서 "하늘의 벌을 두려워하지 않아도 된다, 조상의 관습이라고 무조건 따라할 필요가 없다,

1천 년쯤 전, 남경을 다스렸던 왕안석은 말년에 고향이 아닌 남경을 선택하여 은거하다가 세상을 떠났다. 은거지 반산원은 복원되었으나 근처에 있었다는 묘는 찾을 길 없다.(吳靖 사진)

남의 말에 신경 쓸 것 없다(天變不足畏, 祖宗不足法, 人言不足恤)"는 유명한 말을 남겼다. 시대의 패러다임을 바꾸려면 담대하게 전진해야 한다는 뜻이었지만, 꼬투리가 잡히기 좋은 말이었다. 그 바람에 천하의 선비들과 줄곧 척을 지게 되었다.

왕안석이 변법을 추진하던 당시 송나라는 주변 국가의 공격에 힘없이 무너지던 군사 약국이었으며 재정도 변변치 않았다. 부국강병을 위해 왕안석이 시행한 변법은 종류가 많았지만 크게 재정과 군사 두 부문에 빈민구제가 포함되어 있었다. 왕안석의 변법은 몇 년 지나지 않아 최종적으로 실패했는데, 복잡하게 구성된 변법의 시행 과정에서 생긴 부작용이 커서 폐기하지 않으면 안 된다는 것이 반대파의 공식 입장이었다. 시행 과정의 문제점도 있었겠으나 무엇보다 기득권의 반발이 심했다. 개혁에 실패한 재상 왕안석은 남경으로 돌아왔다.

왕안석이 말년을 보낼 집터로 고른 곳은 동오(東吳) 황제 손권의 능과 동진(東晉)의 대신 사안(謝安)의 별장이 있던 종산(鐘山) 남동쪽 기슭이었다. 왕안석은 종산의 주봉과 송나라 남경성 남문의 중간에 위치하고 있던 자신의 집에 반산원이란 이름을 붙였다.

그 무렵 왕안석이 남긴 시 한 수를 읽어 본다.

담장 귀퉁이에 매화 몇 가지	牆角數枝梅
엄동설한에 홀로 피었네	凌寒獨自開
멀리서도 눈이 아닌 줄 아는 것은	遙知不是雪
은은한 향기가 퍼져 오기 때문	爲有暗香來

– 왕안석, 〈매화(梅花)〉

멀리서 보면 겨울에 핀 매화꽃이 흰 눈처럼 보일 수도 있겠지만 매화에게는 눈이 흉내 낼 수 없는 은은한 향기가 있어 멀리서도 알아볼 수 있다는 말이다. 이 시에서 매화는 왕안석이다. 남들에게 없는 독특한 향기를 품은 왕안석이라 언제 어디서도 구별되었을 것이다. 지금도 손권의 능은 매화나무로 뒤덮여 매화산이라고 부르는데 그때 그곳에도 매화가 만발하여 왕안석을 위로했을지….

당시 남경성 교외에 있었던 반산원은 도연명의 귀거래사를 떠올리게 한다. 도연명이 돌아간 전원과 비교할 때 왕안석의 반산원은 수레소리는커녕 인가가 아예 없는 적적한 곳이었다. 큰 못이 내려다보이는 산기슭에 지은 집은 담장이 없어 마당이 더 넓었다. 이끼 덮인 마당에서 복숭아꽃, 살구꽃 피고 지는 모습과 지저귀는 새소리를 벗하며 살았다.

반산원의 소박함은 왕안석의 독특한 개성 때문이기도 하지만, 그리 부유하지 않았던 형편을 반영하기도 한다. 부친을 일찍 여읜 뒤 형제들이 변변한 벼슬에 오르지 못했기 때문에 왕안석이 대가족 살림을 도맡아야 했다. 그래서 왕안석은 중앙 조정의 벼슬을 한사코 마다하고 지방관으로 있고 싶어 했다. 지방은 물가가 싼 데다 지방관의 봉록이 좀 더 많았기 때문이다.

왕안석은 반산원에서 말년의 10년을 보냈는데, 세상을 떠나기 두해 전 귀한 손님을 맞이했다. 좌천되어 갔던 황주(黃州)를 떠난 소동파가 원풍(元豊) 7년(1084), 남경으로 왕안석을 찾아왔다. 막 큰 병을 앓고 난 왕안석을 문안하러 온 것이었다. 왕안석과 소동파는 조정에서 충돌을 거듭하던 사이였지만, 알고 보면 서로의 재주를 인정하고 존경하던 사이였다.

전하는 바에 따르면 기별을 받은 왕안석이 양자강 강변으로 소동파를 마중 나갔다고 한다. 좌천되어 불우하게 지내던 소동파가 먼저 인사했다.

"의관을 갖추지 못한 채 이렇게 대승상을 뵙습니다."

왕안석이 웃으며 대꾸했다

"우리 사이에 무슨 예절을 차린답니까?"

정견이 달라 중앙 무대에서 대립하던 사이였지만, 남경에서의 해후는 두 사람에게 더없이 즐거운 일이었다. 한 달가량 머무는 동안 소동파와 왕안석은 적대감을 풀고 철저히 화해했다. 하기야 적대감은 처음부터 없었을지도 모른다. 변법 시행의 반대쪽에 서 있던 소동파가 하옥되었을 때, 왕안석은 신종(神宗)에게 소동파를 죽이면 안 된다는 상소를 올렸다.

소동파는 또 어떤가. 왕안석 실각 후 변법을 혁파하려던 사마광에게 이미 시행된 법을 되돌리면 혼란이 가중된다면서 반대한 이가 바로 소동파였다. 소동파와 왕안석은 여러 면에서 닮았는데, 특히 문학에 천부적인 재능이 있었고 유능한 지방관이었다는 점이 흡사했다. 지방관을 지내면서 백성의 아픔을 깊이 이해했던 소동파가 왕안석의 변법에 수용할 만한 점이 있다고 주장했지만 사마광은 끝내 듣지 않았다. 이런 소동파가 멀리 남경까지 찾아왔으니 왕안석이 반갑지 않을 수 없었을 것이다.

한 달을 머물고 소동파는 남경을 떠났다. 그 한 달 동안 사십대 후반의 소동파와 사십대 중반의 왕안석은 서로를 완전히 이해하는 벗이 되었다. 소동파가 떠난 뒤 왕안석은 "몇백 년이 흘러도 소동파 같은 인물이 다시 날 수 있을지 모르겠다."며 섭섭함을 감추지 않았다. 종산 기슭의 반산원 또한 소동파의 마음을 사로잡을 만큼 매력적이었다. 소동파는 그 후 왕안석에게 보낸 편지에 "저도 금릉에 땅을 좀 사서 선생을 곁에서 시봉하며 종산에서 말년을 보내고 싶습니다."라고 하며 왕안석을 그리워했다.

이야기가 샛길로 빠지지만, 조선시대 지식인들은 왕안석을 싫어했다. 『조선왕조실록』에 200차례 남짓 등장하는데, 조선시대 지식인의 상식으로 개혁의 선구자를 받아들이기 어려웠을까? 한두 군데를 제외하고 모두 황제를 속이고 백성을 힘들게 한 죄인이라는 욕을 먹고 있다. 왕안석의 카운터파트 사마광도 비슷한 횟수로 언급되어 있는데 하나같이 칭찬이다. 같은 시대의 스타, 구양수와 소동파에 대한 언급이 그 절반에도 미치지 못하는 것을 보면 조선시대 지식인에게 왕안석은 분명 문제 인물이었던 모양이다. 그런데 그들의 토론을 자세히 들여다보면 그들이 마음에 들어 하지 않았던 건 왕안석의 이미지였을 뿐, 왕안석표 개혁의 골자에 대해서는 언급하지 않고 있다.

이런 가운데 정조(正祖)는 좀 달랐다. 왕안석의 개혁 내용과 실패 이유에 대해 신하들보다 더 많이 알고 있었다. 왕안석의 변법 중에 군사 쪽은 좋은 법이었는데 사마광 쪽에서 혁파한 이유를 모르겠다면서 그로 인해 송나라 국세가 약해졌다고 보았다. 엄연히 〈송사(宋史)〉의 간신전이 아니라 명신전에 들어있고, 주자(朱子)도 칭찬한 인물이라면서 오히려 왕안석의 신법을 뒤집어버린 사마광의 조급함을 탓했다. 정조는 왕안석 변법의 실패 이유 중에 조력자 인선이 잘못된 점을 먼저 꼽았다. 거기에 더해 운도 따라주지 않았다는 것이다. 이 말은 곧 변법이 제대로 시행될 환경이 조성되지 않았다는 뜻으로 이해할 수 있는데, 그만큼 왕안석의 변법이 시대를 앞섰던 것을 알 수 있다. 정조는 변법 실패 이후 불과 60년 만에 송나라가 멸망한 사실에 주목하지 않았을까?

중국 같은 큰 나라야 어렵겠지만 조선이야 백성을 잘 이끌면 왕안석식 개혁이 가능할 텐데 그게 잘 안 된다면서 안타까워 한 정조의 마음을 헤아려 본다. 드러내지는 않았지만, 개혁 군주가 될 준비가 되어 있는 자신에게 왕안석의 개혁을 이해하는 신하가 없었음이 못내 아쉽지 않았을까 싶다. 이렇게 생각하다 보면 정조는 조선에서 드물게 왕안석을 이해한 인물 같다.

왕안석의 이야기로 돌아오자면, 종산 서쪽 기슭에 반산원을 짓고 은거하던 그는 모든 재산을 정리하여 사찰에 기부한 뒤 진회하 강변으로 집을 옮겼다. 왕안석이 재산을 정리한 이유에 대해서는 잘 알려지지 않았다. 그해 봄에 큰 병을 앓았고, 그 직후에 소동파가 다녀갔으며 가을 들어서면서 재산을 정리한 것이다.

왕안석은 반산원을 사찰로 개수하고 신종황제로부터 보녕선사(報寧禪寺)라는 이름을 받았다. 그러나 이 절은 왕안석의 반산사라는 이름으로 더 많이 알려졌다. 왕안석은 소유하고 있던 밭도 모두 태평흥국사라는 절에 기부했다.

왕안석은 예순여섯 살에 세상을 떠나 반산사 근처에 묻혔는데, 몇백 년 뒤 명나라 도성 성벽을 쌓을 때 무덤이 헐렸다. 아쉽게도 이장된 곳은 정확하게 알려지지 않았지만 성벽에서 약간 떨어져 있던 반산사 터는 다행히 지금까지 남아있다.

중국 해군대학 경내에 들어있어 참관이 어렵긴 하지만 군사관리구역 깊이 숨어 있던 덕에 문화대혁명의 소란을 피해갈 수 있었다고 생각하면 한결 마음이 편해진다. 옛집이 오래 남아있기가 얼마나 어려운 일인가.

삼국지의 또 다른 배경, 손권이 키운 도시

이제 남경의 번화가로 들어가 보자. 남경의 번화가에는 젖줄 진회하가 2천 년 동안 그 복판을 흐르고 있다. 229년 무창(武昌)에서 황제를 칭한 손권(孫權)이 동오의 수도를 남경으로 옮겼을 때부터 번화했던 그 거리다. 이후 남경은 중국 역사상 10개 나라의 수도로 존재했다.

남경은 손권이 개발한 도시다. 손권은 동오의 황제로서 남경에 천도하기 전, 강남 할거 정권의 수령으로 있을 때부터 남경을 개발했다. 일개 시골 현에 지나지 않았던 남경을 국제적 일류 도시로 키워내는 데 오랫동안 공을 들인 것이다. 남경이 육조(六朝)문화의 중심지로 발전할 수 있었던 데에는 손권의 덕택이 크다.

기원 3세기가 막 시작되던 200년, 손책이 세상을 떠났다. 대권을 이어받은 것은 19세의 동생 손권이었다. 슬픔에 빠져 울고 있던 손권에게 손책의 책사 장소(張昭)가 절애(節哀)를 권했다.

"지금이 울고 있을 때입니까? 때가 때이니만큼 그만 울고 정무를 챙기십시오."

손권은 장소의 충고를 받아들여 상복을 벗고 말에 올라 군대 순시에 나섰다. 이렇게 해서 71세에야 끝날 손권의 정치 생애가 시작되었다.

사실 손권의 직업 생애는 이보다 먼저인 15세 때부터 시작되었다. 손책은 어려서부터 인재로 이름을 날리던 동생 손권에게 1만 명 이하의 한 작은 현을 맡겼다. 남경에 이웃한 그 작은 고을 의흥(宜興)에서 손권은 별문제 없이 현장직을 수행했던 터였다. 손책도 17세에 대권을 잡아 26세에 세상을 떠났다. 지금 생각하면 어린 감도 없지 않지만 그때는 그렇지도 않았던 모양이다. 화랑 관창이나 사다함의 나이를 생각해 보면 이상할 것도 없다. 광개토대왕도 16세에 대권을 잡았으니 말이다.

대권을 잡은 청년 손권은 인재 우대 정책부터 실시했다. 이십 대의 주유(周瑜)를 장군으로 임명하고, 노숙(魯肅)과 제갈근(諸葛瑾)을 참모로 영입했다.

그 무렵 손씨 세력은 오후(吳侯) 손책의 본거지 소주(蘇州)를 중심으로 활동했다. 208년, 손권 세력은 조조(曹操)의 군대와 대결하기에 남쪽으로 치우친 감이 있던 소주를 떠나 동북쪽 150km 떨어진 진강(鎭江)으로 본진을 옮겼다. 당시에는 경구(京口)라고 불렸는데, 이곳에 그 유명한 철옹성을 쌓았다. 진강은 양자강이 90도로 꺾여 내려가는 길목에 위치한 천혜의 요새였다. 이곳은 제1차 아편전쟁 때 영국 해군과 청나라 군대가 마지막 전투를 치른 곳이기도 하다. 이곳에서 승리한 뒤 100km 전방의 남경까지 별다른 전투 없이 양자강을 거슬러 올라간 영국군은 청나라 대표와 남경조약을 맺게 된다. 당시 최강국으로 알려졌던 청나라가 반식민지 상태로 떨어지는 순간이었다. 진강은 윤봉길 의거 후 대한민국 임시정부가 지하로 숨었을 때 2년 동안 요인들과 그 가족들이 비밀리에 거주했던 곳이기도 하다.

손권이 진강으로 옮기던 그해 적벽대전이 있었다. 관련 국제작전회의에 참가하기 위해 제갈량(諸葛亮)이 유비(劉備)의 사신으로 왔다. 도중에 남경을 지난 제갈량은 '종산용반(鐘山龍盤), 석두호거(石頭虎踞)'라는 유명한 인상 비평을 남겼다고 한다. 종산의 지세는 구불구불 용 모양이고, 석두산은 웅크린 범 모습을 하고 있어 남경이 제왕의 땅으로 보인다는 뜻이다.

210년, 유비가 진강으로 손권을 만나러 왔다. 동맹을 맺어 조조를 공격하자는 뜻이었다. 이때 손권의 여동생이 유비에게 시집을 갔다. 유비도 도중에 남경을 지났는데 제갈량의 말대로 지세가 특별해 보였다. 동맹과 함께 혼례까지 치러 기분이 좋아진 유비가 손권에게 남경으로 옮길 것을 권했다.

본거지를 남경으로 옮기는 일을 놓고 최종적으로 손권의 마음을 움직인 사람은 손책의 책사였던 장굉(張紘)이었다. 그보다 먼저 장굉은 손책의 명으로 조조 편에 가 있었다. 손책이 죽었다는 소식을 들은 조조가 어린 손권을 얕잡아 보고 장굉을 보내 투항을 권하게 했다. 본진으로 돌아온 장굉은 손권에게 투항을 권하기는커녕 발전을 도모하기 위해 천혜의 요새 남경으로 본거지를 옮기자고 한 것이었다. 211년, 그 건의를 받아들여 남경으로 천도하던 중에 장굉이 세상을 떠났다. 손권은 어떤 일이 있어도 참고 견디어 마침내 대업을 달성하라는 장굉의 유언을 읽고 눈물을 흘렸다. 인간미 넘치는 인물이 아닐 수 없다.

본거지를 옮긴 이듬해, 손권은 진시황이 금릉 대신 붙인 이름 말릉을 버리고, 개국의 의지를 담은 건업(建業)으로 고쳤다. 남경 역사의 새로운 페이지가 펼쳐진 순간이었다. 그리고는 이전 금릉읍의 기초 위에 성을 쌓았다. 이때 쌓은 성이 석두성(石頭城)이다. 성의 동쪽이 바로 양자강에 접해서 방어에도 수군 훈련에도 두루 좋았다. 성은 자성(子城)과 나성(羅城)의 이중 구조로 되어 있었는데, 처음에는 목책을 둘렀지만 뒤에 토성으로 개축했다. 성문은 대나무로 엮어 달았다.

성내는 무척 번화했다. 남경은 지형의 우세 외에도 드넓은 옥토가 있고 비도 충분이 내려 많은 인구를 흡수하기에 알맞았다. 손권은 건업 인근에 살던 10만 가구를 이주시키고 집집마다 군사를 징발하여

석두성의 일부 구간은 천연의 바위를 이용해서 쌓았다. 그중에서 붉은색 수성암이 타원 모
양으로 돌출되어 있는데 이목구비를 갖춘 험상궂은 귀신의 얼굴을 하고 있어 귀검성(鬼臉
城)이라고도 부른다.(邵世海 사진)

군대를 양성했다. 213년, 남경 남서쪽 100km 지점에서 조조 군대와
달포를 대치할 수 있었던 것도 이렇게 대비하고 있었기 때문이었다.
도리 없이 철수 명령을 내리며 조조가 탄식했다.

"아들을 낳으려면 손권 같은 아들이 좋겠다. 유표(劉表)의 아들 같
으면 쓸모가 없어."

219년에는 여몽(呂蒙)을 파견하여 형주(荊州)를 기습 공격하게 했다.
형주를 차지하자 영토가 많이 넓어졌다. 조조가 이런 손권을 견제하
기 위해 표기(驃騎)장군에 임명했다. 거기에 형주목 서리직을 겸하게
하고 남창후(南昌侯)에 봉하기까지 했다. 정치적 제스처에 불과했지만
손권은 이를 받아들였다.

손권은 관중 지방을 견제하기 위해 221년에 무창(武昌)으로 천도했다가 229년 그곳에서 황제를 칭한 뒤 가을에 건업으로 돌아왔다. 계속해서 장군부 관아를 쓰던 손권은 247년이 되어서야 비로소 태초궁을 지었다. 목재와 기와는 무창에서 물길로 날아왔다. 무창에 있을 때 지었던 궁궐을 해체하여 그 자재를 재활용한 것이다. 그렇게 완성한 태초궁의 동쪽과 북쪽으로는 3천 명 넘는 귀족 자제들이 동시에 군사 연습을 할 수 있는 연병장 원성(苑城)이 들어서 있었다. 지금의 남경시청이 이 태초궁 구역에 들어있다.

247년, 손권은 인도에서 온 불교 승려 강승회(康僧會)를 접견하고 건초사(建初寺)를 세웠다. 양자강 이남의 최초이자 낙양(洛陽) 백마사(白馬寺)에 이어 중국 두 번째로 세워진 불교 사찰이다. 이때부터 강남에 불교가 전파되었다는 의미다. 건초사 이후에도 그 자리는 이름만 바뀐 채 줄곧 불교 사찰이 있었다.

손권은 죽어서 종산 남쪽 기슭 장릉(蔣陵)에 묻혔다. 남경에 묻힌 최초의 유명 인물이라고 하겠다. 이 무덤에 언제부터인지 모르게 매화가 만발하기 시작했다. 1940년대에 매화산이란 이름이 붙은 뒤로 손권의 장릉보다 더 익숙한 이름이 되었다. 매화산에서는 해마다 2월에 국제매화축제가 열린다.

남경에서는 손권의 자취를 곳곳에서 만날 수 있다.

명나라 개국 황제 주원장은 죽어서 손권 옆에 묻히기를 소망하며 친히 터를 골랐다. 그래서 지금도 명효릉으로 구경 가려면 손권의 매화산을 지나게 되어 있다.

2부

천오백 년 전 선진국의 수도

육조의 도읍

약 2천 개 넘는 중국의 도시 중에 잠깐이라도 도읍지였던 곳은 200개가 넘는다. 복잡다단한 중국 역사를 상징하는 그 수많은 옛 도읍지 중에 도읍 기간과 당시 국력을 고려하여 4대 도읍지를 선정한다면, 서안(西安), 낙양(洛陽), 남경(南京), 북경(北京)을 꼽을 수 있다.

남경은 중국 역사에서 열 개 나라의 수도였다. 그중에서 3세기부터 6세기까지 여섯 왕조가 이어서 남경에 도읍했다. 여섯 왕조 중 동진(東晉, 317~420), 송(宋, 420~479), 제(齊, 479~502), 양(梁, 502~557), 진(陳, 557~589)의 다섯 왕조는 선양의 형식으로 정권이 교체되어 크게 보면 하나의 왕조로 보인다. 이 다섯 왕조는 남북조시대의 남조를 이루었다. 나머지 한 왕조는 오(吳)나라인데, 211년부터 220년까지는 지방 할거 세력으로서, 229년부터 280년까지는 황제국으로서 남경에 도읍했다. 남경에 연속하여 도읍했던 이 여섯 왕조를 중국 역사에서 육조(六朝)라고 부른다. 비록 선양이라고 하지만, 황제 퇴위에는 강압이 따를 수밖에 없었다. 하지만 피비린내 나는 무장투쟁이 없었다는 점에서 정권교체는 비교적 평화적이었다고 할 만했고 지배층이나 백성이나 살던 대로 살아가기에 큰 문제는 없었다.

육조의 시작은 오나라였다. 적벽대전을 치른 손권은 황제를 칭하기 전 당시 말릉이라고 부르던 남경으로 근거지를 옮겼다. 손권은 대업 즉 황제의 나라를 건립하겠다는 뜻으로 도시 이름을 건업(建業)으로 바꾸어 새로운 나라의 기상을 나타냈다.

그 뒤에 동진이 도읍하면서 건업은 건강(建康)으로 이름을 바꾸었다. 중원 왕조가 물산이 풍부한 남경으로 옮겨오면서 중국 경제의 중심이 강남으로 옮아가는 계기가 되었다.

손권은 황제를 칭하기 전부터 남경을 근거지로 삼았는데 그때 양자강 변에 세운 성이 석두성(石頭城)이다. 둘레 약 3km의 이름 없던 이 성에 손권의 위신을 좇아 상인들이 몰리면서 상업이 번성했다. 그리하여 손권에게 장차 황제를 칭한 뒤에도 이곳에 도읍하기를 권하는 신하가 많았다.

이후 석두성은 남경의 별칭이 되었다. 청(淸)나라 대표 소설 조설근(曹雪芹)의 『홍루몽(紅樓夢)』은 그 배경이 남경으로 추정된다. 조설근은 남경의 대갓집에서 태어나 부유한 어린 시절을 보내다가 십 대 초반, 갑자기 집안이 풍비박산 나는 절망을 겪었다. 북경으로 삶의 터전을 옮긴 뒤 죽을 때까지 가난의 그늘을 벗어나지 못했던 조설근은 남경의 옛집 '대관원(大觀園)'을 생각하며 인생백태의 비극 『홍루몽』을 써 내려갔다. 소설에는 당시 극도의 사치를 누렸던 귀족 생활이 잘 표현되어 있는데, 경험하지 않고는 그릴 수 없을 만큼 세세하다. 조설근은 자신의 경험담을 기반으로 하여 집안의 운명이 비극으로 끝나게 된 원인을 구명하고자 했는데, 고발성이 짙은 내용은 환상으로 처리하여 대중의 사랑을 받았다. 이 소설의 배경은 '경도(京都)' 즉 '서울'이라고 되어 있지만, 조설근의 삶을 아는 사람이라면 이 '경도'가 석두성 즉 남경이라는 것을 곧바로 알아차릴 수 있다. 게다가 조설근이 붙인 이 소설의 원래 제목이 『석두기』였다.

석두성 성벽에는 사람 또는 귀신 얼굴 모양의 무늬가 있어 귀검성(鬼臉城)이라고도 한다. 지금은 이 석두성 아래에 진회하가 흐르지만

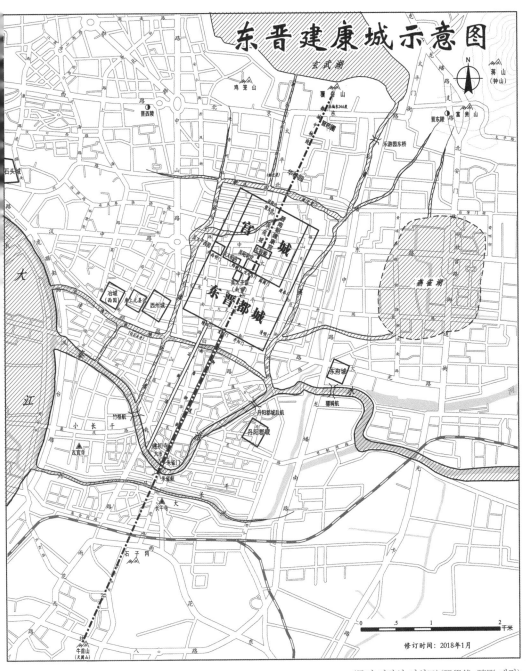

〈동진 건강성 시의도〉(張學鋒, 陳剛 제작)

손권 시대에는 양자강이 흘러 천혜의 방어선을 이루고 있었다. 손권 이후 이천 년 가까이 남경성의 서쪽을 지켜온 석두성은 지금도 남경의 자랑거리이다. 문화대혁명이 끝나가던 1975년, 중국을 방문한 북한 김일성 주석이 이 석두성에 들렀던 기록을 본 적이 있다. 김일성은 그해 중국을 방문하여 북경에서 모택동과 회담했다. 이듬해 주은래와 모택동이 세상을 떠났으므로 양국 고위 지도자의 마지막 만남이었다. 1975년 중국 방문에서 김일성은 북경과 남경 말고도 다른 여러 지역을 돌아보았는데 당시 중국 중앙군사위원회 부주석 등소평이 모든 여정을 함께하며 안내했다.

손권은 양자강 중류 무창(武昌)에서 황제를 칭한 뒤 그해 가을에 남경으로 옮겨 왔다. 손권의 황궁은 다궁제로 중국 고대의 전형적 황궁 양식을 따랐다. 중국 중세의 황궁 양식이 주축선을 따라 건물을 대칭 배치하고 남쪽에 중요 관아를 두는 식인 데 비해 고대의 다궁제는 필요할 때마다 건물을 지었으므로 통일성 없이 뿔뿔이 흩어져 있었다. 건물이 대칭 배치된 황궁은 보기가 좋을지는 모르겠으나 대칭을 맞추기 위해 필요 없는 건물까지 세우는 부작용이 있었다. 그에 비해 다궁제는 필요할 때마다 부지를 마련하여 궁을 증축해 나갔기 때문에 가지런한 맛은 없었겠으나 물자와 인력을 낭비할 일은 없었다. 손권은 원래 있던 석두성이 제국 오나라 도읍으로 쓰기에 협소하다고 판단하여 건업성의 방어 기지로 남기고 도성은 따로 구축했다. 그러나 도성이라고 해도 흙이나 벽돌로 쌓은 것이 아니라 목책을 두른 것이었다.

그 뒤에 들어선 동진의 도성 건강성은 오나라의 건업성 토대 위에 건설되었다. 그러나 오나라 도성과 크게 달라진 것이 이때부터 도성에 주축선이 생긴 것이다. 주축선이 있는 도시는 고대형이 아니라 중세형으로 친다. 따라서 같은 남경에서 이어지는 왕조의 도성이지만 건강성은 중국 중세형 도성의 시작이고, 건업성은 고대형 도성의 마감이었다. 최초의 중세형 도성을 조조(曹操)의 영지 위(魏)나라의 업성(鄴城)으로 보기도 하지만 미완의 실험이었고 황제국의 도성도 아니었으니.

동진 건강성은 남조 송, 제, 양, 진에 고스란히 계승되었다. 그런데 주축선이 있는 중국의 다른 도성에 비해 건강성에는 유별난 데가 있다. 주축선이 25도가량 기울어져 있는 것이다. 남서-북동 방향 25도이다. 건강성을 설계한 주축은 사마씨 정권을 보좌했던 낭야(琅琊) 왕씨 가문이었다. 중국 역사상 최고의 서예가로 일컬어지는 왕희지를 배출한 이 가문의 미적 감각이 유달랐을까 도시가 비스듬히 기울어져 있다. 장쉐펑(張學鋒) 남경대 역사학과 교수의 해석에 따르면 남경 구간을 흐르는 양자강의 방향과 맞추려고 주축선을 기울인 것으로 보인다. 손권이 팠던 청계도 이 방향과 거의 일치한다. 건강성의 설계자들은 일치하는 이 두 큰 물의 흐름에 맞춰 도성을 건설하지 않을 수 없었던 것이다.

남경성이 정남북 주축선 위에 건설된 것은 명나라 주원장 때의 일이다. 강의 흐름에 따르지 않고 정남북을 고집하는 바람에 옛 건강성의 도로와 마을이 이때 많이 소실되었다. 그러나 동쪽으로 25도쯤 기울어져 있는 골목이 아직도 몇 군데 남아 있다. 그것이 천오백 년 전 건강성 때부터 이어져 내려오는 골목인지는 알 수 없으나 그때 그 도성을 상상하게 해준다.

싸우면서 교류하던 남북조 시대

건강성에 도읍했던 동진과 남조는 당시의 북부 중국과 싸우면서 교류했다. 전쟁할 때에는 몇십만 명씩 동원하여 철천지원수처럼 싸웠지만 일단 평화 시기로 들어가면 부지런히 사신을 교환했고 물자도 활발하게 교역했다. 이렇게 하여 그전까지 판이하였던 중국의 남쪽과 북쪽 문화가 융합하여 문화 혁신이 일어나게 되었다.

이 같은 교류로 가장 크게 변한 것은 강남의 주식이었다. 그전까지 쌀을 위주로 먹던 밥상에 여러 가지 잡곡이 오르게 된 것이다. 또 반찬이나 요리도 민물고기와 오리 위주에서 네발 달린 짐승의 고기류가 첨가되었다.

북쪽에서는 남쪽의 차 문화를 받아들였다. 3세기 이후 흉노족을 비롯하여 중원 지역에 열 몇 나라를 세웠던 여러 민족은 차를 마시는 풍속이 없었다. 주로 소나 말, 양의 젖을 음료로 마시던 그들에게 남쪽에서부터 차가 전해진 것이다.

중국 차 문화의 발상지는 사천 지방으로 알려져 있다. 몇천 년 전, 사람들은 제사 때 차를 올렸다고 한다. 이 풍속은 중국에 전래된 불교와 결합하여 오래도록 남아 있었다. 신라에도 이 풍속이 전해져 향가 〈안민가〉를 지은 충담이 해마다 3월 3일과 9월 9일에 경주 남산 삼화령 미륵세존에게 차를 달여 올렸다고 하는 기록이 『삼국유사』에 남아 있다.

그 뒤로도 차는 약용으로 더 널리 쓰이다가 3세기 무렵 중국 남쪽 지방에서 음료로 정착했다. 남경의 동오 마지막 황제 손호(孫皓)가 술을 잘 못 마시는 신하에게 차를 대신 마시게 했다고 한다.

이후 남북조시대, 양자강 북쪽에는 차를 즐겨 마시는 풍속이 없었다. 〈낙양가람기(洛陽伽藍記)〉에 이런 이야기가 나온다. 5세기 말에서 6세기 초의 일이다. 왕도의 직계 후손으로 남경 최대 문벌 왕씨 집안사람이었던 왕숙(王肅)이 양자강을 건너 북위에 투항했는데, 남경에 있을 때 즐겨 마시던 차를 계속 마셨다. 그런데 왕숙은 차를 마실 때마다 한 말씩 마셔서 당시 낙양 사람들로부터 '밑 빠진 독'이란 소리를 들었다. 당시 북위의 황제 효문제가 왕숙에게 북쪽의 양고기 요리와 남쪽의 민물고기 요리 중 어느 것이 더 맛있는지 물어보았다. 왕숙은 두 가지를 비교하기는 어렵지만 굳이 하자면 양고기가 더 맛있다고 했다. 효문제는 또 북쪽 사람들이 즐겨 마시는 소젖이나 양젖과 남쪽의 차를 비교하면 어떠냐고 했다. 그러자 왕숙은 양고기와 달리 가축의 젖을 차보다 낫다고는 할 수 없다고 했다. 일상 음료로 마시기에 차가 더 낫다는 말의 완곡한 표현이었다.

서진이 망하고 중원에서 남경으로 이주했던 사람들도 북위의 선비족처럼 차를 즐겨 마시지 않았으나 날이 갈수록 강남 문화에 젖어 들어 마시면 한 말씩 들이켜는 사람들이 늘어났고 그 문화를 북쪽에 전하기까지 했다.

남조시대 양나라 도읍 남경을 무대로 한 〈랑야방〉이란 중국 드라마를 보면서 성문에 '금릉'이란 현판이 붙어 있던 것과 그때라면 달여 마셔야 했을 차를 우려 마시는 장면이 마음에 걸렸다. 우리도 그렇지만 중국의 옛 도읍지 성문에 그 도시 이름이 걸리지 않는다. 성문마다 이름이 따로 있었기 때문이다. 게다가 양나라 도읍이었을 때의 남경의 정식 명칭은 금릉이 아니라 건강이었다. 금릉이야 양나라 이전부터 있었던 이름이니 그렇다고 치더라도 그때는 팽차(烹茶) 또는 전차(煎茶)라고 해서 덖지 않은 생 찻잎을 달여 마셨다. 중국에서 차를 우려 마신 것은 차를 덖는 기술이 발전한 명나라 때나 되어서야 가능했다.

검정 부츠를 신은 멋쟁이 백제 사신

226년, 대진(大秦) 상인 진론(秦論)이 남경으로 손권을 찾아왔다. 현재까지 남아 있는 기록 중에 남경을 찾은 최초의 외국 사절단이다. 고대 중국 사람들은 당시의 로마제국을 대진이라고 불렀다. 그때 로마제국에서 중국에 닿는 길은 육로와 해로 두 가지가 있었는데, 이때 손권을 찾아온 상인이 북쪽의 위(魏)나라를 통과하지 않았다면 해로를 이용했을 가능성이 크다. 인도양과 말레이해협을 지나 중국의 남동해안을 거쳐 양자강을 거슬러 남경에 도착하는 길이다. 이 해로는 한(漢)나라 때 이미 인도까지 개척되어 있었으나 삼국시대에 이르러 지중해 지역까지 이어진 것이다.

243년, 특산물과 악공을 대동하고 손권을 찾아왔던 부남(扶南) 사절단은 지금의 베트남 남쪽에서 해로를 이용한 것이 확실하다. 황제를 칭한 뒤 손권은 이 부남국에 해로로 답방 사절단을 보냈다. 중국에서 공식적으로 동남아시아 해로를 개척한 최초의 기록이다. 손권의 사절단은 부남국 외의 다른 나라들도 돌아보고 견문록을 남겼다.

이 책들은 현재 남아 있지 않지만 후대의 서적에 책 이름과 내용이 전한다.

해로를 통해 먼 바다를 항해하는 데는 조선술의 발전 없이 불가능하다. 손권이 이끌던 오나라는 삼국 중에서도 조선술이 가장 발달한 나라였다. 평소에도 5천 척의 전함을 보유하고 있었을 뿐 아니라 3천 명이 탈 수 있는 대형 선박을 만들 수 있었다. 선박의 '박(舶)'은 당시 오나라 말로 대형 배를 가리키는 말이었다.

육조시대의 남경은 이 해로를 통해 현재의 지중해 지역, 아랍, 페르시아, 인도, 스리랑카, 베트남, 캄보디아, 태국, 말레이반도, 자바, 수마트라, 발리 등지와 교류했다. 불교가 전래된 뒤에는 많은 승려가 이 해로를 통해 인도와 중국을 왕래했다. 동쪽으로 왔던 달마대사와 서쪽으로 갔던 신라 혜초도 이 길을 이용했다.

당시 남경을 향한 바닷길은 동쪽으로도 열려 있었다. 고구려와 백제, 신라가 모두 남경 정권과 사신을 교환했는데 횟수로 보면 고구려가 사신을 가장 많이 보냈다. 고구려가 남경 정권과 처음으로 교류한 것은 3세기 초반으로 동천왕과 손권 때의 일이었다. 손권이 위나라를 견제하기 위해 요동의 공손씨에게 보냈던 사신단 중에서 공손씨의 칼을 피해 고구려로 들어간 몇몇을 고구려에서 잘 대접하여 돌려보낸 것이다. 그런데 오나라와 고구려 사이에는 위나라가 있어 사이를 갈라놓기 일쑤였다. 그래서 남경을 떠나 먼 길을 온 손권의 사신을 죽여 위나라에 그 머리를 보내는 일도 벌어졌다. 그러나 위나라도 오나라도 얼마 가지 못해 멸망했다. 그 뒤 고구려는 다시 남북으로 분단된 중국과 함께 삼각형의 한 꼭짓점을 이루어 균형 외교를 펼쳤다. 이에 비해 백제는 선진 문물을 받아들이기 위해 남경과 교류했다고 할 만큼 문화 수입에 앞장섰다.

6세기 초, 양나라를 찾아온 외국 사신들을 그림으로 그린 이가 있었다. 양나라 시조 무제의 일곱째 아들이자 뒷날 원제(元帝)가 되는 소역(蕭繹)이 부친의 즉위 40주년에 남경을 찾은 여러 나라 사신의 모습을 정밀묘사하는 한편으로 각국에 관한 정보를 곁들여 〈양직공도(梁職貢圖)〉를 남겼는데, 원본은 일찍 없어지고 모사본만 남아 있다. 모사본은 3종이 남아 있는데 내용이 약간씩 다르긴 하지만 고대인의 모습을 살펴볼 수 있는 귀중한 자료임이 틀림없다.

〈양직공도〉 모사본 중에서 남경박물관에 있던 두루마리는 북경에 있는 중국국가박물관으로 옮겨져 남경에서는 더 이상 볼 수 없다. 그러나 남경 시내 곳곳에 이들 사신의 모습이 전시되어 있다. 그중 한 곳이 남경시립도서관이다. 이 도서관을 찾을 때마다 백제와 왜, 낭아수국, 파사국의 4국 사신을 만날 수 있는 지하 전시관에 내려가 본다. 도서관을 지을 때 남조시대 남경 황궁 유적이 발견되어 중요 유물을 지하에 전시하고 있는데, 당시 분위기를 재현하느라 4국의 사신을 부조로 만들어 두었다. 여기서 만나는 백제 사신은 단색으로 표현되어 잘 드러나지 않지만 모사본을 보면 백제 사신의 용모가 다른 나라 사신보다 월등히 수려하다. 거기에 멋진 관을 쓰고 소매가 넓은 겉옷을 입었으며 검정 부츠를 신었으니 한눈에 봐도 멋쟁이다.

글에 쓰기는 백제의 언어와 의복은 고구려와 비슷하다고 했다. 〈양직공도〉에는 나오지 않지만 남경을 빈번하게 드나들었던 고구려 사신의 모습도 미루어 짐작할 수 있는 것이다.

중국 쪽 사료에는 고구려와 백제 사신이 묵었던 객관이 소개되어 있다. 고구려 객관은 현인관(顯仁館), 백제 객관은 집아관(集雅館)이라고 했고, 신라 객관은 따로 언급되어 있지 않다. 이름뿐 아니라 위치도 자세히 설명해 두어서 당시 황궁 가까이에 있었던 두 객관 터를 대략이나마 추정할 수 있다.

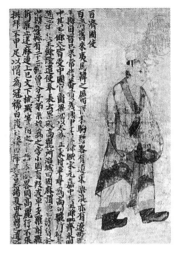

〈양직공도〉백제 사신의 모습

천오백 년 전 남경을 찾은 고구려와 백제 사신들은 서로 이웃한 객관을 따로 썼다. 그 시절 남경에는 황궁 바로 동쪽에 청계(靑溪)가 흐르고 있었다. 손권이 남경을 도읍으로 정할 때, 남경의 북쪽은 현무호(玄武湖), 남쪽은 진회하, 서쪽은 양자강이 막아주는데, 동쪽은 평원으로 터져 있어 방어에 불리하다고 판단하고 자금산에서 진회하에 이르는 물길을 파서 동쪽 방어선으로 삼았는데 이 물이 바로 청계이다. 이제는 말라붙어 그 위로 큰 길이 나 버렸지만 고구려, 백제 사신들이 묵었던 객관의 위치를 아는 데는 어려움이 없다.

청계에는 다리가 여럿 있었는데 그중에서도 두 객관은 중교(中橋)에 붙어 있었다. 당시 황궁의 동남쪽에서 이어지는 곳이었다. 600년 전, 명나라 도읍지가 남경이었을 때에도 고려와 조선에서 사신이 자주 왔는데 그때에도 황궁의 남쪽에 있는 객관에 유숙했다. 사신들은 정몽주나 권근 때처럼 주로 환대를 받았지만 목은 이색같이 주원장의 미움을 사서 객관에 든 지 하룻밤 만에 고려로 돌아가기도 했다. 더 심한 경우에는 사찰에 유폐되기도 하고 유배를 가다가 도중에 세상을 떠나기도 했다.

천오백 년 전 남경을 찾았던 백제 사신도 사찰에 유폐된 적이 있었다. 양나라 무제 때의 일이다. 당시 북조 동위 출신 후경(侯景)이 양나라에 투항했다가 마음을 바꿔 거사했는데 마침 성공하여 86세의 황제를 유폐시켜 굶겨 죽였고 황궁을 중심으로 한 건강성을 모조리 불태워 버렸다. 그 무렵 백제 성왕이 파견한 사신이 건강성에 당도했다가 폐허가 된 모습을 바라보며 황궁 대성(臺省)의 단문(端門) 앞에서 소리 내 울었는데, 그 광경을 본 건강성 사람들이 함께 울지 않은 이가 없었다고 한다.

남조 문화에 유달리 관심이 많던 백제였다. 중국 사서 『남사(南史)』에 이런 기록이 남아 있다. 소자운(蕭子雲)이란 서예가의 글씨를 배우기 위해 건강성에 당도했던 백제 사신이 지방의 태수로 부임하기 위해 떠나던 소자운을 길에서 기다리고 있다가 만났다. 백제 사신이 예를 갖춘 뒤에 말했다.

"선생의 글씨가 아름답기로 멀리 해외에까지 이름이 났습니다. 이번에 구하고자 하는 것은 선생의 명필밖에 없습니다."

감동한 소자운은 사흘 동안 붓을 휘둘러 30장에 이르는 글씨를 백제 사신에게 주었다. 이밖에도 백제에서는 남조의 문물을 부지런히 받아들였다. 무령왕릉을 비롯한 백제의 여러 유물에 남조와 교류한 흔적이 고스란히 남아 있다. 백제는 또 남조의 학자와 기술자를 초청하기도 했다. 남경과 백제 쪽에 남아 있는 같은 유형의 유물 중에 백제 것이 훨씬 더 정교한 경우가 많은데, 이를 통해 백제에서 초빙되어 간 기술자가 남조에서도 가장 뛰어났던 장인이었음을 알 수 있다.

폐허가 된 건강성을 마주하고 소리 내 울었던 그 백제 사신은 후경의 미움을 사서 건강성 소장엄사에 갇히고 말았는데, 이 사신이 백제로 돌아갔다는 기록은 보지 못했다. 공감력이 뛰어났던 그 사신의 최후가 궁금하다.

불심본색 양무제

4세기에서 6세기 사이에 남경에서 이루어진 평화적 정권 교체에는 같은 집안끼리 한 것도 있었다. 제나라와 양나라는 둘 다 난릉(蘭陵) 소(蕭)씨가 개창했다. 소하(蕭何)의 후대라고 주장하는 집안인데, 제나라 시조 소도성과 양나라 시조 소연(蕭衍)은 가까운 친척 사이다. 유비(劉備)는 자신이 한나라 종실임을 내세워 국호를 한(漢)이라고 했지만, 소연은 제나라와 인연을 끊기 위해 새로운 국호를 내세웠다. 겨우 23년 존재한 제나라가 영광스럽지 못해 보인 것이다.

양나라도 단명하여 55년 만에 진(陳)나라에 양위했다. 그 55년 중 47년을 시조 소연이 다스렸다. 흔히 양무제라고 불리는 소연은 중국 황제 중에 둘째로 장수한 황제로 86세까지 살았다. 중국에 출현한 83개 봉건 왕조에서 559명의 제왕이 났는데 그중에서 여든을 넘긴 인물은 여섯 명밖에 되지 않는다. 그중 60년 간 재위하고 89세에 세상을 떠난 건륭제가 가장 오래 산 제왕이다.

생전에 달마대사를 만났던 것으로 유명한 양무제는 재위 47년 동안 굵직굵직한 불교 관련 사업을 수행했다. 양무제는 인도의 이상적 군주상인 전륜성왕 통치 모델을 동아시아에 심은 인물이다. 석가모니도 현세에서 포기한 전륜성왕 모델은 무력을 쓰지 않고 하늘에서 받은 바퀴를 굴리며 어떤 장애도 없이 정법대로 다스리는 것이다. 인도에서는 아쇼까 왕이, 중국에서는 양무제가 전륜성왕이 되고 싶어 했고, 그 뒤를 이어 백제 성왕이나 신라 진흥왕도 스스로를 전륜성왕으로 생각했다.

양무제의 동아시아 전륜성왕 모델은 엄청난 재정이 뒷받침되어야 가능했던 상상 초월의 규모였다. 현실 정치의 황제로서 전륜성왕을 겸하자면 황궁과 불국토를 오가야 했다. 양무제는 이 문제를 해결하려고 황궁 북쪽에 동태사(同泰寺)를 지었다. 황궁은 수도에서도 가장 권위 있는 구역이라 그 북쪽에는 중요한 건축물을 세우지 않는 것이 중국 고대 건축의 관례였다. 양무제는 황궁 북쪽에 바짝 붙여 동태사를 지은 뒤 두 곳을 오가며 나라를 다스렸다. 동태사의 규모가 얼마나 컸던지 황궁과 맞먹을 정도였다. 황궁에 해자가 있듯이 동태사 주위에도 해자를 팠는데 이는 방어용이 아닌 정토 세계인 동태사로 들어가기 위해 건너야 하는 물이었다.

남경에 불교가 전래된 것은 그보다 앞선 3세기 손권 때의 일인데, 그때 건초사를 세운 뒤로 남경에 수많은 불교 사찰이 세워졌다. 당나라 시인 두목(杜牧)의 화법으로 남조시대 남경에 480개의 절이 있었다고 하는데, 고증에 따르면 그 숫자를 넘어 700여 개가 있었다고 한다. 그런데 당시 중국 남북조시대의 불교는 상상을 초월할 만큼 흥왕하고 있었다. 북조의 중심 낙양에 1,376개 불교 사찰이 있었다고 하니 남조의 수도에 있던 700개는 절반에 불과했다.

독실한 불교 신자 양무제는 불심의 크기에서 낙양의 선비족 북위(北魏) 정권에 지기 싫어 연달아 절을 지었으나 낙양의 사찰 수를 따라잡기에는 시간이 부족했다. 양무제는 동태사라는 어마어마한 규모의 황실 사찰에서 질로 승부할 생각을 했다. 당시 낙양에는 갓 준공된 영녕사(永寧寺)라는 황실 사찰이 있었다. 그 절에는 9층 목탑이 있었는데 높이가 백 장(丈), 지금 단위로 환산해서 147m였다. 그 소식을 들은 양무제는 서둘러 동태사를 완공하면서 중앙에 9층 목탑을 세웠다. 521년, 고구려 안장왕, 백제 무녕왕, 신라 법흥왕 때의 일이었다. 경주 황룡사 9층 목탑은 이보다 120년쯤 뒤에 세워졌는데, 도편수가 백제계 아비지였던 것을 보면 백제가 중국 건축 기술을 더 먼저 받아들인 것을 알 수 있다. 양무제의 경쟁 심리에서 탄생한 동태사 탑의 높이는 현재 알려져 있지 않지만 낙양 영녕사 9층 목탑보다 한 치라도 높았을 것이다.

몇백 년을 버틴 황룡사 탑과 달리 동태사 탑과 영녕사 탑은 준공 뒤 얼마 지나지 않아 화재로 무너졌다. 탑이 소실되면서 두 나라도 급격히 기울었다. 양무제는 9층 목탑 대신 12층 목탑을 짓겠다는 계획을 발표했으나 이루지 못했다.

양무제는 스스로 불승이 되고 싶었으나 현실 정치 상 뜻을 이루지 못한 채 동태사에서 여러 차례 사신(捨身)했다. 사신이란 사원 노비가 되는 것을 이른다. 그때 양무제가 깊은 불심을 어찌할 길이 없어 동태사 노비가 되어 삼보와 대중에게 봉사하고 있으면 신하들이 황제를 노비 신분에서 속량하기 위해 엄청난 재물을 바쳤다. 그 무렵 신라에 생긴 지배계층 출신 사원노비는 이런 양무제의 사신 행위를 모방한 것이었다. 양무제의 불심은 고도의 정치 행위로 이어지기도 했다. 수만 명을 동원하는 각종 불교 행사를 대대적으로 거행하되 당시 대치 중이던 북조를 비롯하여 세계 각국의 사신을 참여시켰다. 당시 양무제 연호 대통(大通)이 표기된 백제 유물이 나오는 것을 보면 당시 양나라와 교류하던 백제 사신들도 그 행사에 참석했을 가능성이 크다.

양무제가 펼친 사업 중 동아시아 불교계에 되돌리지 못할 큰 영향을 남긴 것은 바로 불승에게 술과 고기를 금지시킨 일이다. 석가모니는 육식을 완전히 금지하지 않고 삼정육(三淨肉)이라고 하여 죽이는 장면을 보지 않고, 죽이는 소리를 듣지 않은 경우나 직접 먹기 위해 잡은 고기가 아니면 먹어도 된다고 했다. 그런데 양무제가 난데없이 〈단주육문(斷酒肉文)〉을 발표하여 수행자들을 깜짝 놀라게 했다. 당시 불승들은 탁발하는 처지에 주는 대로 먹는 것이지 골라 먹을 일이 아니라며 반대했다. 그러나 양무제는 수행자에게 모든 살생은 금지되어야 한다는 자신의 뜻을 관철시켰다.

여기에는 깊은 자비심을 행하는 대승 불교인으로서의 의지가 작용했겠지만 당시 양나라 승단을 장악하고자 했던 의도도 있었다. 문벌 중심 사회였던 당시에 불승 중에도 문벌 출신이 많아 황제도 고개를 숙여야 할 때가 많았던 것이 양무제로서는 몹시 불만스러웠다. 승단을 장악하기 위해 양무제는 불학 증진부터 시작해 불승들의 호감을 샀다. 불경 번역과 주석 작업이 대규모로 이루어지는데 싫어할 불승이 있을 리 없었다.

고구려 승려 승랑이 주석했던 서하사에는 남조 시대부터 건축한 수많은 석굴인 천불암과 수나라 문제 때에 세운 현존 중국의 최대 사리탑이 남아 있다.(陳傑 사진)

양무제는 이론에도 강한 학구파 신도였다. 그 누구보다 열심히 불교 교리를 공부하면서 학승들과 논쟁을 즐겼다. 이때 남경 서하사(棲霞寺)에는 고구려 요동성에서 온 승랑(僧朗)이 삼론종을 설파하고 있었는데, 성실종에 빠져 있던 양무제가 승랑에게 토론을 요청했다. 512년의 일이었다. 승랑이 절을 떠날 수 없다고 거절하자 양무제가 10명의 학승을 승랑에게 보내 삼론종 이론을 배우게 했다. 그중에서 승전(僧詮)이 승랑의 이론을 터득하여 양무제와 소명태자에게 전했다. 삼론종을 받아들인 양무제는 대승불교의 길로 나아갔다. 소명태자는 단명하여 즉위하지는 못했지만 양무제만큼 학구파여서 『문선』을 편찬했고 『금강경』을 32품으로 나누어 제목을 붙였으며 『도연명전』을 쓰기도 했다.

학구적 태도로 불승들의 호감을 사는 데 성공한 양무제는 스스로 육식과 술에 여자까지 멀리하며 수행자들에게도 함께할 것을 강요했다. 양무제가 흔들리지 않고 솔선수범하자 반대하던 불승들도 꺾이기 시작했다. 그 뒤 동아시아 불승들은 육식과 술을 할 수 없게 되었다.

'단주육문'에 '술'이 '고기'보다 먼저 나오지만 실제는 육식을 금하는 것이 주목적인 글이었다. 증류주가 없었던 그 시절, 술은 사회적으로 큰 문제가 되지 않았다. 도연명이 좋아해서 좀처럼 끊지 못했던 술의 알코올 도수는 10도가량으로 추정된다. 도수가 낮은 술은 상하기 전에 부지런히 마셔야 해서 과음으로 이어지고 대취하기 일쑤였다. 양무제는 그런 꼴을 못마땅하게 여겼다. 초기 불교 교단에서도 음주 그 자체가 아니라 과도한 음주로 정신이 흐려져서 수행에 장애를 초래하는 것을 걱정하여 '불음주' 계율을 마련했던 것이다. 술은 치료용으로 쓰던 터라 양무제의 '단주육문'은 수행자들에게 고기를 먹지 못하게 한 조치로 보면 된다.

고구려 승려 승랑은 서하사에서 주석하다 열반했는데, 지금도 서하사에서는 승랑을 이 절의 개창자로 추앙하고 있다. 단풍이 아름다운 남경 서하사는 양자강 강변의 서하산에 있다.

주작교와 오의항

당나라 시인들에게 남경은 문학의 고향이었다. 그들이 즐겨 짓던 전원시와 산수시가 남경에 수도를 두었던 남조의 시인들이 발전시킨 장르였기 때문이다. 예컨대 전원시라면 도연명이, 산수시는 사령운이 그들에게 비조였다. 이백을 비롯한 수많은 당나라 시인들은 일생에 단 한 번이라도 남경 땅을 밟아보고 싶어 했다. 그런데 이백을 비롯한 수많은 당나라 시인이 남경 땅에 도착해서 목도한 풍경은 이미 황폐해질 대로 황폐해진 무기력한 도시였다. 수나라가 남북을 통일할 때 철저히 파괴한 남조의 도읍 남경은 회복할 기력을 차리지 못하고 있었다. 당나라 시인들은 황폐해진 남경에서 온갖 영화가 부질없음을 깨달았으나 한편 안타까운 마음을 금치 못하고 저마다 탄식 조의 작품을 남겼다.

주작교 변에 들꽃이 피고   朱雀橋邊野草花

오의항 어귀에는 석양이 지네	烏衣巷口夕陽斜
옛날 왕도와 사안 댁 본채에 깃들던 제비	舊時王謝堂前燕
이제는 보통 백성 집으로 날아드네	飛入尋常百姓家

- 유우석, 〈오의항(烏衣巷)〉

남조시대의 번영은 어디론가 사라지고 한낱 고적한 동네로 남은 주작교(朱雀橋)와 오의항(烏衣巷)은 남경을 찾은 당나라 시인에게 시작의 좋은 소재가 되지 않을 수 없었다. 그중에서도 유우석이 남긴 이 시는 무심한 들꽃과 제비를 등장시켜 인간사 부귀영화의 덧없음을 일깨워준다.

주작교는 고래로 진회하에 있던 24개 부교 중에서 가장 컸다. 부교 즉 배다리는 사회간접자본치고는 임시방편에 속하지만 위급한 상황에서 쉽게 잇거나 끊을 수 있기 때문에 전쟁이 빈번했던 육조시대 남경에는 다른 대안이 없는 대표적 다리였다. 이 다리는 육조시대 도성의 남대문인 주작문과 붙어 있었다. 당시 남경의 남쪽 끝이 주작문과 주작교였다면 북쪽 끝은 현무호였다. 현무호는 원래 양자강과 이어져 있었는데 지금은 떨어져 나왔다. 육조시대 현무호는 황궁의 북쪽과 이어진 민간인 통제구역이었다.

역대로 남경의 번화가는 진회하 하류에 형성되었다. 예전에 배를 타고 남경에 가려면 반드시 양자강 물길에서 진회하로 접어들어야 했다. 두 강물의 합류 지점을 지나 1.5km쯤 진회하를 거슬러 올라가면 남경 성내로 들어가는 교통의 요지 주작교와 주작문이 있었다. 사람들로 붐비던 이곳에는 언제나 큰 시장이 열려 있었다.

이 주작교에서 얼마 떨어지지 않은 진회하 변에 오의항이란 골목이 있다. 지금도 옛 이름을 그대로 간직하고 있는데, '오의'는 바로 오나라 황제 손권의 근위대가 입던 검정 군복이다. 남경에 도읍한 오나라가 멸망하고 38년이 지나 중원에서 이주해 온 사마씨의 동진 정권이 남경에 들어섰을 때 이주민 중에서도 지배 계층이 이 동네에 정착했다. 특히 왕도(王導)와 사안(謝安)이라는 불세출의 두 인물이 이 동네에 살았기 때문에 오의항은 오나라 때보다 더 유명해졌다.

왕도는 동진의 개국 특등공신이다. 사마씨 집안을 중심으로 한 진(晉)나라 지배층들이 중원을 잃고 양자강 건너 남경에서 동진을 재기한 데는 왕도의 역할이 가장 컸다. 뿐만 아니라 왕도는 개국 후, 옛 오나라 사람들을 설득하여 협력을 끌어내기도 했다.

왕도는 중원의 사마씨 정권이 망하기 전에 황족 낭야왕(琅邪王)과 함께 미리 양자강을 건넜다. 이들이 정착한 남경 땅의 양자강 문화는 중원과 아주 달랐다. 그야말로 물선 땅 남경에서 환란을 피하고 있을 때 중원이 무너졌다는 소식이 들려왔다. 왕도는 낭야왕을 새 황제로 추대하여 진나라 사직을 보전하고자 했으나 낯선 땅에서 뿌리를 내리는 일은 생각보다 어려웠다. 게다가 손권의 오나라 본진이었던 남경 사람들이 전혀 협조할 기색을 보이지 않았다. 오나라 유민들은 그들을 망하게 한 사마씨 정권이 하필 남경에 도피해 온 것을 곱게 볼 리가 없었다. 원래부터 순순히 복종할 생각이 없던 그들이었다. 삼국을 통일한 진나라 쪽에서 보면 촉나라 유민들이 훨씬 다루기 좋았다. 강남의 풍속과 문화가 중원과 크게 달랐던 데다 촉나라에는 없던 호족이 많이 남아 강남을 할거하고 있었기 때문이다.

이런 가운데 왕도가 두 문화의 융합에 발 벗고 나섰다. 육손(陸遜)의 집안을 비롯한 강남의 세가들 앞에 전혀 위신을 세우지 못하고 있던 황제를 일부러 추켜세우는 한편으로 몸소 권세가들을 찾아다니며 겸손한 자세로 강남의 풍속을 따르는 시늉을 했다. 이 과정에서 왕도는 다른 사람들보다 한발 앞서 남경 방언을 배운 뒤 중원의 표준말 대신 남경 방언을 구사했다. 왕도의 구수한 사투리 앞에 감동하지 않을 수 없었던 남경의 호족들은 너도나도 협조하기 시작했다. 가히 갈등 해결의 전문가라고 하겠다.

왕도는 걸핏하면 향수에 젖어 눈물 흘리는 동료들에게 울지 말고 중원 회복과 통일을 위해 힘을 내야지 눈물이나 흘리고 있으면 어쩌자는 거냐고 나무라듯 말했다. 그러나 울음을 거두라는 말의 본뜻은 이제 남경에 정붙이고 살자는 독려에 불과하였다. 왕도의 노력으로 동진 정권이 안정되면서 북쪽에서 옮겨온 중원문화가 남경에서 소생했다.

그 시절 동진 정권의 주인공은 황제가 아니라 왕도였다. 오죽하면 즉위식장의 황제가 왕도에게 자신과 나란히 앉아 통치할 것을 권했을까! 그런데 겸손한 원칙주의자 왕도는 "태양이 스스로를 낮추면 만물은 누가 비추냐"며 끝내 그 제의를 사양했다. 허명뿐이었던 황제는 제환공이 관중을 높여 불렀던 것처럼 왕도를 중부(仲父)라고 부르거나 '나의 소하(蕭何)'라면서 건국의 수훈갑으로 대접했다. 다음 대의 황제도 마찬가지였다. 황제가 왕도에게 도리어 '황공하다'고 하거나 '머리를 조아린다'고 했으니, 이런 광경을 보며 당시 사람들은 '왕도가 사마씨와 더불어 천하를 함께 다스린다〔王與馬共天下〕'고 노래했다.

그 전에도 중국에서는 황권이 약해질 대로 약해져 승상의 위세가 황제보다 높다 못해 황제의 생사여탈권을 쥐고 있던 때가 자주 있었다. 동한 말기의 조조나 위나라 말기의 사마씨 집안이 그러했는데, 이들에 비해 동진의 개국공신 왕도는 개인적 탐욕을 최대한 줄일 줄 알았고 정적에게도 관용을 베푸는 색다른 모습을 보여주었다. 흔히 왕도를 일러 '겸(謙)'을 갖춘 인물이었다고 하는데 노장(老莊) 사상과 도교를 숭상했기 때문에 가능한 일이었을 것이다.

왕도가 죽은 뒤 사안이란 걸출한 인물이 나타나 동진을 이끌어 나갔다. 걸핏하면 모반 사건이 일어나는가 하면, 북중국에서는 중원을 통일한 전진(前秦)이 양자강을 건너 쳐들어올 기세를 보이고 있던 내우외환의 시기였지만 침착하기로 유명했던 사안은 문무를 겸비한 지도력을 발휘하여 위기를 모면했다.

사안은 멋있기로도 유명한 인물이었다. 그 이전에 '풍속'이나 '사회 분위기'를 뜻하던 '풍류(風流)'라는 말이 사안 때에 이르러 그 뜻이 바뀌었다고 할 정도로 매력이 넘쳤던 모양이었다. 사안은 용모가 준수한 데다 다재다능한 멋쟁이였다. 무엇보다도 대인관계에 자연스러운 행동을 숭상하여 자질구레한 예의범절에 구속되지 않는 면모를 보였으므로 당시 남경 땅에서는 가장 매력 있는 재상으로 모두들 사안을 꼽으며 '풍류재상'이라 칭했다. 매력이 있기로는 왕도 역시 못지않았기 때문에 세상에는 '왕사풍류(王謝風流)'라는 말이 전하게 되었다.

『열하일기』를 읽다가 박지원이 이 말을 쓴 것에 감탄한 적이 있다. 〈일신수필〉 7월 16일 일기에 나오는 이야기다. 심양을 떠나 금주로 가는 길, 여양에서 점심을 먹고 십삼산을 바라보며 가던 중에 얼굴이 희고 눈썹이 예쁜 아홉 살 남자 아이를 만난 박지원은 그 아이의 음전함에 반해 긴 대화를 나누었다. 일부러 길을 막아서는 박지원에게 아이는 오히려 공손히 머리를 조아렸으니 그 아이가 얼마나 예뻐 보였을까! 그런 데다 논어, 중용, 대학을 공부하고 있다고까지 했다. 그래서 물어보니 그 아이의 이름은 사효수(謝孝壽)였다. 그 이름을 들은 박지원은 곧바로 사안을 떠올렸고, 옆에 있던 아이 할아버지에게 "손주가 아주 총명하여 왕사 집안의 풍류에 손색이 없습니다."라고 손주 칭찬을 했더니 그 할아버지가 "조상이라 해도 너무 오래전 동진 때의 일이니 그 풍류를 어찌 감히 기대할 수 있겠습니까?"라고 대답했다.

박지원은 갈 길이 바빠 그 조손과 바로 헤어져야 했다. 그때 그 아이가 읍례하며 "대감께서는 출사 중에 보중하십시오."라고 하는 바람에 박지원은 길 가던 내내 그 아이를 잊지 못했다. 아이의 언행과 용모가 눈앞에 아른거리고, 겸손하던 할아버지 생각도 나고, 그 집을 방문해야 했는데 바빠서 못 갔던 것이 안타깝고… 그런 생각을 하며 길을 재촉했다.

중국 현지에서 만난 중국인들과 소통하는 박지원의 이런 자세는 배워서 써먹을 필요가 있다. 중국 사람 사씨나 왕씨를 만나면 박지원처럼 '왕사풍류'를 인용해 보는 것이다. 상대가 깜짝 놀라도록.

현재 남경 진회하 오의항에는 왕사고거(王謝故居)가 있다. 재상 왕도와 사안이 한집에 살았을 리 만무한데, '왕도와 사안의 집'이라니. 진회하 오의항으로 관광객은 몰려드는데 그 옛날 호화로웠던 왕도와 사안의 저택을 복원할 길이 없자 궁여지책으로 두 집을 하나로 합해 버린 것이다. 왕도와 사안 입장에서 보면 가히 혁명적인 발상이라 하지 않을 수 없다. 가보면 알겠지만 떵떵거리던 두 집안이 함께 살기엔 공간이 너무 좁아 보인다.

황제보다 더했던 문벌의 세도

'대단한 가문'이란 뜻의 '문벌(門閥)'이란 말은 우리에게도 익숙하다. 이때의 '벌'은 '가문'으로 '재벌'이나 '군벌', '학벌'에 들어있는 '세력'이란 뜻의 '벌'과 글자는 같지만 뜻이 다르다. '가문'이란 뜻의 '문벌'이 '대단한 가문'을 가리키게 된 것은 대개 4세기 남경에서부터였다.

동진의 개국공신 왕도의 왕씨 집안과 위기의 동진을 구했던 사안의 사씨 집안이 황실보다 더한 세도를 부리게 되자 사람들은 이들 가문에만 문벌이란 이름을 붙여 특수하게 취급했다. 그도 그럴 것이 왕씨와 사씨 집안사람들은 정치와 경제, 문화, 예술 등 모든 분야에서 실로 뛰어났다.

이들은 금수저도 보통 금수저가 아니었다. 신분제 사회라면 '양반'과 '상놈'의 차별 때문에 사회의 유동성이 떨어지기 마련이지만, 왕씨와 사씨 집안이 주름잡던 당시에는 '양반' 안에서도 지독한 구분이 있어서 문벌과 문벌 아닌 집안 사이에는 깊고 넓은 강이 가로놓여 있었다. 마치 신라의 성골과 진골 사이에 경계가 진골과 6두품 사이의 경계보다 더 절망스러웠던 것처럼 최상위 지배계층 사이에서도 골이 아주 깊었다.

역사 속 일화를 통해 당시 풍경을 상상해 본다. 동진의 뒤를 이어 송나라가 들어섰으나 왕씨와 사씨가 여전히 세도를 부리고 있을 때였다. 송나라 제5대 황제 효무제의 가까운 외척이 황제와의 관계를 믿고 왕씨 집안과 실력을 겨뤄볼 생각을 했다.

그 무렵 진회하 오의항 왕도의 옛집에는 5대손 왕승달(王僧達)이 살고 있었다. 황제의 외척으로 출세는 했으나 천출이었던 노경지(路瓊之)가 그 바로 옆집을 구입해서 당시 문벌에 낄 생각을 했다. 기회를 엿보던 노경지가 어느 날 성대하게 차리고 왕승달을 찾아갔다. 마침 사냥을 나가려던 왕승달은 사냥복 차림 그대로 노경지를 만났는데, 한참을 지나도록 일언반구도 건네지 않다가 "옛날 우리 집 마차를 부리던 경지(慶之)란 마부가 있었는데 그와 어떤 관계인가?"라고 입을 뗐다. 그 뒤로 무슨 일이 있었을지는 상상할 만하다. 물론 역사서에는 생략되어 있고, 노경지가 앉았던 의자를 왕승달이 태워 버렸다는 내용으로 이어져 있다. 왕승달이 언급한 그 마부는 노경지의 친할아버지이자 당시 태후의 친오빠였다. 태후가 화가 나서 황제에게 왕승달을 다스려 달라고 요청했지만 황제는 다음과 같은 공개적 발언을 통해 생모의 부탁을 거절했다.

"젊은이가 아무것도 모르고 일도 없이 승달을 찾아갔으니 모욕을 당할 수밖에요. 승달은 왕씨 집안의 귀공자인데 이런 일로 벌을 줄 수는 없습니다."

물론 이렇게 대답한 황제의 속이 좋았을 리 없다. 황제는 그 뒤에 왕승달을 모반죄로 죽였다. 이 황제는 효무제로 재위 12년 내내 남경의 문벌을 해체하기 위해 노력했지만 문벌의 반격이 만만치 않아 크게 성공하지는 못했다. 효무제와 생모 노 태후 사이에 염문설이 퍼진 것도 문벌해체 등의 개혁정책이 문벌의 반감을 산 데서 비롯되었을 개연성이 크다.

송나라에 이어 제나라에서도 문벌의 세도는 여전했다. 제나라 개국 공신 기승진(紀僧眞)이 초대 황제 소도성(蕭道成)의 가장 가까운 심복이 되었다. 기승진은 능력이 뛰어났을 뿐 아니라 주도면밀했다. 소도성은 그런 기승진에게 자신과 글씨를 똑같이 쓰도록 훈련시켜 대필하게 할 만큼 기승진을 신뢰했다. 게다가 기승진은 용모와 행동거지에 남다른 기상이 있었을 뿐 아니라 붓글씨도 아주 잘 써서 자신만의 풍류가 있다고 할 경지에 이르러 있었다. 그런데 미천한 출신이 문제였다. 하루는 기승진이 황제에게 요청했다.

"제가 다른 소원은 없는데 사대부란 소리만은 듣고 싶습니다."

당시 '사대부'는 문벌 관료를 부르는 존칭이었다. 이런 기승진의 부탁에 대해 황제가 남긴 대답이 이랬다.

"그 사람들에게 물어봐야지 내가 들어줄 부탁이 아닙니다. 한번 찾아가 보든지요."

사대부 소리를 얼마나 듣고 싶었던지 기승진이 문벌 중 한 사람을 찾아갔다. 그런데 그 문벌 세도가는 찾아온 기승진이 옆에 앉을까 봐 자리를 옮겨 버렸다. 풀이 죽어 돌아온 기승진을 보고 황제가 탄식했다.

"내 맘대로 줄 수 있으면 좋으련만 사대부 칭호는 역시 안 되는구나!"

남조시대 남경의 문벌과 비문벌의 갈등 중 압권은 역시 후경(侯景)의 이야기다.

제나라에 이어 양나라가 들어선 뒤 당시 북조에서 권력 투쟁에 밀린 갈인(羯人) 후경이 양나라로 투항해 왔다. 북벌을 꿈꾸던 양나라 무제가 주위의 만류에도 불구하고 북벌에 이용할 목적으로 후경에게 대장군 벼슬을 주고 하남왕에 봉했다. 남경에서 최고의 대접을 받은 후경이 뭣도 모르고 왕씨나 사씨 집안과 혼인하고 싶으니 중매를 해 달라고 황제에게 부탁하자 황제가 넌지시 타일렀다.

"자네는 그 집안들과 혼인할 수준이 못 되네. 그 아래 집안이라면 또 모를까."

후경은 북조 동위에서 나름대로 세도를 부리던 인물이었다. 황제는 현실을 말했지만 후경으로서는 견디기 어려운 모욕이었다. 그 결과는 무참했다. 후경이 반란을 일으킨 것이다. 반란을 일으키기에 앞서 후경이 선언했다.

"왕도와 사안 집안사람들을 모조리 노비로 삼아 버리겠다."

그 뒤 후경은 반란을 일으켜 남경의 대단한 문벌들을 주살했다. 물론 왕씨와 사씨 집안의 피해가 가장 컸다. 이후 남경의 지배층들은 원동력을 상실했고 몇십 년 못 가 수나라에 멸망했다. 통혼을 거부한 대가로서는 지나치게 참혹했으나 다른 쪽에서 보자면 문벌의 폐쇄성이 새 시대를 열었으니 역사의 아이러니가 아닐 수 없다.

왕희지와 그 벗들

진회하 오의항에 살던 왕씨 집안에 유명한 인물이 많지만 그중에서도 왕희지는 이 집안의 중흥조 왕도보다 더 유명하여 모르는 사람이 거의 없다. 왕희지가 동진의 도읍 남경을 중심으로 활동하던 4세기 무렵은 고구려 고국원왕, 백제 근초고왕, 신라 내물왕 시대와 대체로 겹친다.

유명 인물이지만 왕희지의 정확한 생몰연대는 남아있지 않다. 아버지 왕광에 관해서도 자세히 알려져 있지 않은 것을 보면 왕희지의 어린 시절은 어수선했던 모양이다. 그 무렵 중원은 몇 해 동안 전쟁이 끊이지 않았다. 진나라 사마씨 제후왕 여덟 명이 차례로 난을 일으켜 국력이 쇠할 대로 쇠해졌는데 그 틈을 타서 남흉노가 내려와 진나라를 멸망시켰다. 산동 임기(臨沂)에 살던 왕희지네 대가족은 왕희지가 다섯 살 되던 해에 피난을 떠나 남경에 정착했다. 얼마 뒤 왕희지의 아버지가 반란을 평정하는 과정에서 전사했으므로 왕희지는 진회하 오의항에서 당숙 왕도의 보살핌을 받으며 성장했다.

동진의 문벌 왕씨 집안은 자제들의 교육을 집에서 직접 맡아 했다. 그때만 해도 남경은 중원 문화의 변두리에 속했기 때문에 중원 출신 엘리트들의 눈에 차는 변변한 학교가 있을 리 없었다. 좋은 학교와 우수한 선생님이 부족한 상황에서 집안의 재원만으로 홈스쿨링이 가능했던 왕씨와 사씨 문벌은 독점적으로 인재를 양성해냈다. 예컨대 요즘 기준으로 왕희지를 최고의 서예가로 치지만 사실 이 집안은 구성원 전체가 왕희지에 버금가는 서예가들이었다. 왕희지에게 서예를 가르쳤던 당숙 왕도만 해도 양자강을 건너던 피난길에 종요(鍾繇)의 선시표(宣示表) 법첩(法帖)을 목숨만큼 소중히 여겨 품고 와서 날마다 모사하며 수련한 당대의 서예가였다. 종요는 조조(曹操)가 위왕(魏王)으로 봉해졌을 때 상국(相國)에 뽑힌 인물로서 성시첩(省示帖), 개삭첩(改朔帖) 같은 초서의 법첩을 남긴 대서예가이다.

그런 가문에서 천부적인 자질을 가진 왕희지가 자랐으니 시대의 획을 긋는 서예가가 된 것은 지극히 자연스러운 일이었다. 중국의 남북조시대는 두 쪽 다 서예가 발달했다. 북조에서 발달한 비석 글씨는 당나라 구양순(歐陽詢)으로 이어지는 해서(楷書)의 모범이 되었다. 남쪽으로 내려온 중원 사람들은 조조 때부터 실시한 비석 세우지 않기 전통을 이어갔기 때문에 개인적으로 주고받은 서한 위주로 서예가 발달하게 되었다. 그리하여 왕희지를 비롯한 왕씨 집안에서 발전시킨 행서(行書)가 남조 서예의 주류로 자리 잡았다. 왕희지의 행서는 그 뒤 송나라 소동파로 이어져 모든 문인들의 추앙을 받게 된다.

남아 있는 왕희지의 작품 중에 〈난정집서(蘭亭集序)〉가 천하제일의 행서로 유명하다. 현재 진본은 전하지 않고 후대 유명 서예가들이 모사한 것이 여러 편 남아 북경과 대만 고궁박물관에서 만날 수 있다. 진본은 당나라 태종이 소장하고 있었는데 태종의 유언으로 그 무덤에 부장품으로 들어갔다는 설이 있다. 모두 324자로 이루어진 이 작품은 왕희지가 51세 되던 영화(永和) 9년(353)에 42명의 문인이 소흥(紹興) 회계산 난정에 모여 지은 시들을 『난정집(蘭亭集)』으로 묶을 때 서문으로 쓴 것이다. 이 글은 『고문관지(古文觀止)』에 〈난정집서〉로 실려 있는데, 『고문진보(古文眞寶)』에는 〈난정기(蘭亭記)〉로 나온다.

원래 양자강 이남에는 음력 3월 첫째 뱀날(나중에 삼월 삼짇날로 정착됨)에 수계(修禊)라는 대규모 액막이 민속 행사가 거행되고 있었는데, 중원에서 온 이주민들도 이 행사를 따라하게 되었다. 강남의 문화를

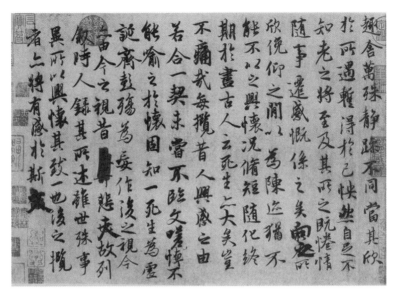

왕희지의 〈난정집서〉. 20개의 '之' 자가 다 다르게 생겼다.

받아들이는 일은 왕희지의 당숙 왕도가 가장 적극적이어서 남경에 정착한 초기부터 이 수계 행사에 직접 참석하여 민심을 얻어냈다. 수계는 물가에서 목욕을 할 수 있는 철을 맞이하여 여러 사람이 모여 함께 묵은 때를 벗고 유상곡수(流觴曲水) 놀이를 하는 것이었다.

수많은 수계가 행해졌지만 이해에 회계산에서 왕희지가 주도했던 수계가 역사에 길이 남았다. 모두 42명의 시인 묵객이 모였으나 시를 제대로 짓지 못한 사람도 있어서 모두 37수의 시를 엮은 시집이 나왔다. 시집에는 왕희지의 시가 맨 앞에, 사안의 시가 그 바로 뒤에 나온다. 시를 지은 사람들은 모두 왕희지와 친하게 지내던 인물이었고 왕희지의 아들도 몇 있었다. 당시 왕희지는 소흥에 있던 동진의 제후왕국 회계국의 내사(內史)였다. 내사는 중앙에서 파견하여 제후왕을 보좌하게 한 높은 벼슬이었다.

왕희지는 자신의 이름자에 있는 '之'를 일곱 아들 이름에도 모두 넣었다. 324자로 이루어진 〈난정집서〉에 나오는 20개의 '之' 자가 모두 다르게 생긴 것을 보면 왕희지가 이 글자를 얼마나 좋아했는지 알 수 있다.

왕희지는 명문가의 자제로서 능력도 뛰어났기 때문에 얼마든지 높은 벼슬에 오를 수 있었다. 실제로 동진의 개국공신이었던 왕도가 종조카 왕희지를 발탁해서 중용하고자 했지만 왕희지는 정중히 사양했다. 어려서부터 소탈하기로 유명했던 왕희지였다. 왕도와 함께 동진을 세웠던 희감(郗鑒)이 사윗감을 고르려고 오의항 왕도 집에 사람을 보냈을 때 집안의 자제들이 모두 독서에 열중하는 척했으나 왕희지만 배를 드러내고 벌렁 드러누워 있었다. 희감은 그런 왕희지가 좋아서 사위를 삼았는데, 이때 생긴 동상쾌서(東床快婿)라는 유명한 말이 지금껏 전해온다. 왕희지는 나이가 들어서도 정치와 권력을 멀리하며 지방에서 조용히 지내고 싶어 했다. 그도 그럴 것이 자신의 집안 어른 중에 반란을 일으킨 사람이 생겨나 왕도를 비롯한 집안사람들의 처신이 무척 어려워져 있었다. 그 어른은 왕희지의 당숙이자 왕도와는 사촌 간이며 동진의 개국공신이었던 왕돈이었다. 자신을 집안 최고의 인재로 여겨 애지중지하던 왕돈의 반란 앞에 왕희지는 매우 혼란스러웠다. 친한 벗 은호(殷浩)의 죽음으로 그의 혼란은 극에 달했다. 권력투쟁에서 밀린 은호가 북벌 실패라는 표면상 이유로 사형을 당하자, 최상층 권력의 암투에 염증을 느낀 왕희지는 중앙정계를 떠나 다시는 복귀하지 않았다.

중국에서 붓으로 글씨를 쓴 이래 왕희지가 나오기 전까지 붓글씨는 예술 축에 들지 못했다. 글씨는 오로지 기록을 위한 것이라, 폭이 좁은 죽간이나 목간에 정확한 내용을 담으면 그만이었다. 서도는 종이가 널리 쓰이면서 발전했는데 동진 때에 이르러 왕희지가 등장하자 붓글씨가 예술의 경지로 올라갔다. 왕희지의 여러 자식 중에 그 우월한 유전자를 고스란히 물려받은 이는 막내아들 왕헌지(王獻之)였다. 그래서 아버지 왕희지를 서성(書聖)이라 부르고, 왕헌지는 소성(小聖)이라 부른다.

남경 교외에는 이들의 후손이 현재까지도 집성촌을 이루며 살아가고 있다.

도연명이 전원으로 돌아간 까닭

왕희지 이야기를 하면 도연명(陶淵明)이 떠오르지 않을 수 없다. 도연명은 왕희지보다 한 세대쯤 뒤의 사람이다. 도연명도 왕희지와 마찬가지로 정확한 생몰 연대가 알려지지 않았다. 어린 시절이 왕희지 때만큼 어수선했다는 뜻이다.

반란이 많이 일어나던 사마씨의 진나라 말기, 같은 연배였던 왕희지의 아버지와 도연명의 증조할아버지는 각각 다른 지방의 태수로서 여러 지방의 반란 평정에 공을 세웠다. 그런데 두 사람 모두 태수로서 공을 세웠다고 하더라도 두 집안은 천양지차였다. 왕희지의 아버지는 일찍 전사하지 않았다면 왕도처럼 황제보다 더 큰 권력을 누렸을 지도 모른다. 그와 달리 도연명의 증조할아버지처럼 지방의 미천한 집안 출신은 공을 세워도 중앙 조정에 진출할 수 없었다. 증조부에 이어 조부와 부친이 모두 태수를 지냈으나 도연명의 집안은 부와 권력과는 거리가 멀었다. 도연명과 왕희지 둘 다 어려서 아버지를 여의었는데, 계속해서 중앙에서 활동할 수 있었던 왕희지와 달리 도연명은 금세 가련한 신세로 떨어지고 말았다. 도연명이 다섯 아들에게 남긴 유서에 그 내력이 나온다.

"내 나이 쉰을 넘겼다. 어려서는 집이 가난하여 사방으로 떠돌아다니며 먹고 살 궁리를 해야 했으므로 고생깨나 했다. 나는 고집이 세면서도 올바로 살고 싶어 하는 편인데 재주는 그리 없는 편이라 세상과 잘 맞지 않았다. 계속 남아 있으면 재앙을 겪을지도 모르겠어서 생각 끝에 번거로운 세속을 떠났다. 너희들이 어려서부터 가난하게 살게 된 것은 나 때문이다."

도연명은 젊어서 여러 차례 녹봉 생활을 한 적이 있으나 길어야 3년, 짧으면 몇 달 만에 그만두기를 네 차례나 했다. 마흔 무렵 도연명은 아주 가난해져서 그 좋아하던 술을 마실 수 없고, 끊어진 거문고 현을 갈아 끼우지 못하는 것은 물론 생계를 위해 걸식도 마다할 수 없게 되었다. 고향 마을에서 50km쯤 떨어진 팽택(彭澤) 현령이 된 도연명은 또 석 달을 채우지 못하고 사표를 던지고 만다. 중앙에서 감찰 나오는 젊은 관리를 영접하라는 말에 발끈한 도연명은 "그깟 녹봉 오두미(五斗米) 때문에 젊은 놈에게 내 허리를 굽힐 수 없다."면서 "귀거래(돌아가리)"를 외치며 집으로 돌아가 버렸다. 그만둘 때야 그깟 쌀 닷말 없어도 그만이라고 생각했으나 현실은 그렇지 않았다. 밭이 몇 뙈기 있었지만 농사꾼이 아니었으므로 소출이 좋지 않아 일곱 식구 입에 풀칠하기가 어려웠다. 아들이 다섯이라 해도 늦게 본 아들들이라 맏이가 열 살을 갓 넘었고 막내는 젖먹이라 농사에 큰 도움이 되지 못했다. 게다가 낙향 3년 뒤에는 그나마 있던 집을 화재로 잃었으므로 도연명은 알거지가 되고 말았다.

팽택 현령을 사직한 뒤로 몇 번 부름을 받았지만 도연명은 일체 응하지 않았다. 다섯 아들에게 가난을 물려줘서 미안하다고 할 때는 녹봉에 대한 미련도 있었겠지만 나가봤자 제대로 뜻을 펼치지 못할 것이 분명하니 나가지 않은 것이다. 젊어서 송나라 시조 유유(劉裕)가 즉위하기 전에 거느리던 부대에서 근무하기도 했던 도연명은 남경의 대문벌과 끈이 없는 것도 아니었으나 지방의 미천한 집안 출신은 아무리 재주가 뛰어나도 중앙 조정에 진출하기가 어려웠다. 게다가 동진 정권도 마음에 안 들었고, 유유가 동진 정권을 강제로 이어받은 것도 꼴 보기 싫었다.

관직을 내던지고 전원으로 돌아간 도연명이 후대의 존경을 받는 이유는 그런 삶을 살기가 쉽지 않기 때문이다. 예컨대 소동파가 그랬다. 소동파는 작품성이 뛰어난 도연명의 시를 좋아한 데다 진정성으로 가득한 도연명의 삶을 추앙했다. 그리하여 도연명의 모든 작품을 모방했을 뿐 아니라 그 삶을 만 분의 일이라도 닮겠다며 사직하고 전원에 살기를 희망했다. 그러나 30년 넘는 관직 생활에 좌천을 거듭하면서도 끝내 사직하지 못했기 때문에 도연명을 더욱 존경하게 되었다.

〈귀거래혜사〉를 남긴 도연명은 한마디로 중국 전원시의 비조이자 절대지존일 뿐 아니라 세속에 얽매이지 않은 매력남으로 지금까지도 수많은 애독자를 확보하고 있다. 그러나 도연명의 남아 있는 작품 백여 수를 읽다 보면 도연명이 고향 마을로 돌아가 농사를 지은 것은 백성을 위해 자신의 경륜을 펼치고 싶었으나 기회를 얻지 못해서가 아니었을까 하는 생각이 든다. 왕희지는 중앙 조정의 높은 자리를 마다하고 지방에 머물렀지만, 도연명은 팽택현에서 겨우 50km 떨어진 고향 마을로 돌아갔을 뿐이었다. 당시 수도 남경에서 보자면 팽택현도 전원이었으니 도연명은 전원에서 전원으로 간 것이 된다. 그가 남긴 작품 중에 다섯 아들이 글을 읽지 않아 걱정하는 장면을 읽으며 도연명은 백이숙제형의 은둔자가 아니라 암울한 사회제도에 반기를 들기 위해 자발적 가난을 선택한 시대의 반항아라는 생각을 하게 된다. 게다가 전원에서 전원으로 옮겨 갔던 도연명이니 당시 사회에 반향이 컸을 리도 없다. 참으로 암울한 시대가 아닐 수 없다. 도연명이 조금만 일찍 태어났더라면 왕희지와 벗이 되어 서로 의지했을 텐데 말이다.

도연명의 증조할아버지는 도간(陶侃)이다. 328년, 당시 여덟 살이던 동진 성제에게 반기를 들었던 소준(蘇峻)을 토벌하는 데 큰 공을 세웠다. 그때 토벌군 쪽에서 하룻밤 만에 쌓았다는 산성 백석루(白石壘)는 남경 양자강 변 막부산(幕府山) 서쪽 산록에 있었다.

이 산에서 발견된 손권의 동오시대 고분에서 '막부산'이란 지명이 적힌 매지권(買地券)이 나와 이 산이 3세기 당시에도 군사요지였음을 알려준다. 막부는 천황을 능가했던 옛 일본의 권력기구로 유명하지만 원래 중국의 막료기구로 황권이 약했던 남경의 육조시대에 발전했다.

막부산 동쪽 끝은 금릉48경의 하나인 연자기(燕子磯)로 강변에 형성된 수직 절벽이 절경이다. 역대 중국 시인 묵객의 사랑을 받은 이곳이지만 아편전쟁 때 영국군의 상륙 지점으로 이용되어 체면을 잃었다.

백석루와 연자기의 중간에는 중원을 떠나 남경으로 피난한 사마씨 행렬이 와서 닿았던 오마도(五馬渡) 부두가 있다. 오마는 다섯 명의 사마씨 황족이 남경으로 건너왔다고 해서 붙은 이름이다.

막부산은 옛부터 양자강의 강남과 강북을 연결하는 교통 요지이자 남경 방어의 군사 요지였다. 사마예와 함께 이곳에서 양자강을 건넌 왕도가 막부를 차린 곳이라고 해서 막부산이란 이름이 붙었다고 한다.(吳靖 사진)

중국 인물화의 고향

4세기 동진 때 왕희지를 비롯한 서예가들이 쏟아져 나왔는데, 그림 쪽은 그보다 좀 늦게 터졌다. 동진 미술계의 포문을 연 고개지(顧愷之)는 중국화의 바탕을 마련한 화가로 인물화에 능했다. 당시만 해도 그림 그리기의 목적은 이야기 전개였으므로 산수는 그림 속에서 생략되거나 먼 배경으로 등장했다. 산수화는 고개지 이후 백 년도 더 지난 남북조시대 말기에 이르러서야 나름의 갈래를 이루었다.

고개지는 삼국시대 오나라 4대 가문 주장고륙(朱張顧陸) 출신이다. 이 가문은 오나라가 망한 뒤에도 여전히 강남의 호족으로 남아 있었으나 중원 이주민 왕도 등이 사마씨와 함께 세운 동진 정권에서는 권력 핵심에서 밀려났다. 그리하여 중원 출신 4대 문벌 왕사원소(王謝袁蕭)가 정점을 이루던 지배층의 하류에 속해 있었다. 글, 그림, 글씨에 모두 뛰어났던 고개지가 재능만큼 출세하지 못한 까닭은 가문의 한계 때문이었다. 절망을 느꼈을까? 고개지는 문벌 출신 권력자 앞에서 바보 흉내를 내며 살았다. 그것은 천재가 목숨을 보전하는 길이기도 했을 것이다.

고개지의 생몰 연대는 정확하지 않으나 동진의 권력자 사안과 벗하며 지냈던 것으로 보아 주로 활동한 시기를 4세기 중반부터 5세기 초로 본다. 그때까지 벽화 중심의 중국 그림이 고개지에 이르러 비단이나 종이에 그린 수묵화로 바뀌기 시작했다고 할 만큼 고개지는 중국 미술사의 한 획을 그은 다작형 천재였다. 그러나 현재 원작은 남아 있지 않고 송나라 때 고개지를 숭상한 화가들이 모사한 그림 〈여사잠도)와 〈낙신부도〉 등 몇 작품이 남아 있다.

고개지는 불화에 뛰어났던 오나라 조불흥(曹不興)과 자신의 후대에 활동했던 육탐미(陸探微), 장승요(張僧繇)와 함께 고대 남경의 4대 화가로 일컬어진다. 육탐미와 장승요도 오나라 4대 가문 출신이다. 이 중에서 장승요는 화룡점정의 주인공이다. 당시 장승요가 남경의 안락사(安樂寺)에 네 마리 용을 그렸는데 눈동자를 그려 넣은 두 마리 용은 하늘로 날아가고 그려 넣지 않은 두 마리만 벽화 속에 남았다는 것이다.

'눈동자 그려 넣기'는 형상 그대로 살아있듯이 그리는 화법이 유행하던 당시 미술계의 화두였던 것으로 짐작된다. 고개지에게도 이런 이야기가 남아 전한다. 남경의 와관사(瓦罐寺)는 동진 거물들의 기부금으로 지은 절이었다. 고개지도 기부금을 냈는데, 당시 내로라하던 권력가보다 훨씬 더 많은 돈을 냈다. 그것도 색다른 방법으로. 개광 전날까지 불당 벽에 유마힐상(維摩詰像, 여래상이었다는 설도 있다.)을 그린 고개지가 주지를 불러 말했다.

"이제 눈동자를 그려 넣을 테니 첫날 구경 온 사람들에게는 10만 전을, 둘째 날에는 5만 전을, 셋째 날부터는 내고 싶은 대로 내게 하여 제 기부금으로 충당하십시오."

주지 눈에 고개지의 그림은 그저 그랬다. 누가 이런 그림을 돈 내고 볼까 하는 생각이었다. 주지가 돌아간 뒤 고개지는 그림에 눈동자를 그려 넣고 불당 문을 닫았다. 다음날 새벽 사람들은 깜짝 놀라고 말았다. 불당 문을 연 순간 엄청난 광채에 눈이 부셨는데 바로 유마힐상에서 나오는 빛이었다. 광채 속에서 살아 웃는 유마힐상 이야기는 삽시간에 남경 시내로 퍼져 너도나도 구경을 왔는데 고개지가 일러둔 대로 큰돈을 낸 사람들이 먼저 구경을 했고, 사흘째부터는 누구든지 보고 싶은 사람은 다 볼 수 있었다. 고개지가 가장 많은 돈을 기부한 것은 말할 것도 없다.

몇천 명의 승려가 있었던 와관사는 규모 면에서도 당시 남경에서 다섯 손가락 안에 꼽힐 만큼 큰 절이었다. 여기에 고개지의 이야기까지 겹쳐져 모르는 사람이 없게 되었으나 10세기 말 송나라의 통일 전쟁 때 소실되고, 『수호지』 안에서 노지심이 불사른 절 이름으로만 남았다. 하지만 소설 속의 와관사는 그 와관사가 아니다. 소설가가 북송의 도읍 개봉(開封)에 남경의 와관사 이름을 넣어 쓴 것이다.

중국 근세의 시작, 남당

남경의 육조 정권 중 마지막 왕조 진(陳)나라는 수(隋)나라에 망했다. 뒷날 수양제로 즉위하는 스무 살짜리 양광(楊光)의 부대에 의해 잿더미가 되었다. 당(唐)나라 멸망 후 중국이 다시 5대 10국으로 분열하는데, 그때 남쪽 10국의 한 나라인 남당(南唐)이 잊힌 땅 남경에 도읍했다. 남당은 38년 동안 존재했다가 송나라에 멸망한 단명 왕조였지만 그 짧은 기간에 몇백 년 황폐했던 남경을 되살려냈다.

명나라 주원장이 쌓은 남경성은 이 남당의 금릉성을 토대로 했다. 때는 이미 중국에 근세가 시작되던 때라 황제의 권위를 내세우던 중세 도성이 아니라 인민들이 더 편리하게 삶을 영위할 수 있는 현장으로 도성이 설계되었다. 그리하여 황제가 사냥을 즐기던 넓은 후원을 없애는 한편 대규모 시장을 개설하고 인민이 사는 동네를 반듯하게 구획했다. 이렇게 출발한 남당의 금릉성은 명청시대 북경성에 이르러 훨씬 더 근대적인 인민이 사는 공간이 되었다.

남당은 문화 예술이 발달한 나라였다. 개국 초기, 중국 북방이 혼란에 휩싸여 있었기 때문에 인재들이 양자강을 건너 남경으로 찾아온 데다 세 명의 황제가 모두 문예부흥에 힘썼다. 이 중에서도 남당의 제3대 황제이자 마지막 황제 이욱(李煜)은 어릴 때부터 글, 그림, 글씨에 뛰어나서 황제보다 예술가가 더 어울릴 인물이었으며 게다가 막내인 여섯째 아들이었음에도 우여곡절 끝에 아버지의 뒤를 이어 황제가 되었다.

이욱은 스스로 예술가였지만, 중국 최초의 황실 전용 화가를 고용한 것으로도 유명하다. 이 중에서 고굉중(顧閎中)이 유명하다. 고굉중은 이욱의 명을 받고 한희재(韓熙載)라는 고위 관리가 어떤 생각을 하고 있는지 그림으로 그려 바쳤다. 바로 〈한희재야연도(韓熙載夜宴圖)〉라는 중국 미술사의 걸작 중의 걸작이다. 이욱은 도대체 한희재에게 야심이 있는지가 궁금했다. 한희재의 능력이 뛰어났기 때문에 드는 의심이었다. 그리하여 화가들을 한희재 사저로 보내 그림을 그려오게 했다. 화가들이 사저에서 만난 한희재는 줄곧 연회를 즐기고 있었다. 한희재가 본심을 감추는 데 성공했는지, 아니면 원래 야심 같은 것이 없었는지 고굉중이 대표로 완성한 그림을 대한 이욱은 불안한 마음을 내려놓았다.

인물이 등장하므로 이 그림을 인물화로 칠 수 있지만 그것보다 한

편의 다큐멘터리 영화에 더 가깝다. 영화는 모두 다섯 부분에 걸쳐 한희재의 일상을 구성했는데, 곳곳에 화가의 암시가 숨어 있어 한희재의 체면을 살리면서도 황제를 안심하게 했다.

고굉중의 화법은 그보다 500년 전, 남경에서 활약했던 같은 성씨 고개지의 화풍을 그대로 이어받았는데 묘사는 더 정교해졌고 색은 더 화려해졌다. 그리하여 당시의 악기와 복식, 연회 음식, 무용 자세 등을 연구하는 데 더없이 좋은 자료가 되고 있다.

이욱이 군주로서 문화 예술 방면에 치우쳐 살았다고 해도 정치 감각이 떨어진 편은 아니었다. 황제가 된 지 10년이 지났을 때, 강대해지는 송나라에 허리를 굽혔다. 스스로 황제 자리에서 내려와 강남국의 '국주(國主)'가 된 것이다. 이미 조공을 바쳐오던 송나라에 고개를 숙인 것은 모든 것을 잿더미로 만드는 전쟁을 막기 위해서였다. 이 작전은 아버지 황제 때도 사용한 적이 있었다. 그런데 이욱 대에 이르러 송나라 태조 조광윤의 허락을 받아 황제 칭호를 다시 썼다가 반납한 것이다. 이 점에서 이욱이 아버지를 닮았다고 생각할 수 있다. 황폐해진 옛 육조 도읍 '금릉 되살리기 프로젝트'의 총설계자였던 할아버지 황제는 보수적 인물이었지만 아버지 황제는 당시 북주 황제에게 황위를 반납하며 조공을 바친 유연한 인물이었기 때문이다. 그러나 할아버지의 피도 이어받은 것이 송나라 군대가 끝내 남경으로 쳐들어왔을 때 이욱은 성문을 닫고 1년 넘게 항전했다.

사람들은 패장으로서 송나라 도읍에 끌려간 이욱을 비웃었다. 그림 좋아하고 시나 짓고 있더니 결국은 패전했다는 것이었다. 알고 보면 꼭 그런 것은 아니다. 이욱이 시쳇말로 인문학적 소양이 뛰어난 건

사실이었지만, 황위에서 내려온 뒤에도 호시탐탐 기회를 노리던 송나라에 대비하여 성을 수리하고 군비를 비축해 나갔다. 그러지 않고서야 1년 이상 항전은 불가능한 일이다. 개봉에 유폐된 지 2년 반이 흐른 978년 생일날 이욱이 세상을 떠났다. 그날은 바로 칠석이었다.

남당은 문인들도 많았다. 이들은 모두 송나라로 들어가 송나라가 중국 역사상 최고의 문화적 정권이 되는 데 공헌했다.

3부

강대국 명나라의 도읍지

2만 3천 고려군의 원정

고려 말, 남경 부근에서 큰 전투가 있었다. 원나라에 반대하는 장사성(張士誠)의 봉기군과 원나라 연합군 사이에 벌어진 전투였는데, 이 전투에 원나라의 요청으로 적지 않은 고려군이 투입되었다.

1354년, 당시 원나라 승상이었던 톡토(脫脫)는 원나라 전 지역과 고려를 포함한 여러 속국에서 군사를 끌어모았다. 중국 역사서에는 이때 서역과 티베트에서 군사를 보냈다는 기록만 있고 고려에서 출병한 기록은 남아 있지 않지만, 『고려사』와 『고려사절요』에 비교적 소상한 기록이 남아 있다.

겉으로는 원나라 승상 톡토의 요청에 응했다지만, 실상은 달랐다. 당시 원나라 수도에 머물던 골수 친원파 채하중이 고려에 용장이 많다는 이유로 40여 명을 줄줄이 천거하면서 고려에 돌아가 군사를 모아 보내겠다고 나섰다. 원나라에 공을 세워 고려의 재상이 되려는 심산이었다. 이런 일은 비일비재했다. 그 2년 전에도 10만 군사를 모아오겠다고 큰소리치던 고려인이 있었는데, 오히려 원나라 순제(順帝)가 왜구에 시달리던 고려 사정을 감안해 군대 징발을 면해주었다. 순제는 즉위 전 고려에 귀양 온 적이 있어서 고려 사정을 잘 알고 있었다.

즉위 초 공민왕은 원나라 조정의 요청을 거부하지 못해 채하중을 중용하고 왜구를 물리친 경험 많은 장수들을 뽑아 군사를 모았다. 고려사에는 이때 뽑힌 장수들 가운데 몇 사람의 이름이 남아 있다. 염제신(廉悌臣), 유탁(柳濯), 나영걸(羅英傑), 손불영(孫佛永), 강윤충(康允忠), 이권(李權), 최경(崔璟) 함께 황금 보기를 돌같이 하라던 최영(崔瑩)

도 있다. 고려에서 모은 군사는 몇천 명이었다. 이들에게 스스로 말을 준비하라는 명령이 떨어져서 가난한 사람은 남의 말을 빼앗았다.

부대가 압록강에 이르렀을 때, 강윤충이 주장했다.

"우리는 친척과 이별하고 선산을 등진 채 사지를 향하고 있습니다. 어느 날에 돌아올 수 있겠습니까? 정예 기병 50명을 데리고 경성으로 달려 돌아가 파병 주모자를 베어 버리겠습니다."

그러나 백전노장 염제신이 말렸다.

"좋은 생각이 아닙니다. 우리에게 임금은 하늘입니다. 하늘을 어찌 거역할 수 있겠습니까? 충신과 의사가 반역의 말을 꺼내서는 안 됩니다."

정예 기병 50명으로 반역이라니, 홧김에 나온 말이었으리라 짐작된다. 고려 사람이 중국 농민 봉기군을 토벌해야 하는 이유는 고사하고 전쟁터가 어디인지조차 알지 못했으니. 일신의 영달을 위해 수많은 동족을 희생시키려는 골수 친원파 생각에 분노가 치밀었지만, 방법이 없었다. 서로 살아서 돌아오자고 기약하며 요동 땅을 지나 북경 연합 사령부에 집결했다.

원나라 수도를 출발한 대군이 얼마였는지 정확한 기록이 남아 있지 않다. 백만이라고도 하고 80만이라고도 하는데, 당시 사람들은 '그보다 더 큰 행군을 본 적이 없다'고들 했다. 대군의 선봉은 2만 3천의 고려군이었다. 고려를 떠날 때는 몇천이었지만, 당시 북경에 살고 있던 사람들이 현지에서 합류했다. 원나라 정규군이 아닌 고려군이 대군의 선봉이 되었던 까닭은 알려져 있지 않다.

목적지까지 1천km가 넘는 길이었다. 대군은 중간 기착지 산동성에 이르러 공자와 맹자의 고향에 각각 성대한 제사를 올리고 다시 행군하여 11월에 고우성 밖에 도착했다. 원나라는 고우성 전투에 국력을 쏟아부었으나 패배했고, 그래서인지 중국 사서에서는 그 내용을 찾기 어렵다. 전투 초기에는 원나라 연합군이 대승을 거두었다. 고우성 남쪽, 지금의 남경시 육합(六合)까지 점령하자 장사성 중심의 농민 봉기군은 궤멸 직전까지 몰렸다. 그런데 연합군 총사령관 톡토의 병권을 거두고 승상직을 포함한 모든 관직에서 파면한다는 황제의 명령이 갑자기 날아들었다. 일시에 전투가 멎었다. 톡토는 고려군이 점령했던 회안으로 물러났다가 지금의 내몽골 지역으로 유배되었다.

『고려사』 최영 열전을 보자.

공민왕 3년, [최영이] 대호군(大護軍)에 임명되어 유탁과 함께 원나라 승상 톡토 등을 수행하여 고우를 공격했다. 전후 27차례 전투를 거쳐 성이 막 함락될 순간, 톡토가 참소당해 퇴각했다. 이듬해, 회안로(淮安路)의 적을 맞아 팔리장(八里莊)에서 여러 번 싸웠다. 이어서 사주(泗州)와 화주(和州) 등지의 적선 8천여 척이 회안성을 포위하자 밤낮으로 분전하여 물리쳤다. 적이 다시 쳐들어오자 최영이 여러 번 창에 찔리고도 있는 힘을 다해 공격하여 죽이고 사로잡아 전멸시켰다.

선봉 고려군이 죽을힘을 다해 장사성 주력 부대를 궤멸 직전까지 몰았을 때, 당시 득세하고 있는 기황후 파가 승상 톡토를 제거해 버렸다. 톡토가 원정을 떠난 지 몇 달이 지나도록 전과를 올리지 못하고 있다는 것이 황제에게 파면을 건의한 이유였다. 새로운 사령관을 맞이한 연합군은 연전연패했다.

장사성은 고려군에 흠씬 두들겨 맞다가 고려 출신 황후에게 구출된 격이었다. 장사성과 고려의 인연은 여기서 끝나지 않았다. 이후 항주에 물러나 있던 장사성은 공민왕과 해상 무역에 나서서 여러 차례 편지를 교환했다.

당시 39세였던 최영은 전투에서 중상을 입었지만 회복하고 고려로 돌아왔다. 그러나 돌아오지 못한 사람도 많았다. 기록에 따르면 고려군 장수 6명이 죽었다고 한다. 이름 없는 병사들은 더 많이 죽었을 것이다.

고우성 전투는 중국 역사를 바꿔 놓았다. 원나라는 대군을 잃고 멸망의 길로 들어섰고 홍건군을 포함한 각지의 농민 봉기군은 세력을 키웠다. 장사성이 고우성에서 원나라 연합군에 대항하며 버틸 동안 주원장은 여러 차례 전투에서 승리하며 이해에 사망한 곽자흥 부대의 부사령관이 되었다. 그 다음해 1356년, 장사성이 원나라 군대에 반격하는 동안 주원장은 강남의 요지 남경을 점령하고 명나라의 기틀을 다졌다. 십 년의 세월이 흐른 뒤 장사성이 차지하고 있던 고우성과 회안, 육합은 주원장 부대가 점령했고, 3년 뒤에 주원장은 명나라 황제에 올랐다. 그리고 원명 교체기를 온몸으로 겪었던 2만 3천의 고려 정예병은 곧바로 잊혀졌다.

뒷날 수많은 고려 사절단이 주원장을 만나러 남경에 가는 길에 고우성을 지났다. 몇몇 사신은 불과 얼마 전 고우성 전투에서 용맹을 떨쳤던 고려군을 생각하며 시를 남기기도 했다. 권근(權近)이 남긴 시를 보자.

전 원나라 지정 갑오 연간에 반란군이 이 성을 점거하고 있었다. 승상 톡토가 정벌의 명을 받고 우리나라에 군사를 요청했으므로 우리나라에서 정예부대를 보내 도왔다. 自注, 前元至正甲午年間, 羣盜據有此城. 命承相脫脫征之. 請兵於我, 我送精兵以助

사방이 호수인 거대한 고우성	四面長河百雉城
승상의 용사 모두 우리 군사 날래다고 탄복했지	熊羆皆服我師精
진승과 오광은 지금 어디에 있나	漁書狐火今安在
한나라 황제가 일어나서 태평 세상을 만들었네	漢帝龍興致太平

– 권근, 〈과고우주(過高郵州)〉

이때 권근은 고려의 사신으로 고우성을 지나면서 당시 상황을 회고했다. 고려군은 열심히 싸웠지만 원나라 조정의 암투에 휘말려 값없는 희생만 치르고 말았다. 불과 몇 해 후에 원나라가 망하고 명나라가 들어섰으며 장사성과 대결했던 고려군은 잊혀졌다. 복잡다단하게 돌아가는 국제 정세 속에 끼인 고려의 현실을 생각하면서 아무도 기억하지 않는 자들의 죽음을 추모하는 한편 새롭게 일어나는 명나라를 생각했다. 정도전의 시 〈과고우(過高郵)〉에도 나오듯이 당시 고려 사신으로 명나라 수도 남경을 방문했던 사람들은 명나라의 건국 배경을 잘 이해하고 있었다. 그 옛날 진승과 오광이 거사하여 진나라 멸망의 길을 열어주었기 때문에 유방이 한나라를 세울 수 있었듯이, 장사성 같은 인물이 원나라와 싸워주었기 때문에 주원장이 명나라를 세울 수 있었다고 본 것이다. 이들은 이렇게 정확하게 국제 정세를 꿰뚫고 있었지만 이미 멸망의 길로 접어든 고려 조정에서는 중용되지 못했다.

한편 이 전투에서 전사한 아버지를 추모하는 조선 사신도 있었다.

1354년, 원나라의 고우성 정벌 때 돌아가신 아버지가 만 리길을 행군하여 진격전에 참가했다. 집에 계시던 어머니는 먼 곳에서 돌아가신 아버지와 이별하셨다. 나는 어려서 슬픈 것도 몰랐다. 자란 뒤 아버지의 뜻을 이어 벼슬길에 나서 여러 자리를 돌다가 중국에 사신으로 왔고 백골이 뒹구는 전쟁터를 지났다. 몇 달 뒤에 고국에 돌아오면서 돌아가신 곳에서 한 줌 흙을 담고 곁에 있던 버들가지를 묶어 가져와 함께 묻어드렸다. 그리워하는 마음을 담아 부모님 상을 목각에 새겼다는 옛말을 들었거니와 아버지께서 비록 이 땅에 계시지 않지만 이제 마음을 다해 충심으로 존경하는 뜻을 남겨둔다.

이 글을 쓴 이첨(李詹)은 고려 공민왕 때 과거에 급제한 뒤 이인임을 탄핵하여 10년 유배 생활을 하고 끝내 조선에서 중용된 인물이다. 글에도 나오듯이 만 리 이역에서 전사한 아버지는 고려의 백성으로 원나라 연합군에 징발되었지만, 아들은 명나라 황제를 상대하는 조선의 사신이 되어 중국 땅을 밟았다. 그런데 공교롭게도 아버지가 전사한 땅을 지나게 된 것이다. 이방원의 절대 신임을 받은 이첨은 태조에서 정종, 정종에서 태종으로 양위할 때마다 남경을 방문하여 한 번은 건문제(建文帝)로부터, 또 한 번은 영락제(永樂帝)로부터 승인을 받아갔다. 정상적인 왕위 계승이 아닌 양위를, 그것도 두 차례나 승인을 받으러 갔으니 막중한 임무를 수행하기에 한눈팔 새 없었겠지만, 남경을 앞에 두고 아버지가 전사한 땅을 지날 때의 소회는 남달랐을 것이다.

홍건적 출신 황제, 명 태조 주원장

중국 인구는 송나라 전성기 때 1억 2천 6백만이었으나 멸망할 무렵 대폭 줄었다가 원나라 전성기에 이르러 다시 9천만까지 회복했다. 하지만 백 년도 못 가 원나라가 망하고 명나라가 들어설 무렵에는 6천만으로 줄어 있었다. 몇십 년 사이에 인구가 이렇게 줄어든 이유는 여럿이겠지만 전쟁과 자연재해 두 가지를 주된 원인으로 꼽을 수 있다.

몽골의 중국 정복 전쟁으로 인한 인구 감소는 주로 13세기 전반기에 일어났다. 정복이 끝나고 원나라가 들어선 뒤에는 인구가 가파르게 증가하여 9천만에 이르렀으나, 14세기에 들어와 자연재해가 심해지면서 다시 줄었다. 예컨대 원나라 순제 4년(1333)에는 중국 전역에서 대규모 자연재해가 22차례나 발생했다. 6월에 수도 북경에 큰비가 내려 도시 전체가 물에 잠겼다. 비가 잘 내리지 않는 북경에서 흔치 않은 일이다. 남쪽 곡창지대는 4월부터 7월까지 비가 한 방울도 내리지 않았다. 그밖에 토사가 심하게 흘러내리는 곳이 많았고, 곳곳에서 지진도 자주 발생했다. 이런 자연재해는 1330년부터 주원장이 명나라 황제에 오른 1368년까지 집중되었다. 원나라 조정에서 구제책을 실시했지만 어떤 방법도 기아로 인한 인구 손실을 막을 수 없던 시절이었다.

주원장은 1328년에 안휘성 봉양(鳳陽)에서 태어났다. 어린 시절 내내 빈곤에 시달렸는데, 그중에서도 16세에서 17세까지 두 해 동안 온갖 재해가 봉양을 덮치는 바람에 견디지 못할 심한 고통을 겪었다. 특히 가뭄과 메뚜기 떼가 심했고 전염병까지 돌아 결국 부모를 잃고 말았다. 이때 주원장은 형제들과 헤어져 3년 동안 탁발승으로 떠돌며, 곳곳에서 원나라에 반기를 들고 일어나는 농민 봉기를 목격했다.

당시 안휘성은 홍건군의 본거지였다. 1351년, 한산동(韓山童)이 안휘성에서 봉기한 뒤로 전국에 홍건군의 열풍이 불고 있었다. 봉기군 일파의 침입으로 공민왕이 피난하고 백성이 고초를 겪었기 때문에 우리 역사에서는 홍건적이라고 부르지만, 중국 역사에서야 홍건군이라고 부른다. 엄연한 농민 봉기군이기 때문이다.

고려에 침입한 홍건군은 관선생(關先生) 일파였다. 1357년, 이들이 원나라 수도를 공격할 때 산서성에서 원나라 군대에 길이 막히자 내몽골과 요동 쪽으로 방향을 틀었다가 고려까지 쳐들어온 것이다. 고려사와 『조선왕조실록』에는 두 차례에 걸쳐 고려에 막대한 피해를 준 홍건적의 두령 관선생의 목을 이성계가 베었다고 나온다. 주원장은 자신과 마찬가지로 한산동 휘하였던 관선생이 고려에서 전사했다는 소식을 들어 알고 있었다. 1373년, 주원장이 공민왕에게 전하는 말을 사신이 받아 적었다.

"중국의 혼란은 제후에게 복이다. 나는 농민 출신으로 중원의 주인이 되었다. …(중략)… 나는 24살에 홍군에 들어가 3년 동안 있었다. …(중략)… 그 관선생 남녀 무리가 법도를 무시하고 탐욕만 부리다가 망했다. 그러므로 당신네 쪽에서 막아낸 것은 옳았다. 나는 관선생처럼 하지 않을 것이다. 정당한 이유가 있을 때 당신네를 공격할 것이다."

황제의 뜻은 조서나 칙서로 날아들기 마련이다. 그 문장은 황제가 짓는 것이 아니라 황제의 뜻에 따라 예부에서 짓고 황제는 결제만 하는 것이라 예법과 문법을 지킨 글이다. 위에 인용한 주원장의 고백은 글이 아니라 날것의 말이다. 고려에 사신으로 보낸 환관의 사망 사고 원인을 따져 묻는 자리에서 주원장은 자신이 홍건군 출신이라는 것을 밝히고 있다. 황제가 된 뒤에 스스로 홍건군 출신을 고백한 흔치 않은 이 기록은 『고려사』에 남아 있다. 이 사료는 14세기 강남 지역 방언 연구에 귀중한 자료이기도 하다.

주원장은 자신의 고향 호주(濠州)에서 봉기한 홍건군의 일파 곽자흥(郭子興)을 찾아가서 병졸이 되었다. 곽자흥은 관선생과 마찬가지로 한산동의 지휘를 받고 있었다. 지략과 용기와 인내심을 겸비한 주원장은 곽자흥 부대의 군사 훈련 때에 군계일학의 재능을 보였고, 맡은 바 임무를 완수하는 것은 말할 것도 없고 늘 우수자로 뽑혀 상을 받았다. 모두가 주원장을 괄목상대하더니 얼마 지나지 않아 주원장과 같은 조원이 되고 싶어 했다. 곽자흥은 그런 주원장을 친위병으로 발탁했다.

주원장은 능력이 뛰어난 부하로 끝날 인물이 아니었다. 함께 원나라를 무너뜨리자는 주원장의 구호를 듣고 단번에 700명이 모이자 곽자흥이 감탄했다. 이들은 주원장의 심복이 되어 명나라를 세우는 데 결정적인 역할을 했다. 그중에서도 서달(徐達)을 비롯한 28명의 이름이 길이 남았다. 서달은 능력이 뛰어난 데다 잘생기기까지 해서 은근히 주원장의 속을 태우기도 했다. 1368년 8월, 원나라 수도를 함락한 장군이 바로 서달이다. 의심이 많았던 주원장은 황제에 오른 뒤에 반역죄를 씌워 능력이 뛰어난 수많은 부하들의 목을 쳤다. 한 번에 4만 5천 명을 죽인 적도 있었다. 그런 주원장은 서달의 속을 알 수 없어 애를 태웠으나 서달은 그런 주원장의 뜻을 알아차리고 언제나 납작 엎드렸고 주원장보다 먼저 세상을 떠나 험한 꼴을 피했다. 주원장은 서달을 중산왕에 봉했다. 남경에는 주원장이 서달에게 하사한 거대한 저택이 아직도 남아 있다.

의심 많았던 주원장과 달리 곽자흥은 주원장을 신임하여 아예 사위로 삼았다. 수양딸 마씨(馬氏)를 주원장에게 시집보낸 것이다. 주원장의 조강지처 마씨는 곽자흥의 후원자이자 친구였던 마공의 막내딸이었는데 마공이 일찍 죽는 바람에 곽자흥이 정식으로 입양했다. 곽자흥의 총명하고 현숙한 수양딸을 아내로 맞이하면서 주원장의 입지는 더욱 굳어졌다.

곽자흥은 주원장이 28세 되던 1355년에 세상을 떠났다. 주원장은 곽자흥의 후계자가 되어 부대를 이끌며 계속해서 크고 작은 전투를 치러나갔다.

주원장의 목표는 홍건군에서 독립하는 것이었다. 그러나 그 생각을 숨긴 채 당시 홍건군의 남경 공략 작전에 주력으로 참가했다. 1356년 3월, 홍건군의 주원장 부대가 양자강을 건너 남경 점령에 성공했다. 그 전 해에 있었던 두 번의 공략에 실패하고 세 번째 시도에서 성공한 것이었다. 주원장은 홍건군이 세운 송나라의 장군이었으나 남경 점령 후 스스로 오국공(吳國公)에 올랐다. 홍건군의 다른 일파들은 서로 경쟁하며 실패를 거듭했지만 주원장은 서두르지 않았다. 안팎으로 실력을 쌓아 1364년에 오왕(吳王)을 칭했고, 1368년에는 드디어 명나라 황제에 올랐다. 이런 주원장에게 강남의 노른자 땅 남경은 장차 천하를 호령할 기반이 되었다.

주원장이 남경을 점령했을 때 주승(朱升)을 비롯한 여러 선비가 주원장에게 건의했다.

"성벽을 높이 쌓고, 군량을 많이 비축하며, 제왕에 오르는 일은 천천히 하십시오!"

천하를 제패할 때까지 서두르지 말고 착실히 기반을 쌓으라는 이야기였다. 남쪽 홍건군 대표 팽형옥(彭瑩玉)과 서쪽 대표 서수휘(徐壽輝)에 이어 동쪽 대표 한산동도 죽어서 홍건군이 분열을 거듭하고 있을 때였다. 홍건군의 몇몇 두령이 왕을 칭하고 있었지만, 주원장은 선비들의 충고를 받아들여 황제 등극을 뒤로 미루고 남경에 성벽부터 쌓기 시작했다.

3억 개 벽돌로 쌓은 성

남경의 명나라 도성 성벽은 현존하는 고대 성벽 중 규모가 가장 크다. 그런데 이 성벽은 반듯하지 않다. 남경의 산세와 강물의 흐름에 의지해서 쌓았기 때문에 삐뚤빼뚤하다.

제갈량이 남경의 산세를 용과 범에 비유한 뒤로 이 두 동물은 남경의 상징이 되었다. 청나라를 무너뜨린 뒤 새로운 나라의 새로운 수도를 찾던 신해혁명의 지도자 손문(孫文)은 남경의 지세를 극찬했다.

"남경에는 높은 산이 여럿 있고 큰 강이 둘이나 흐르며 평야가 발

달해 있어 세계에서도 찾아보기 어려운 훌륭한 지리 여건을 갖추고 있다."

주원장의 남경성 요새화는 1366년부터 20년 넘는 공사 끝에 완성되었다. 궁성(宮城), 황성(皇城), 도성(都城), 외곽(外廓)의 4중 구조를 갖춘 대공사였다. 지금은 도성만 남아 있다. 도성의 정확한 길이를 알기 위해 몇 차례 측정을 실시했지만 성이 삐뚤빼뚤 굽어 있어 수치가 늘 다르게 나왔다. 예컨대 1988년 측정 결과는 33.7km였다. 그런데 미국 위성을 이용한 2006년 측정에서는 35.267km가 나왔다. 도성 내부 면적은 약 41km²였다.

명나라 도성 현무호 구간.
35km 남경 성벽 중 호수와 산을 끼고 있는 가장 아름다운 구간이다.(陳傑 사진)

명나라 초기에는 남경성을 응천부성(應天府城)이라고 했다. 당시 남아 있던 그 전 시대 도성 성벽을 확장해 동쪽으로 자금산(紫金山), 서쪽으로 석두성, 북쪽으로 현무호, 남쪽으로 진회하에 맞닿았다. 현재 남아 있는 성체는 23.4km, 이 중에 가장 높은 곳은 26m, 가장 낮은 곳은 14m이다. 너비는 가장 넓은 곳이 19.75m에서 가장 좁은 곳은 2.6m이다.

명나라 도성 성벽에는 모두 13개의 큰 문이 있었으나, 지금은 4개가 남아 있다. 그중에 중화문을 소개한다. 이 문은 남경성의 남대문이다. 동서 118.5m, 남북 128m, 높이 20.5m에 면적 1만 5천㎡로, 3천 명의 군대가 주둔할 수 있는 4중 옹성이다. 옹성은 성 밖이 아닌 성 안쪽에 있다.

이 성문의 원래 이름은 취보문(聚寶門)이다. 취보는 재산을 끌어모은다는 뜻이다. 남경성의 남대문에 이런 이름이 붙은 데에는 사연이 있다.

주원장이 남경을 점령했을 때 성안에 심만삼(沈萬三)이란 부자가 살고 있었다. 이 집에는 취보분(聚寶盆)이란 대야가 있어서 꺼내도 꺼내도 계속해서 금이 가득 찬다는 소문이 있었다. 건국 초 여러모로 돈 들어갈 데가 많았던 주원장이 그 물건을 가만두었을 리 없다. 어떤 핑계로던 취보분을 뺏으려던 중에 이상한 일이 발생했다. 남경 도성 성문 중에서도 유독 남대문의 누각만 기초가 무너져 내리는 일이 반복되었던 것이다. 신하들과 상의 끝에 성문 기초 아래에 흙을 먹는 괴수가 살고 있어 심만삼의 취보분으로 그 괴수를 눌러야 한다는 결론을 냈다. 괴수가 흙을 먹는 순간 취보분에 금이 쌓이므로 기초가 흔들리

지금의 중화문은 성루가 없어져 문처럼 보이지 않지만 4겹 옹성 구조를 갖춘 남경의 남대문이었다. 거대했던 성루는 1937년 12월 12일, 일본군의 공중 폭격과 탱크 공격에 날아간 뒤 지금까지 복원되지 못하고 있다.(邵世海 사진)

지 않게 된다는 뜻이었다.

심만삼 집에 그런 대야가 있었는지, 그 대야를 빼앗아 남대문 기초 아래 묻었는지는 알 수 없다. 다만 주원장이 취보분을 묻었다고 선포한 날로부터 남대문 누각은 무너지지 않았다. 남대문이 취보문이 된 까닭이다.

전해오는 다른 이야기에는 심만삼이 남경 도성 중 3분의 1을 쌓을 만한 재물을 바쳤다고 한다. 재물로 그렇게 크게 이바지한 사람도 없었으나 주원장은 심만삼을 운남(雲南)으로 쫓아 버렸다. 심만삼이 군대를 길러 반란을 일으킬지도 모른다는 의심 때문이었다. 심만삼은

머나먼 변경 운남 군대의 병사가 되었다가 병사했다.

주원장이 4중으로 세운 취보문의 누각은 600년이 지나 일본군의 공격에 무너졌다. 태평천국군이 남경에 입성할 때도 신해혁명의 강소절강연합군이 남경을 해방할 때도 피해를 입지 않았던 성문이었다.

남경 도성은 벽돌로 쌓았다. 벽돌은 규격이 정해져 있었다. 길이 40~45cm, 너비 20cm, 두께 10~12cm. 강소(江蘇), 강서(江西), 안휘(安徽), 호남(湖南), 호북(湖北)에서 이 규격에 맞게 벽돌을 제작하여 양자강 물길을 이용하여 남경으로 수송해 왔다.

벽돌 규격이 일정하기 때문에 남경 도성 성벽에 쓰인 벽돌 수를 추산할 수 있다. 약 3억5천만 개다. 이 많은 벽돌을 구워서 옮기기도 어려웠겠으나 차곡차곡 쌓아 접합하는 일도 큰일이었다. 예전부터 찹쌀풀 또는 좁쌀풀에 석회가루를 개어 명나라표 시멘트콘크리트 접착제를 만들어 썼다는 전설이 내려왔다. 명나라 기술 서적 『천공개물』에 찹쌀풀과 다래즙에 석회와 황토를 섞은 접합제 삼화토(三和土)가 소개되어 있어 명나라표 접착제의 신빙성을 높여 왔다. 2008년, 절강대학교 문화재보호재료실험실에서 남경 성벽과 서안 성벽의 접착제 성분을 분석한 결과 찹쌀 성분이 검출되었다. 그렇다고 해도 전체 재료 구성이 밝혀진 건 아니라서 여전히 신비 속의 접착제로 남아 있다.

남경 성벽의 벽돌은 말하는 벽돌로도 유명하다. 거의 모든 벽돌에 제작자 표시 명문이 있는데 발견된 것 중에는 최대 70자까지 글자가 박혀 있다. 생산자 실명제인 셈인데, 책임 소재를 분명히 하여 공정 품질을 높이기 위한 방책이었다.

남경 도성의 벽돌에 찍혀 있는 글자에는 많은 비밀이 담겨 있다. 벽돌 글자에 당시 민간에서 쓰던 속자가 많다. 예컨대 사람 이름에 쓰는 國은 国으로 씌어 있다. 홍무 3년, 백성의 이름에 國 자를 쓰지 못하게 했기 때문이다. 龍을 竜으로 쓴 예에서 알 수 있듯이 지금 일본에서 쓰는 간체자도 많이 발견된다. 흔히 일본에서 쓰는 간체자를 일본에서 만들었다고 하는데 중국에서 건너간 것도 있을 것이다.

벽돌 제작 인부 이름에는 여자 이름이 나온다. 사매(謝妹)는 지주(池州)의 요장(窯匠)이었다. 왕령(王玲)이나 유지랑(劉芷娘) 같은 예쁜 이름도 있다. 또 비구니를 포함한 승려 이름도 많다. 토지 면적 당 인부 수를 배당했기 때문에 남자가 모자라면 여자도, 일반인이 모자라면 승려도 인부로 일했던 것이다. 이렇게 남경 성벽 벽돌에는 수많은 이야기가 담겨 있다.

양자강 강변 도시 남경은 여름에 비가 많이 내린다. 2016년 6월 어느 날 24시간 동안 200mm가 넘는 비가 왔다. 한 달 동안 내릴 비보다 더 많은 비가 내린 것이다. 그날, 곳곳이 침수되던 와중에 꿋꿋하게 견디고 있는 명나라 성벽 모습이 뉴스에 나왔다. 600년 넘은 성벽이 꿋꿋하게 버티는 이유는 배수 설계가 잘 되어 있기 때문이다.

남경 성벽은 주 배수구와 보조 배수구를 통해 물이 빠지게 되어 있다. 폭우가 내리면 남경 성벽의 배수 시스템이 위력을 발휘한다. 특히나 부귀산(富貴山) 지형을 이용해 쌓은 남경 성벽 태평문 용발자(龍脖子) 구간에서 빗물 빠지는 장면이 장관이다. 폭우로 성벽이 무너질 가능성에 대비해 성을 쌓을 때부터 주 배수구 외에도 성벽 아래쪽에 빈틈을 확보해 두었다고 한다. 이 구간은 1853년 태평천국군이 남경을 점령할 때 훼손되었다가 청나라 말기 동치(同治) 연간에 수리한 곳이며 배수 방식은 명나라 때부터 내려온 개념을 그대로 적용했다고 한다. 남경 성벽을 수리할 때에 모죽(毛竹) 대롱 배수관을 사용한 구간이 발견되기도 했다.

중국에 남경만큼 유서 깊은 도시가 많지만, 남경 같은 도시도 없다. 우선 남경에는 도심에 현무호라는 큰 호수가 있다. 항주(杭州)에 서호(西湖)가 있지만 도심에 높은 산이 없다. 남경 도심에 자리 잡고 있는 자금산은 주봉의 높이가 450m이다. 여기에다 약 20m 높이로 명나라 성벽이 도심을 둘러싸고 있다. 중세 도시로야 손색이 없겠지만 현대 대도시로서는 교통 흐름의 방해꾼인 호수와 산, 그리고 성벽이 마냥 반가울 리 없다. 그런데 이 셋 중에 호수와 산을 없애기는 어렵지만 성벽은 부수면 된다. 청나라 말기, 1908년부터 성벽을 뚫어 새로운 문을 내는 것으로 도로를 통하게 하는 방편을 취했는데, 이는 1930년대 국민당 정권 때와 1950년대 이후 공산당 정권 때에도 이어졌다. 이 방법은 성벽을 완전히 허물지 않아서 좋다. 차가 통과할 만큼의 터널을 뚫는 것이라 터널 위의 성체는 계속 이어지기 때문이다.

1950년대부터 60년대 사이에 중국 전역에서 성벽 허물기 운동이 일어났다. 남경에서도 그 바람을 피하지 못하고 성벽을 허물기 시작했는데, 당시 강소성 문화국 부국장이던 주설(朱偰)을 대표로 한 반대파들이 고위 공무원과 각계 인사들을 설득하여 멈추게 했다.

국민당 정권에서 남경 성벽을 허물지 못한 것은 단단하게 박혀 있어 벽돌을 깰 인부 구할 돈 마련이 어려웠기 때문이라고 한다. 지금이야 공산당 정권이라 하더라도 인부를 사야 하지만 1950년에는 자발적으로 나서는 봉사자들이 많았기 때문에 허물려면 남경 성벽 전 구간을 다 허물 수도 있었을 것이다. 그러나 반대 의견이 받아들여져 다행히도 35km 중 25km를 보존할 수 있었다.

자발적 봉사자들은 허문 성벽에서 대량으로 쏟아진 600살 넘은 벽돌더미로 새집을 지었다. 최근 들어 일어난 성벽 벽돌 되돌리기 운동으로 그때 지은 집들을 허물고 벽돌을 되찾고 있다. 집집마다 개별적으로 가져다 썼던 소량의 벽돌을 반납하는 경우 남경시 정부에서 보상금을 주기도 한다. 이렇게 해서 모은 벽돌은 남경 성벽을 유지 보수하는 데 쓰고 있다. 문화가 상품인 세상이니 이후에 남경 성벽이 보존되는 것은 어렵지 않을 것이다.

남경 성벽이 단단한 건 무정문(武定門) 구간 성벽 위에 자라고 있는 일곱 그루 설송(雪松)을 봐도 알 수 있다. 성벽 위에서 만나는 드문 풍경이다. 언제 누가 심었는지, 10m 넘는 키로 자라난 이 소나무들은 네 개의 화단에 나뉘어 보호되고 있다. 아니 감시되고 있다. 성벽 몸체에 퍼져 있을 뿌리가 성벽에 위협이 되는 순간 잘려나갈 운명이다. 그러나 아직은 괜찮다.

남경 황궁을 본뜬 북경 자금성

명나라 수도 남경에 거대한 궁궐이 있었다. 이름은 자금성. 지금은 주춧돌 몇 개만 남아 있어 옛 모습을 상상하기 어렵지만 기록에 남아 있는 규모는 지금의 북경 자금성을 넘는다. 구조도 흡사하다. 현재 폐허 상태로 봐서는 믿기 어려운 이야기다. 그러나 조금만 깊이 생각하면 이해가 된다. 북경 자금성을 세운 영락제 주체(朱棣)는 남경 자금성을 세운 주원장의 아들이다. 사정이 있어 급하게 수도를 옮기고 서둘러 궁궐을 짓는 바람에 남경 자금성의 설계도를 그대로 베껴 두 궁궐은 쌍둥이가 되었다. 아들 황제는 설계도를 베끼는 과정에서 아버지 황제의 궁궐보다 규모를 조금 줄여 지었다. 효자로 이름난 아들이 아버지보다 더 큰 집을 지어 살 수는 없는 노릇이 아닌가.

남경시 정부 발표에 따르면 남경 자금성의 면적은 101만m²에 이른다. 현재 북경 자금성의 대지 면적 72만m² 보다 29만m²가 더 넓다. 주원장은 20년에 걸쳐 이 넓은 땅을 고르고 궁궐을 지었다. 1990년대까지 연병장이었다가 지금은 공원이 되었지만 그 거대한 궁궐은 폐허만 남았을 뿐이다. 그것도 중간에 큰 길이 나서 둘로 갈라졌으며 그 지하에는 지하철이 지난다. 그나마 쌍둥이 동생이 북경에 남아 옛 모습을 짐작하게 해주니 다행스러울 뿐이다.

남경 지하철 2호선에 명고궁(明故宮) 역이 있다. 고궁은 옛 왕조의 궁궐이란 뜻으로, 중국에서는 故 자를 쓰는데 한국에서는 古 자를 쓴다. 이럴 때 故와 古는 서로 뜻이 통하는 글자다. 남경과 북경 고궁 둘다 원래 이름은 자금성이다. 남경의 자금성은 명나라 초대 황제부터 3대 황제까지 있었던 궁궐이고, 북경의 자금성은 명나라 3대 황제부터 청나라 마지막 황제까지 있었던 궁궐이다.

남경 자금성은 명나라 도성의 동북쪽 자금산 남쪽 자락에 있었다. 남경 입성 후 10년 동안 성벽을 쌓고 군량을 확보하는 데 주력했던 주원장은 1366년에 이르러서야 궁궐 지을 생각을 했다. 1364년에 오왕(吳王)을 칭했지만 새 궁궐을 짓지 않고 원나라 때의 관청 건물을 계속

쓰고 있었으나 그 건물은 큰 나라의 궁궐로 쓰기에 규모가 턱없이 작았다.

당시 남경에는 이전 왕조의 궁궐 자리가 남아 있었지만 새로운 나라에 걸맞은 새로운 궁궐 자리를 알아보기로 했다. 이전의 왕조는 양자강 남쪽 지역을 다스리던 반쪽 국가였지만 새로운 나라는 남경에 도읍하는 최초의 통일 국가를 꿈꾸고 있었기 때문이다. 풍수 좋은 터를 알아보던 중 자금산 남쪽 연작호(燕雀湖)를 중심으로 한 터가 강력한 후보로 떠올랐다. 자금산을 용의 형상을 한 제왕의 터로 읽었던 제갈량의 입김이 작용했다.

새로운 궁궐을 지으려면 먼저 연작호를 메워야 했다. 몇 년 전 남경시 2호선 지하철 공사를 하면서 자갈 한 층, 진흙 한 층씩 쌓아 다졌던 흔적이 발굴되었다. 20만 명이 동원되어 1년 동안 지었던 궁궐은 '오왕신궁'이라고 했다. 이듬해 1368년 주원장은 황제에 등극했다. 그해 8월, 25만 대군이 원나라 대도를 점령하고 통일 국가를 이루었다.

이후 두 차례 확장 공사를 진행하여 1392년에 당시 세계 최대의 궁궐을 완공했다. 궁궐은 황제가 거주하는 궁성과 그 바깥쪽으로 사직단과 태묘, 궐내각사, 우림군, 창고가 들어 있는 황성의 이중 구조로 이루어졌다. 이 중의 핵심은 궁성으로 다들 자금성이라고 불렀다. 자금성은 정식 명칭이 아니라 속칭이었다.

그런데 문제가 발생했다. 연작호 매립 공사가 부실했던 탓인지 자금성의 뒤쪽이 꺼진 것이다. 사람들은 후손이 끊길 흉조라고 했다. 주원장은 그 소문이 듣기 싫어 수도를 옮길 생각까지 했다. 궁궐 땅이 꺼진 것과 상관없이 주원장은 처음부터 수도를 옮기고자 했다. 남경이 중국의 동남쪽에 치우쳐 있어 북쪽의 적을 막기에 어려워 보였기 때문이다. 주원장은 먼저 이경제를 실시하기로 하고 북송의 수도였던 개봉(開封)을 직접 답사한 뒤 북평, 즉 북경으로 정했다. 그 뒤에 원나라 대도를 점령하고 이곳으로 천도하겠다고 발표했다가 무슨 이유에서였는지는 취소했다. 대신에 개봉의 북평 지위를 취소하고 지금의 북경을 북평으로 정했다. 주원장은 천도 계획을 포기하지 않았다. 남경은 강남의 중심이지 중국 전역의 중심이 아니었기 때문이다.

사실 주원장이 천도 후보지로 가장 마음에 들어 한 곳은 관중이었다. 관중에 태자 주표(朱標)를 파견한 것만 봐도 관중으로 수도를 옮길 생각이 컸음을 알 수 있다. 그런데 현지답사를 다녀온 태자가 시름시름 앓더니 그만 세상을 떠나 버렸다. 태자가 죽고 크게 슬퍼하던 주원장은 힘이 빠졌는지 수도를 옮길 생각을 접었다.

1392년, 태자가 죽은 지 얼마 되지 않아 광록시조신(光祿寺竈神)에게 올린 제문에서 주원장은 "황궁 터가 꺼져서 수도에 맞지 않아 계속 천도하고 싶었지만 저는 이제 늙어서 힘이 다했습니다. 게다가 이제 나라도 통일되었으니 백성을 괴롭히고 싶지 않습니다."라는 소회를 밝혔다. 이렇게 하여 남경은 명나라 수도로 남게 되었다. 그러나 황궁 땅이 꺼지는 불길한 징조는 주원장 사후 4년이 지나지 않아 현실로 나타났다. 삼촌과 조카 사이에 4년간의 황위 쟁탈전이 벌어져 삼촌의 승리로 끝이 났다. 그 조카는 황궁에서 화염에 휩싸여 죽었다고하는데, 일설에는 황궁을 빠져나가 방랑자가 되었다고도 한다.

황제가 된 삼촌은 우여곡절 끝에 북원을 견제하겠다는 명분을 붙여 지금의 북경으로 천도했다. 남경과 북경의 지위가 동일하다고 선포하여 남경의 민심을 잡으려 했다. 그 황제가 죽은 뒤 아들 황제가 남경 천도를 결정하고 1425년부터 남경 황궁을 수리하기 시작했다. 아버지 황제가 업적도 많았지만 무리하게 펼친 사업이 많았기 때문에 아버지의 그늘을 지우기 위해 남경 천도를 서두른 것이다. 그러나 그 아들 황제는 황위에 오른 지 1년 만에 세상을 떠났다. 남경 천도는 없던 일이 되었다.

이렇게 하여 북경이 명나라 수도로 정착되자 남경의 자금성은 곧 잊혀졌다. 잊혀지는 것으로 끝나지 않고 철저히 파괴되어 흔적조차 찾기 어렵다. 조카와 삼촌의 황위 쟁탈전 때 크게 한 번 무너진 뒤로 명말 청초, 청나라 군대가 입성하면서 다시 한번 망가졌다. 그 뒤 태평천국군이 패퇴하면서 남아 있던 자금성에 불을 질러 완전히 훼손시켜 버렸다. 1920년대에는 폐허 황궁 터에 남경 비행장이 건설되었고 주변으로 병원, 군부대 건물이 들어서기 시작했다. 그로써 남경 자금성은 돌아올 수 없는 다리를 건넜다.

이에 반해 쌍둥이 동생 북경의 자금성은 오늘도 관람객이 붐빈다. 1일 8만 명에 한해 실명을 밝힌 사람에게 온라인으로만 1인 1장 입장권을 팔고 있다. 어렵사리 들어가 붐비는 북경 자금성을 돌아보며 잊혀진 쌍둥이 형을 떠올렸다. 갑자기 마음이 놓였다. 동생이라도 이렇게 살아 있어 그나마 다행이다.

명효릉

손권 옆에 묻히고 싶어 그의 묘소가 있는 매화산에 직접 못자리를
봐 둔 주원장은 손권과 같은 나이에 세상을 떴다. 주원장과 그의 조
강지처 마(馬)황후를 합장한 효릉 면적은 170만m²에 이르러 중국 왕
릉 중 규모가 가장 크다.

효릉은 2003년에 유네스코 세계문화유산에 선정되었다. 이 무덤의
이름이 효릉이 된 것은 마황후의 시호가 효자고황후(孝慈高皇后)이기
때문이다. 마황후는 어려서 어머니를 잃었고, 아버지도 살인죄를 피
해 고향을 떠났다가 객지에서 세상을 떠났으므로 아버지의 친구 곽
자흥(郭子興)의 수양딸이 되었다. 곽자흥은 실력이 뛰어났던 젊은 부
하 주원장을 자신의 수양딸과 혼인하게 했는데 이때부터 주원장의 출
셋길이 열렸다. 마황후는 홍건군 지파의 부대장이었던 주원장이 위기
에 빠질 때마다 기지를 발휘하여 돌파구를 마련했고, 스스로 검약을
실천하면서 어려운 부대 살림을 꾸려나갔다. 황후가 된 뒤에도 엄숙
한 가운데 인자한 모습을 잃지 않아 주원장을 비롯하여 모든 사람들
의 존경을 받았다.

1382년, 마황후가 51살로 세상을 떠났다. 병세가 위중했지만 약을
일체 거부했다. 태의가 지은 약을 마셨다간 자신이 죽은 뒤 주원장이
태의에게 책임을 물을 것이 분명했기 때문이었다. 이렇게 죽는 순간까
지 현숙한 모습을 보였던 마황후를 사람들은 국모의 모범으로 생각
했다.

효릉은 마황후가 세상을 떠나기 한 해 전부터 조성되기 시작하여

116

손권이 묻힌 매화산에서 북쪽으로 바라본 명효릉. 아래 건물은 문무방문(文武方門)으로 명효릉의 정문이고 위에 보이는 건물은 봉분으로 이어지는 방성명루(方城明樓)이다. 사진에서 맨 위에 있는 산이 자금산이고 그 아래, 중앙에 솟은 봉우리가 바로 보정이다. 주원장과 마황후가 묻힌 보정(寶頂)은 1999년 조사 결과 도굴 흔적이 없는 것으로 나타났다.(邵世海 사진)

주원장이 세상을 떠난 7년 뒤에 완공되었다. 묘역에는 주원장 생시에 심기 시작한 소나무 10만 주가 들어찼고, '장생록'이란 은제 명찰을 단 사슴 천 마리가 뛰어놀았다. 주원장의 아들 영락제는 25년에 걸쳐 조성된 이 거대한 묘역에 23km 담장을 치고, 효릉위라는 수묘 부대 5천 명을 두어 능을 지키게 했다.

합장릉 봉분은 지름 400m로 숲이 우거지면 형체가 잘 드러나지 않는다. 효릉은 아직 한 번도 개봉된 적이 없을 뿐 아니라 1997년부터 6년 동안 탐사한 결과 도굴 흔적도 보이지 않는다고 한다. 탐사팀은 봉토 중간에서 경주 신라 왕릉에서 보이는 적석층을 발견했는데, 이를 도굴이 불가능했던 원인으로 꼽고 있다.

효릉의 구조는 여러 면에서 독특하다. 그중에서도 신도가 90도로 꺾여 있는 점이 다른 왕릉에서 전혀 볼 수 없는 점이다. 효릉 아래에서 올라가자면 먼저 여섯 종류의 동물, 사자, 해치, 낙타, 코끼리, 기린, 말 스물네 마리가 동서 615m에 걸쳐 늘어선 석상로를 만난다. 몇십 톤 중량의 이 동물들은 각각 두 마리씩 마주보고 서있거나 앉아 있다. 이 중에서 낙타는 중국 왕릉 신도 중에서 여기에 최초로 쓰였는데, 사막까지 펼쳐진 명나라의 넓은 강역을 상징한다.

이 석상로 신도는 남북으로 놓여 있는 효릉 봉분에 대해 직각으로 나 있는 데다 효릉과 석상로 사이에 손권이 묻힌 매화산이 놓여 있기 때문에 이 길을 가는 동안 봉분은커녕 효릉의 어떤 건축물도 볼 수 없다. 석상로가 끝나는 지점의 화표주 두 개를 지나면서 길은 90도로 꺾여 남북을 향한다. 이 옹중로(翁仲路)에는 키가 3.2m인 문신과 무신 여덟 명이 마주보며 서 있다. 옹중로에서도 효릉이 보이지 않는 것은 매화산을 완전히 우회하여 길을 냈기 때문이다. 주원장은 자신의 묫자리를 손권의 무덤 바로 북쪽에 잡고 무덤으로 가는 길을 빙 둘러내는 것으로 손권에 대한 예의를 표시했다.

효릉에는 금빛 찬란한 네 글자를 뽐내는 4m 높이의 거대한 비석이 있다. 청나라 강희제가 효릉을 참배하고 세운 치릉당송(治隆唐宋)비이다. 비석 높이가 4m에 번쩍이는 금 글씨 네 글자가 박혀 있어 호화찬

란해 보인다. 청나라 황제가 명나라 개국 군주를 향해 당 태종 이세민과 송 태조 조광윤의 치국방략을 넘어섰다고 찬양한 것이다. 강남을 여섯 차례 내려온 강희제는 효릉을 다섯 차례 참배했다. 소수의 만주족이 다수의 한족을 다스리기 위해서는 명나라 유민들의 마음을 사야만 했을 것이다. 강희제의 손자 건륭제도 효릉을 참배하고 비석을 남겼다.

효릉에는 다른 왕릉에서 볼 수 없는 비석이 또 하나 있다. '육국문자비', 여섯 개 나라 언어로 된 비석이란 뜻이다. 청나라 말기, 외국인들이 쏟아져 들어와 남경 곳곳을 유람하며 낙서를 남겼다. 주원장의 무덤이 더럽혀지는 것만은 두고 볼 수 없었던 당시 양강 총독 단방(端方)이 여섯 개 언어로 "명효릉이 심하게 파괴되고 있어 울타리를 치고 보호하고자 하니, 참관하기 위해 울타리를 넘거나 고적을 파괴하는 행위를 일체 금한다."는 내용을 새겼다. 비석 전면을 여섯 칸으로 나누어 왼쪽 세 칸에는 아래서 위로 일본어, 독일어, 이탈리아어를, 오른쪽 세 칸에는 영어, 프랑스어, 러시아어가 같은 내용으로 담겨 있다.

명나라의 다른 황제들은 북경 명13릉에 모여 있고 주원장만 남경에 묻혀 있다. 주원장은 쓸쓸할까? 그렇지 않을 것이다. 주원장이 죽을 때 비빈 40여 명을 순장시켰는데 효릉 주변 어딘가에 묻혀 있다. 그리고 주원장보다 먼저 죽었던 맏아들의 묘가 효릉 바로 이웃에 있고 그 동쪽으로는 손문의 중산릉이 있다. 무엇보다 효릉 바로 앞으로 지하철과 상해로 가는 고속도로가 나서 24시간 조용할 새가 없다. 예전 같으면 불경스러운 일이지만 효릉 주변에 사람들이 늘 북적대니 주원장의 이름은 잊고자 해도 잊을 수 없게 되었다.

조카 황제와 삼촌 반란군의 남북 내전

명나라 2대 황제 건문제와 3대 황제 영락제는 조카와 삼촌 사이다. 이 두 인물은 황제 자리를 놓고 다투었기 때문에 흔히 단종과 세조에 비유된다. 형의 아들을 쫓아내고 대권을 차지했다는 점에서 영락제가 세조와 닮았지만, 삼촌과 맞서 4년 동안 전쟁을 치른 건문제는 맥없이 당한 단종과는 거리가 멀다.

명나라 초기 황위 쟁탈전은 중국판 '남북전쟁'이었다. 남경에 있던 조카 측은 남군, 북경에 있던 삼촌 측은 북군이었다. 전쟁 초기의 전력은 황제였던 조카 측이 우세했다. 할아버지 주원장의 본진을 물려받은 조카는 4년 동안의 방어전에 백만 명을, 변경의 제후왕 삼촌은 30만 명을 반란군에 동원했다. 당시 일개 제후왕은 봉토 안에 3천 명에서 많아야 몇만을 거느릴 수 있었으나 주원장의 신임을 받은 삼촌 제후왕은 북방으로 쫓겨간 몽골이 다시 침입하지 못하도록 방어하는 임무를 띠고 있었으므로 다른 제후왕보다 강력한 대군을 보유하고 있었다. 삼촌 제후왕은 방어에 그치지 않고 직접 군대를 거느리고 몽골족 영토 깊숙이 쳐들어가 소탕 작전을 벌이던 장군이었다. 이 남북전쟁 초, 공격하는 30만의 삼촌과 방어하는 백만의 조카는 막상막하였다.

남경의 남군 총사령관 조카 주윤문(朱允炆)은 할아버지 주원장의 귀여움을 듬뿍 받았다. 주원장이 황제에 등극하고도 10년 더 지나서 태어난 손자였다. 형이 있었지만 요절했기 때문에 실질적 장손자였다. 주원장은 가장 신뢰하던 맏아들 주표가 수도 이전 후보지 관중을 시찰하고 돌아와 여독을 못 이기고 세상을 떠나자, 15살 주윤문을 황태손에 임명했다. 남북전쟁의 불씨는 이때부터 생겨났다.

북군 총사령관 삼촌 주체는 주원장의 넷째 아들로 11살에 연왕(燕王)에 분봉되었다. 나이가 어려서 그 먼 곳, 원나라 대도였던 북경에 갈 수는 없었지만, 아버지가 자신을 연왕에 봉해 가장 중요한 국경 수비를 맡긴 큰 뜻을 잘 알고 있었다. 자라면서 스스로 실력을 기른 주체는 수많은 전투에 직접 참가하고 공을 세워 아버지의 뜻에 부응했다. 21살 되던 1380년, 주체는 남경을 떠나 북경으로 가서 정식으로 연왕에 취임했다. 스스로 군대를 거느릴 수 있게 된 것이다.

할아버지 주원장은 명나라 건국 후 천하를 관리하는 방식으로 분봉제를 시행했다. 지방을 맡기기에 신하보다 아들이 훨씬 더 미덥다는 이야기였다. 그런데 번왕(藩王)을 봉해도 너무 많이 봉했다. 아들이 모두 26명이었는데, 맏아들 태자와 생후 달포 만에 죽은 막내아들을 제외한 24명의 아들이 모두 왕에 봉해졌다. 67살에 본 막내아들도 갓 나서 죽지 않았다면 기어 다닐 때 왕에 봉해졌을 것이다. 중국 역사에 번왕끼리 연합하여 반란을 일으킨 예가 적지 않았음으로 주원장은 번왕들의 연락을 통제했으며 봉토를 마음대로 떠나지 못하게 했다. 중앙에서 관리를 파견하여 번왕을 일거수일투족을 감시했고, 어린 번왕에게는 중앙에서 선생을 파견하여 가르치기도 했다. 그렇게 하여 주원장 재위 기간에는 반란이 일어나지 않았다.

반란은 주원장 사후 1년 뒤에 일어났다. 반란을 일으킨 삼촌이었지만 애초부터 그럴 생각은 아니었다. 삼촌은 황제의 넷째 아들로서 목숨 걸고 변방을 지키며 충성을 다했다. 그런데 이상하게도 형들이 차례대로 일찍 세상을 떠났다. 1392년 맏형이 세상을 떠나더니 3년 뒤에 둘째 형이 세상을 떠나고 그 3년 뒤에 셋째 형마저 세상을 떠나 황제의 맏아들이 되어 버렸다.

주원장은 세상을 떠나면서 변경을 지켜주던 그 든든한 아들 대신 장손에게 황위를 물려준다는 유서를 남겼다. 북경에서 부친상을 당한 새 황제의 삼촌은 세 아들과 함께 부지런히 길을 재촉했다. 남경을 얼마 남겨 놓지 않았을 때, 남경에 들어갈 수 없다는 새 황제의 명령을 앞세운 군대가 길을 막았다. 번왕으로 나가 있는 삼촌들은 모두 각자의 지방에서 분향하고 남경에는 오지 말라는 할아버지의 유언이 있었다고 했고, 믿기 어려웠지만 장례도 이미 끝났다고 했다. 삼촌은 울분을 삼키며 북경으로 발길을 돌렸다. 주체의 아들 셋은 조카 황제가 인질로 데려갔다.

1398년에 주씨 집안은 줄초상을 쳤다. 3월에 주원장의 셋째 아들이 죽고 6월에는 주원장이 죽었다. 주원장 장례에는 46명의 후궁과 궁녀가 순장되었다. 그렇지 않아도 번다한 황제의 장례에 순장자까지 많았으니 아무리 짧아도 15일장은 되어야 할 일이었다. 그런데 새 황제는 일주일 안에 모든 장례 절차를 마치고 즉위식을 거행했다. 주원장 생전에 묫자리를 마련해 두긴 했지만 장례를 급하게 치른 것은 사실이었다.

21살의 새 황제 주윤문은 마음이 급했다. 할아버지의 뒤를 이어 큰 나라를 잘 꾸려야겠는데, 스무 명 넘는 삼촌들이 마음에 걸렸다. 그중에서도 맏삼촌이 가장 두려웠다. 그래서 즉위하자마자 삼촌들의 군사 지휘권을 빼앗고 번왕의 자리에서 내려오게 했다. 한꺼번에 모든 삼촌을 제거할 실력이 없었던 조카 황제는 세력이 약한 삼촌부터 쳤다. 가장 두려운 삼촌은, 권력을 장악한 후 마지막에 날리려던 것이 패착이었다. 그 삼촌에게 반란을 준비할 시간을 벌어준 것이다.

삼촌은 아버지 장례에 참석하지 못하게 한 조카가 몹시 미웠다. 게다가 곳곳에서 형제들이 맥없이 군대를 빼앗기거나 죄인이 되고 있다는 소식을 듣자 자신의 차례가 돌아오기 전에 조카를 제거해야겠다고 마음먹지 않을 수 없었다. 아버지의 비서실장 역을 충실히 하던 맏형이 세상을 떠나지 않았다면 간신들에게 휘둘리고 있는 조카가 황위에 오를 일이 없었을 테고 자신도 반란을 일으킬 일이 없었을 것이다.

1년의 시간이 흘러 주원장의 소상이 돌아왔다. 조카 황제의 삼촌 연왕 주체는 정난지역(靖難之役)을 일으켰다. 정난은 반란을 평정한다는 뜻이다. 반란을 일으키면서 반란을 평정한다는 명분을 내세운 데에는 아버지 주원장의 말이 있었기 때문이다. 주원장은 수많은 아들을 번왕에 임명하면서 자신이 죽은 뒤에 황제 측근에서 황제를 괴롭히는 간신이 있을 때 번왕들이 군사를 일으켜 간신을 제거하라는 명을 내린 바 있었다. 조카 즉위 1년 동안 조카 쪽에 붙은 간신들이 각처의 번왕을 모함하면서 나라를 어지럽히는 것을 두고 볼 수 없던 삼촌은 아버지의 소상 제사가 지나고 군사를 일으켰다. 출발은 10만 명이었다.

건문제가 반란 토벌군 대장군으로 임명한 이경륭(李景隆)은 야전사령관 출신의 연왕에게 상대가 되지 않았다. 병서 공부만 하고 실전 경험이 없던 이경륭은 50만 군대를 거느리고도 반란군에 번번이 패했다. 특히 정촌패(鄭村壩)와 백구하(白溝河) 전투에서 몇십만 명을 잃은 뒤 혼자 달아나기도 했다. 그런 사령관을 자르지 않고 두었더니 급기야 배신까지 했다. 삼촌 부대가 양자강을 건너 남경성을 공격할 때 조카 황제가 이경륭을 보내 강을 경계로 땅을 나누자고 했으나 거절당했다. 연왕의 부대가 남경성 양자강 강변의 성문 금천문(金川門)에 닥치자 이경륭은 바로 투항했다. 내통했던 이경륭은 상을 받았다.

연인원 백만의 조카 황제군과 30만의 삼촌 반란군이 4년 동안 벌인 남북전쟁은 삼촌 측의 승리로 끝났다. 남군은 50만 명 이상, 북군은 6만 명 이상이 희생되었다. 주원장이 원나라 대도를 공격하러 보낸 군대가 25만 명이었음을 생각하면, 조카와 삼촌의 싸움이 도를 넘어도 한참 넘었음을 알 수 있다.

남경 황궁에 들어간 삼촌은 조카부터 찾았다. 삼촌 측은 조카가 황궁에서 불타 죽었다고 공식 발표했으나, 그의 시신을 본 사람이 없었다. 삼촌은 조선에 보내는 국서에도 조카가 불타 죽었다고 썼다. 반란에 관한 함구령이 떨어져 있었지만 국제 사정에 밝았던 조선을 속일 수는 없었다.

반란군 대장 삼촌은 조카 황제의 2살짜리 둘째 아들 주문규(朱文圭)를 생포해 위리안치했다. 쿠데타로 대권을 잡았다는 점이 자신도 못마땅했던 삼촌 황제가 평생을 트라우마에 시달리다 죽고 나서도 함구령은 계속됐다. 그 증손자 영종(英宗)대에 이르러 겨우 자신감을 회복하고 주문규의 행방을 알아보았다. 영종은 자신에게 숙부뻘인 주문규의 생존 소식을 듣고 바로 풀어주었다. 57살에 풀려나 세상으로 나온 주문규는 소와 말을 구별할 줄 몰랐다고 한다. 그는 얼마 못 가서 죽었다.

여기서 이야기가 옆으로 샌다. 중국이 남북 내전에 휘말릴 때 조선에서도 왕자들 사이에 쟁투가 벌어졌다. 최후의 승리자 이방원은 중국 내전에 몹시 신경이 쓰였다. 찬탈로 대권을 잡았으나 조카 황제 건문제로부터 조선 국왕임을 공인받아 체면을 살린 셈이었다. 조카 황제는 여러 차례 사신을 보내 조선의 말을 사갔다. 몇만 마리의 말이 요동의 조카 황제 부대로 팔려갔다. 그러나 요동 쪽에서 북경의 삼촌을 치는 조카 황제의 작전은 성공하지 못했다. 이방원은 조카 황제에게 말을 팔면서도 삼촌의 승리를 확신하고 있었다. 고려 말 조선 초에 사신으로 명나라를 오가며 삼촌과 만나서 은밀히 대화를 나눈 적도 있던 이방원은 삼촌의 이유 있는 반란을 누구보다도 더 잘 이해하고 있었다. 찬탈은 하고 싶어 하는 것이 아니라 나라를 위한 마음에 어쩔 수 없이 하게 되는 것이라고. 삼촌은 황위에 오른 뒤 조카 황제에게 말을 팔았던 이방원의 죄를 불문에 부쳤다. 그리고 국서를 보내 잘 지내자고 손을 내밀었다. 이방원은 고마워하며 그 손을 잡았다.

세조 때에 사육신과 생육신이 있었던 것처럼, 건문제가 우대했던 문인들의 반발이 만만치 않았다. 그중에서도 문인의 대표 방효유(方孝孺)의 반발은 완강했다.

새로운 황제가 자리에서 일어나 묶인 방효유에게로 다가왔다. 두 사람은 세 살 차이로 그때 새 황제는 43살, 방효유는 46살이었다.

"선생은 사서 고생하지 마십시오. 저는 다만 주공(周公)이 성왕(成王)을 보좌하듯 황제를 도우려고 했을 뿐입니다."

방효유가 대꾸했다.

"성왕은 어디 있습니까?"

"스스로 불에 타서 죽었습니다."

"그럼 성왕의 아들을 황제에 올려 도우면 되겠습니다."

"나라를 너무 어린 황제에게 맡길 수 없습니다."

"그럼 성왕의 동생을 세우면 되겠네요."

"우리 주씨 집안일이니 상관하지 마십시오. 그건 그렇고 지필묵을 드릴 테니 천하가 바뀐 것을 알리는 조서를 써주셔야겠습니다. 선생이 쓰는 게 가장 좋겠습니다."

방효유는 지필묵을 집어 던졌다. 그리고는 눈물을 흘리며 말했다.

"조서를 쓰지 않고 그냥 죽겠습니다."

새 황제가 소리를 질렀다.

"구족을 멸할 텐데도 상관없단 말인가."

방효유가 대답했다.

"십족이라도 하는 수 없습니다."

분노한 황제는 칼을 들어 방효유의 입을 두 귀에 닿도록 찢고 도로 가뒀다. 그리고 일족과 문하생을 하나씩 가두면서 방효유에게 보여주었다. 방효유는 눈도 깜짝하지 않고 피눈물을 흘리며 기꺼이 죽겠다는 결기를 보였다. 조카 황제는 백성을 아끼고 문인을 우대하던 어진 임금으로 하등 쫓겨날 이유가 없었다. 방효유는 조카의 자리를 찬탈한 삼촌에게 죽음으로 저항했다. 어떻게 해도 황제로 인정할 수 없었기 때문이다.

반란군을 이끌고 북경에서 출발할 때 남경에 가서 방효유를 죽이면 천하에서 글 읽는 선비의 근원이 끊긴다며 방효유를 죽이지 말라는 참모의 신신당부가 있었지만 죽이지 않을 수 없었다. 방효유의 시신은 남대문 번화가로 옮겨져 거열형에 처했고 모든 저서는 불태워졌다. 방효유의 책이나 글씨를 은밀히 지니고 있다가 발각되면 누구라도 사형에 처했다.

문하생 2명이 갈가리 찢긴 방효유의 시신을 대강 수습하여 남대문 밖의 산에 묻었다. 지금의 남경 우화산이다. 무덤 자리는 남경의 남대문 바로 바깥에 있어 태평천국군, 신해혁명군, 일본군이 남경성을 공략할 때 큰 해를 입었다. 그러나 그때마다 무덤은 보수되었다. 청나라 말, 남경에서 총독을 지낸 이홍장이 태평천국군과의 전투로 무너졌던 이 무덤을 챙겨 직접 글씨를 쓰고 비석을 세웠던 것처럼 방효유의 무덤을 돌보는 것은 전란 후 남경 민심을 수습하는 중요한 방책이었다. 방효유는 할 말 하는 지식인의 상징으로 남아 있다.

황제가 된 삼촌은 불탄 황궁을 수리하는 한편 조카의 연호를 취소했다. 조카가 실시한 문관 우대책을 비롯하여 조카가 도장을 찍었던 새로운 법령을 모두 폐기했다. 무엇보다 남북전쟁과 방효유의 죽음에 관해 함구령을 내렸다. 건문제를 즉위한 적이 없는 유령 인물로 만들어야 자신이 주원장의 진정한 후계자가 될 수 있다고 여겼다.

새 황제 영락제는 23년 동안 재위하다가 1424년, 다섯 번째 떠난 몽골 정벌 길에서 세상을 떠났다. 65세 황제의 객사였다. 남경에서 황제에 오른 지 5년 만에 북경 천도를 선포하고 15년 동안 새로운 황궁을 지어 북경으로 옮겨간 지 4년째 되던 해였다.

주체는 북경에 묻힌 최초의 명나라 황제다. 이후 명나라가 망할 때까지 12명의 황제가 북경에 묻혔다. 그래서 북경에 명13릉이 있게 되었다. 명13릉과 남경에 있는 주원장의 효릉은 2003년에 유네스코 세계 문화유산에 지정되었다. 삼촌과 싸워서 진 그 조카는 생사불명이라 무덤이 없다.

삼촌의 반란군이 양자강을 건너기 시작하여 남경성 안으로 들어올 때까지 보름쯤 걸렸으니 피할 시간은 충분했다. 조카가 죽은 것을 확인하지 못한 삼촌도 애가 탔는지 죽을 때까지 조카의 생사를 확인하는 데 공을 들였다. 악몽도 숱하게 꾸었다고 한다. 삼촌 재위 기간에 회족 출신 환관 정화(鄭和)가 일곱 차례나 인도양을 누비며 이 나라 저 나라에 들렀던 것도 무역이나 외교 때문이 아니라 조카가 해외로 나갔다는 첩보를 입수한 삼촌이 조카를 찾아보라고 보냈다는 설이 있다. 정화는 매번 만 명이 넘는 군대를 거느리고 인도양을 누볐다. 그때 정화가 탔던 150m 길이의 보선(寶船)은 남경 양자강 변 조선소에서 건조했다.

정화의 원양 함대 출발지

남경은 항구다. 바다에 이르기까지 300km가 남아 있지만 남경에 이르면 양자강 하류 폭이 넓어지고 깊이도 깊어져서 몇만 톤급 배가 다니거나 정박하는 데 아무 문제가 없다. 중국에서 장강(長江)이라고 부르는 이 강의 전체 길이는 6,300여km이다. 예로부터 지금까지 남경은 이 거대한 양자강 수운의 대표 항구다.

남경에서 유람선을 타고 양자강 강변을 구경하다 보면 컨테이너가 쌓여있는 부두와 거대한 크레인이 움직이는 조선소를 볼 수 있다. 강변의 조선소라고 무시하면 안 된다. 금릉조선소는 5만 톤급 선박을 건조하는 독을 8개나 갖추고 있을뿐더러 10만 톤급과 20만 톤 독도 하나씩 갖추고 있는 대규모 조선소다. 아직 한국에서 발주한 선박을 건조한 적은 없지만 미국이나 일본, 유럽 각국에서 발주하는 선박을 만들고 있는데, 몇 해 전에는 6만 톤급으로 알려진 타이태닉호 복원 프로젝트를 따내기도 했다.

손권이 남경에 도읍한 이래로 남경의 양자강 강변에 조선소가 사라진 적이 없었지만 그중에서도 아주 특별한 조선소가 있었다. 바로 명나라 초기 정화의 조선소다. 정화는 1405년부터 1432년까지 일곱 차례에 걸쳐 인도양을 누비며 명나라를 해양대국으로 키웠다.

정화의 본명은 마삼보(馬三保)이다. 무함마드(Muhammad)를 음역할 때 마(馬) 자를 써서 중국의 마씨는 회족이 많다. 정화는 1371년, 운남성의 회족 집성촌에서 태어났다. 1381년, 주원장의 운남성 정복 전쟁 때 아버지를 잃고 포로가 되었다. 반년 만에 넓은 운남성 정복을 마친 명나라 군대는 정화 또래의 아이들을 수도 없이 잡아 생식 불능자로 만들었다. 학대받은 남자아이들은 명나라 수도 남경으로 끌려가 예비 환관으로 키워졌다. 정화도 그렇게 해서 환관이 되었다. 남경에 와서 기초 훈련을 받은 정화는 북쪽 변방 북경에 있던 연왕부에 배치되었다.

당시 연왕은 주원장의 넷째 아들 주체였다. 이십대 초반의 주체는 북쪽에서 재기를 노리던 몽골을 공략하는 데 모든 정력을 쏟고 있었다. 그래서 연왕부의 군사 훈련은 고되기로 이름나 있었다. 눈에 불을 켜고 인재를 찾던 주체가 보기에 몇만의 군사 중에 정화가 단연 돋보였다. 그리하여 정화는 일찌감치 연왕 주체의 시위병이 되었다.

15년쯤 세월이 흘렀을 때 연왕 주체가 반란군을 일으켰다. 명분은 조카 황제 측근에 간신이 많아서 그냥 두면 나라가 어지러워진다는 것이었다. 정화는 반란군의 핵심이 되어 4년 동안의 남북전쟁에서 여러 차례 공을 세웠다. 특히 전쟁 초기 북경 정촌패에서 큰 공을 세웠다. 8만의 연왕 측 북군이 50만의 황제 측 남군을 맞아 대승을 거둔 전투였다. 북군의 피해는 크지 않았으나 남군은 군사 몇만을 잃었다. 북군은 남군의 말 2만 마리를 전리품으로 얻기도 했다. 연왕은 자신감을 얻었다.

이 무렵 마삼보의 이름이 정화로 바뀌었다. 반란에 성공한 연왕은 정촌패 승리를 기념하려고 아끼던 환관 마삼보에게 정씨 성을 하사했다. 그러나 정화라는 이름은 대외용이었고 집안에서는 여전히 마씨를 썼다. 정화는 63년 생애 중 30년 이상 남경에서 살았다. 후반기에 그가 살던 저택은 무척 넓었다. 그 터에 정화공원이 들어서고 초등학교를 중심으로 도심 주택가가 조성되었다. 1983년 공원 확장 공사 때에 홍무통보(洪武通寶) 동전과 馬 자가 찍힌 청자 파편이 나왔다.

명나라는 환관이 정무에 개입하여 망했다는 말이 있을 만큼 세도를 부리던 환관이 많았다. 그러나 주원장 때만 해도 환관에겐 글자를 가르치지 않고 황제의 심부름만 시켰다. 그런데 주체가 일으킨 4년의 황위 쟁탈전에서 환관들이 큰 공을 세우고 신뢰를 얻어 정치 전면에 나서게 되었다. 정화도 환관으로서 정사태감(正使太監) 또는 흠차총병태감(欽差總兵太監)이 되어 굵직굵직한 임무를 수행했다. 정화처럼 위신을 세운 인물이 많아지면서 환관은 정치 세력으로 성장했으나, 권력을 누리는 만큼 부패해갔다.

정화는 달랐다. 황제의 절대 신임을 받았지만 부패하지 않았다. 전투에 누차 공을 세운 군사 인재에다 선진 항해술과 최첨단 조선 기술자였다. 게다가 강직하고 참을성이 많았으니 황제가 보기에 문무관 어떤 신하도 회족 출신 환관 정화를 넘을 수 없었다.

남경은 해양 실크로드 출발지 중의 하나다. 중국에 수많은 해외 무역항이 발달했지만, 남경은 중국 여러 왕조의 수도로서 우리나라와 일본을 향하던 동해선과 인도양 쪽으로 나가던 남해선이 교차하던 대무역항이었다.

진나라 때 이미 세계로 향하는 해양 노선이 작동하고 있었지만 아무래도 해양 무역의 최전성기는 당나라와 송나라 때였다. 원나라를 지나 명나라 때에 이르러 정화 함대로 인해 중국의 해외 진출은 새로운 전기를 마련하게 되었다.

1402년 반란에 성공한 영락제가 엄청난 규모의 함대를 조성하여 1405년에 처음으로 바다에 띄웠다. 황제는 먼 바다 항해를 견딜 200척 넘는 대형 선단을 조직하고 항해 계획을 짜는 일을 정화에게 맡겼다. 정화는 그 일을 3년 안에 해냈다. 정화는 메카 순례를 인생 최대 목표로 삼고 살아가는 회족 이슬람교도였다. 정화의 아버지와 할아버지는 중국을 출발하여 메카에 다녀온 항해술과 조선술의 전문가였다. 영락제는 정화 집안의 내력을 듣고 원대한 항해 책임자로 정화를 발탁했다.

정화는 남경에 조선소를 세웠다. 남경은 양자강 상류의 목재를 뗏목으로 실어와 배를 만든 다음 바다로 나갈 수 있는 최적지였다. 무엇보다 대도회지여서 인부 동원이 쉬웠다. 정화가 조선소 부지로 고른 곳은 주원장이 전함 건조를 위해 세웠던 용강(龍江)조선소 남쪽 강변이었다. 정화가 필요한 것은 전함이 아니라 대형 무역선이었으므로 새로운 조선소를 세워야 했다. 게다가 용강조선소는 당시에도 수주 물량이 많아 잘 돌아가고 있었다.

세월이 흐른 뒤 두 조선소는 모두 흔적을 찾기 어려워졌다. 그러다가 1958년에 정화의 조선소 터가 발견되었다. 그러나 정식 발굴은 뒤로 미루어져 주변에 아파트 단지가 개발되던 2003년에나 시작되어 3개의 건조 독을 찾아냈다. 원래대로라면 7개가 있어야 하겠지만 이미 개발된 땅이라 더 이상의 발굴은 쉽지 않은 형편이다.

정화의 조선소에서는 여섯 종류의 배가 만들어졌다. 첫째는 보선으로 주력함이다. 가장 큰 것은 길이 150m였다. 둘째, 마선(馬船)은 말을 운반하는 용도였으나 속도를 빨리 낼 수 있어 해전이 벌어지면 전함으로 쓰게 되어 있었다. 그런데 정화의 항해 중에 전투가 벌어진 적은 거의 없었다. 셋째, 양선(糧船)은 식량을 싣고 다니던 보급선이다. 넷째 좌선(坐船)은 대형 전함, 다섯째 전선(戰船)은 소형 전함이다. 마지막으로 담수를 싣고 다니던 수선(水船)이 있었다.

정화 함대의 규모를 알고 나면 누구나 놀라기 마련이지만, 서양 학자들이 특히 더 경악한다. 콜럼버스로 대표되는 대항해 시대의 서양인 항해 규모에 비해 커도 너무 크기 때문이다. 한 번에 3만 명 가까이 바다를 누볐으니 3척의 배에 120명이 나눠 탔던 콜럼버스 함대는 비할 바가 못 된다. 돛대 3개를 단 30m 길이의 산타마리아호도 작지 않았지만, 정화 함대의 가장 큰 배는 길이가 150m였고, 크고 작은 배

정화의 조선소에 절반 크기로 복원된 보선(寶船). 원래대로라면 150m가 되어야 하겠으나 70m로 복원되었다.(吳靖 사진)

200여 척이 함께 움직였다. 그래서 스타브리아노스(Stavrianos L. S.) 같은 학자는 『세계통사(A Global History: From Prehistory to the 21st Century)』에서 그 큰 배를 떠다니는 궁전이라고 묘사했다. 서양학자들이 더 놀라는 사실은 강대한 함대가 폭력을 전혀 쓰지 않고 평화 외교를 펼쳤다는 점이다.

안타깝게도 정화 함대의 항해도를 포함한 항해일지와 선박 설계도 원본은 유실되었다. 현재 동서양 연구자들은 여러 책에서 수집한 자료로 대강의 함대 규모와 항해 일정을 추정하고 있다. 〈명사(明史) 정화전〉에 나오는 '길이 44장(丈), 너비 18장'을 현재 도량형으로 환산하면 길이 151.8m, 너비 61.6m다. 이 정도면 배수량 기준 3만 톤이 넘는 규모인데, 과연 그 시대에 그런 배를 만들 수 있었는지 의심하는 사람도 많다. 그러나 연구 결과 당나라 때 이미 700명이 탈 수 있던 배를 만들었으며 원나라 때에는 천 명 넘는 사람을 싣던 배가 해양 실크로드를 오갔다고 한다.

이 대목에 이르면 영락제는 도대체 어떤 목적으로 이런 대항해를 계획했을까 궁금해지지 않을 수 없다. 당시의 항해에 관한 문서는 거의 소실되었지만, 영락제가 정화의 공을 기리기 위해 세운 비석에 그 단서가 남아 있다. 황제는 친히 지은 비문에 "정화를 해외 여러 나라에 파견하여 그 사람들을 교화함으로써 예의를 알게 하고 관습을 바꾸게 할 생각"이라고 썼다. 그러나 한꺼번에 무리한 지출이 발생하자 명나라 경제가 휘청했다. 계속되는 인플레로 1차 때보다 6차 때 물가는 300배나 치솟았다. 당시 명나라 사람들은 한 해 예산보다 더 많은 자금을 들여 대항해 사업을 펼치는 황제를 이해하지 못했다. 그래서 항해 목적이 불순하다는 말들이 생겨났다.

삼촌이 황궁을 덮쳤을 때 조카 황제를 발견하지 못한 것이 화근이었다. 사람들은 삼촌 황제에게 조카의 생존보다 더 큰 위협은 없다고들 여겼다. 새 황제도 그렇게 생각했을 것이다. 자신에게 반기를 든 무리들이 그 조카를 앞세워 어느 날 쳐들어올지 모를 일이었다.

삼촌 황제는 남경 황궁에 입성한 다음 날부터 조카 황제를 찾기 위해 혈안이 되었다가 배를 타고 바다로 빠져나갔을지도 모른다는 첩보를 입수한 뒤로 함대를 꾸릴 생각을 했다는 것이다. 과연 그랬을까? 조카 황제가 숨어서 실력을 기르고 있을지도 모르는 바다 바깥 땅을 찾아 국고를 탕진하며 여러 차례 대항해를 지시했을 리 만무하다. 그러나 당시 민심은 조카 황제 편이었다. 사람들 말대로 삼촌 황제가 조카의 생사를 확인하고 싶어 함대를 띄웠다고 해도 끝내 실마리 하나 건지지 못한 채 세상을 떠났다. 조카 황제를 찾기 위한 항해가 아니었음을 증명이라도 하는 듯 정화는 그 뒤로도 한 번 더 항해를 떠났다.

동서를 아우르던 몽골제국의 부활을 꿈꾸던 티무르를 견제하기 위한 항해였다는 설도 있다. 주원장보다 2년 늦게 대권을 잡은 티무르는 처음에 주원장과 동맹을 원했다. 그러나 실력을 키운 뒤에는 명나라 사신을 자주 감금하면서 명나라에 대한 적의를 노골적으로 드러냈다. 그러나 티무르는 인도와 그 서쪽을 먼저 겨냥했다. 오스만제국과 맘루크왕국 공략에 성공하고 돌아온 티무르는 시선을 명나라로 돌려 정복 작전을 짜기 시작했다. 실제로 1404년 겨울, 20만 대군을 일으킨 티무르는 서쪽 명나라를 향해 진군했다. 이듬해 초, 지금의 카자흐스탄 오트라르에서 티무르가 병사하여 없던 일이 되었지만, 막 내전을 끝낸 명나라로서는 불안하지 않을 수 없었다.

정화가 제1차 항해를 떠난 것은 티무르 사망 후의 일이었다. 애초에는 티무르제국의 후방과 연결하여 티무르를 견제하려고 했으나 티무르가 사라진 뒤에도 외교 활동 계획을 실행에 옮겼다. 이유가 무엇이었든 먼 거리 항해는 쉽지 않았다. 제3차 항해 때까지 캘리컷 (Calicut)을 목표로 하여 동남아시아를 넘지 않았으나 제4차부터는 한 번도 오가지 않았던 땅을 향해 새로운 항로를 개척했다. 이후 말다이브군도에서 폭풍을 피할 수 있는 곳을 찾았고 아라비아 반도와 홍해 연안 및 아프리카 동안으로 가는 새 항로를 찾아냈다. 정화 함대가 가장 멀리 닿은 곳은 아프리카 여러 나라로 소말리아, 모잠비크, 케냐까지 간 기록이 확인되었다. 그곳에는 당시 중국으로 돌아가지 않고 남은 사람들의 후손이 살고 있다. 돌아오지 않은 사람 중에 누군가는 그곳에서 해류와 바람에 의지하여 희망봉을 돌아 대서양으로 나갔거나, 오스트레일리아, 남극까지 진출했을 수도 있다는 가설도 있다.

정화가 여섯 번째 항해를 마치고 돌아왔을 때 영락제는 이미 세상을 떠나고 없었다. 게다가 그 아들 황제가 즉위한 날 발표한 조서에서 먼 바다 항해는 중지한다고 밝힌 뒤였으므로, 아무것도 모르고 귀국한 정화는 슬픔과 분노에 무너지고 말았다.

항해 전문가 정화에게 남경에 세우고 있던 9층 유리탑 공사를 완공하라는 새로운 임무가 떨어졌다. 영락제가 어머니의 극락왕생을 기원하며 세우기 시작한 탑을 16년이 지나도록 완공하지 못하고 있었다. 이제 그 탑을 완공하여 영락제의 왕생까지 빌어야 할 판이었다. 탑이 오래도록 완공되지 못한 데에는 도자기 부품으로 9층을 조립하겠다는 영락제의 기발하고도 무리한 발상 탓이 컸다. 기술력이 부족한 데다 공사 감독도 부실하여 막대한 자금과 인부 10만 명을 동원하고도 완공하지 못하여 조정의 골칫거리가 되어 있었다. 영락제의 손자 황제가 남경 경비대 대장으로 머물고 있던 정화에게 완공 임무를 맡겼다. 정화가 거느리던 부대가 나서자 몇 달 안에 탑이 완공되었다.

탑을 완공한 뒤에도 정화는 계속 남경에 머물렀다. 혹시나 있을지도 모를 제7차 항해를 위해 배를 수리하고 군사 훈련을 계속했다. 1432년 드디어 명령이 떨어졌다. 당시 황제는 영락제의 손자로서 "멀리 해외 사람들을 위로하고 태평의 복을 함께 나누고자 정화 함대를 출항시키겠다"는 뜻을 밝혔다. 여섯 번째 항해가 끝난 때로부터 7년

이 지난 시점이었다.

마지막 항해라고 확신한 정화는 다시 돌아오지 않을 생각으로 큰 바다를 향해 나아갔다. 1434년, 함대가 귀국했을 때 정화는 일행에 없었다. 전하는 바로 고리에서 세상을 떠났다고 한다. 그런데 어찌 된 일인지 정화의 시신이 돌아오지 않았다.

함장이 세상을 떠났는데 그 거대한 함대의 어느 누구도 정화의 시신을 수습하지 않았다는 것은 믿을 수 없는 일이다. 원칙에 따라 매번 항해에 의사가 동승하고 있었다. 마지막 항해에서 정화는 죽지 않고 사라진 것이 아닐까? 항해가 끊어진 명나라로 돌아갈 이유가 없었을 것이다. 중간 기착지 중에 눈여겨 봐둔 어느 곳에 살짝 내리는 정화의 모습이 그려진다.

그로부터 60여 년 뒤 1497년에 포르투갈 사람 바스코 다 가마(Vasco da Gama) 함대가 희망봉을 돌아 캘리컷에 닿았고, 16세기 초 무역을 청하는 포르투갈 사람들이 마카오의 문을 두드렸다. 정화 함대가 지배하던 항로를 유럽 사람들이 차지한 것이다.

정화는 조카를 입양하여 대를 이었다. 현재 남경에만 300명 넘는 후손이 살고 있고 중국뿐 아니라 세계 각지에 후손이 퍼져 있다고 한다.

600년 전으로 돌아가 정화의 저택 앞을 지나가 본다. 정 대감 댁이라고 쓴 정부(鄭府) 현판이 붙어 있지만 사람들은 다들 마 대감 댁이라고 부른다. 한 번 입에 붙은 이름은 몇백 년이 지나도 바뀌지 않아 지금도 정화의 집은 마부가(馬府街)에 있다.

남경에는 정화 관련 유적이 많다. 그중에 정해사(靜海寺)가 가장 유

영락제가 정화의 순항을 기원하며 지은 정해사(靜海寺). 아편전쟁을 끝내기 위해 청나라와 영국 측이 이 절에서 협상을 진행하여 남경조약을 맺었다.(吳靖 사진)

명하다. 양자강 강변에 있는 이 절은 이름에서 알 수 있듯이 영락제가 정화의 무사 항해를 바라며 바다가 잠잠하기를 기원한 곳이다. 정화가 항해에서 돌아올 때 구해온 온갖 귀한 식물을 심어 절 전체에 향기가 진동했다고 하는데, 제1차 아편전쟁 끝물에 양자강을 타고 남경에 상륙한 영국 해군이 병영으로 쓰면서 절을 못 쓰게 망가뜨렸다. 영국 제국주의 정권은 이 절을 기지로 삼아 최초의 불평등조약인 남경조약 체결을 밀어붙였다. 현재 일부가 복원되어 불평등조약전시관으로 쓰고 있는데, 원래 모습은 알 길이 없다.

정해사 바로 이웃에 있는 천비궁(天妃宮)은 제1차 정화 대항해의 성공을 축하하여 세운 사당이다. 천비는 바닷가 사람들의 무사 항해를 좌우하는 마조 여신이다. 황제는 정화 함대가 성공리에 항해를 마치고 돌아온 것이 기뻤다. 그리하여 정화의 성공에 함께해 준 마조 여신의 사당을 세우고 그 뒤로 이어질 항해의 성공을 빌었다. 제4차 항해를 마치고 귀국했을 때, 황제는 직접 비문을 지어 이 사당 안에 비를 세웠다. 영락제가 정화에게 남긴 칭찬 중에 유일하게 남은 공식 문서인 셈이다. 이 비석은 현재 정해사 마당에 옮겨져 있다.

남경 도심의 이슬람사원 정각사(淨覺寺)도 정화 유적에서 빠뜨릴 수 없는 곳이다. 주원장 시대에 남경에 살던 회족들이 건립했는데, 정화가 마지막 항해를 떠날 무렵 화재로 소실되었다. 다시 돌아오지 못할 길을 가면서 정화가 황제에게 주청했다. 남경의 회족들이 예배를 올리지 못하고 있으니 나랏돈으로 정각사를 중건하게 해달라는 간청이었다. 황제의 칙령으로 세워진 이 사원은 지금까지 남경 회족의 자랑으로 남아 있다.

그리고 그 황제는 마지막 항해 때 시신 없이 돌아온 정화의 넋을 남경 우수산(牛首山)에 묻어 주었다. 이름하여 정화 의관총이다. 남경의 정화 유적은 모두 명나라 최전성기 대항해 시대를 증언하고 있다.

대보은사 유리탑

1412년, 영락제가 그때까지 세상에 없던 탑을 짓기로 결정했다. 높이 78m, 혹자는 100m였다고 주장한다. 8면 9층탑 전체를 유약을 발라 구운 도자 부품으로 짜 맞추고 모두 146개 등을 층마다 켜며, 꼭대기에는 지름 4m짜리 황금보주를 올리고, 바람이 불면 층마다 빼곡히 달린 작은 종들이 아름다운 음악을 연주하는 탑. 완공되면 그야말로 천하제일의 탑이 되지 않을 수 없었다.

1428년, 정화의 감독 아래 17년 만에 완공된 탑은 남경만이 아니라 명나라의 자랑으로 우뚝 섰다. 언제 봐도 화려했으나 밤에는 더 사치스러웠다. 날마다 당번을 정해 기름을 채워 밤새도록 등을 꺼뜨리지 않았기 때문이다.

영락제는 어머니의 극락왕생을 기원하며 이 탑을 세웠고 그에 걸맞게 절 이름을 대보은사로 개명했다. 원래 이 절 자리에는 손권이 세운 건초사가 있었다. 그 뒤로 계속해서 큰 절이 이어져 내려왔으며, 이때에 이르러 천하제일의 탑이 우뚝 섰다.

영락제는 호적상 주원장의 정실부인 마황후 아래에 얹혀 있다. 영락제가 극락왕생을 빌었던 공식적 어머니는 마황후지만 영락제의 생모는 따로 있었다. 마황후는 소생이 없는 것으로 알려져 있다. 그런데 주원장의 다른 아들과 달리 영락제의 생모는 정확히 알려지지 않았다. 여러 가지 설이 있지만 고려 출신의 공비(碩妃) 소생이란 설이 가장 유력하다. 영락제는 우리나라 여자와 인연이 많아서 황제가 된 뒤에는 조선의 여러 여자를 후궁으로 들였는데 그 가운데서도 권비를 총애한 이야기는 유명하다.

영락제는 보은 탑을 세워 반란의 이미지를 벗고 주원장의 적통을 이었다는 점을 홍보하고자 했다. 그러나 탑이 완공되기 전에 세상을 떠나 그런 정치적 목적을 이루지는 못했다.

1856년에 무너지기 전까지 남경 하면 이 탑이었다. 남경을 방문하

여 이 탑을 구경한 유럽 무역상과 선교사들은 '동방 건축 예술의 완전
무결한 걸작'이라고 이구동성 찬탄했다. 이들이 남긴 선명한 소감과
그림 중에 이 탑을 불가사의한 건축물로 소개한 예를 들어본다.

17세기 유럽 항해 강국들은 앞다투어 중국을 향했다. 1656년 네덜
란드 동인도회사 이사회가 파견한 대표단이 북경에 도착해 청나라 순
치제에게 통상을 요청했다. 대표단 사무원 요한 뉴호프는 글만 아니
라 그림을 잘 그려 『뉴호프 견문록』의 백 장이 넘는 삽화를 직접 그렸
다. 17세기 중반의 중국 풍경을 생생하게 전달한 이 중국 견문록은 베
스트셀러가 되어 유럽에 중국 바람을 불러 일으켰다. 프랑스어판은
루이 14세도 즐겨 읽었다고 한다.

뉴호프는 도중에 남경을 지나며 보은사를 구경했다. 소문으로 듣
던 이 절의 만불전과 절 중앙의 도자탑을 직접 본 뉴호프는 이 탑을
이집트의 피라미드, 제우스신전 같은 7대 불가사의에 비견하며 감탄
을 금치 못했다. 뉴호프가 그린 보은사 도자탑 그림은 유럽 사람들에
게 중국 탑의 전형이 되었다.

1839년에 발표한 안데르센 동화 『천국의 화원』에도 도자탑이 나
온다.

왕자가 말했다.

"애들이 아주 씩씩하네요."

"말도 마십시오. 가끔은 혼을 내줘야 하는데 대책이 없습니다.
아. 넷째가 옵니다."

중국옷을 차려 입은 넷째 동풍이 들어왔다. 어머니 바람이 물

었다.

"거기 갔다 오는 거니? 천국의 화원 말이야."

"거긴 내일 갈 거예요."

동풍이 대답했다.

"천국의 화원에는 백 년 전에 가고 안 갔어요. 저는 지금 막 중국에서 돌아오는 길이에요. 남경의 도자탑을 돌며 춤을 추었어요. 있는 대로 종을 댕댕 울리면서요. 관리들이 길거리에서 매를 맞는 것도 보았어요. 대나무 회초리로 어깨를 내리치자 회초리가 부러졌어요. 매를 맞는 사람들은 9품부터 1품까지 모두 높은 사람들이었어요. 그 사람들은 '성은이 망극하옵니다.'라며 울먹였지만 그건 진심에서 우러나온 소리가 아니었어요. 저는 또 댕댕 종을 울려댔어요."

이 작품에서 안데르센은 엄마 바람과 네 아들 바람 이야기를 통해 세계 각지의 진기한 풍경을 묘사했다. 그중에 동방의 대표로 남경 대보은사 탑을 등장시킨 것이다.

명나라 수도가 남경이었을 때 우리나라 사람도 많이 다녀갔다. 정몽주와 정도전, 권근, 조준 등 고려 말 조선 초의 많은 지식인들이 남경과 관련된 시를 남겼다. 그런데 이 탑은 등장하지 않는다. 모두 이탑이 완공되기 전에 다녀갔기 때문이다. 한창 탑을 짓고 있을 때 다녀간 사신도 있었으나, 엄청나게 높고 화려한 탑이 남경에 지어지고 있다는 기록은 남아 있지 않다. 이 탑은 명나라의 북경 천도 후에 완공되었다. 천도 후, 황제가 없는 남경은 조선에서 멀어졌다. 서양 사람들

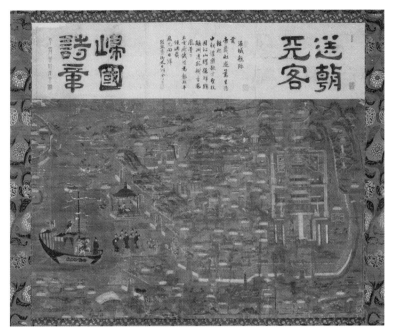

송조천객귀국시장도(送朝天客歸國詩章圖), 국립중앙박물관 소장

이 이 탑에 열광할 때, 당시 그 어떤 나라보다 명나라와 친하게 지내던 조선에서는 이 탑의 존재 자체를 모르고 있었다. 사신들이 황제를 만나러 더는 남경에 가지 않았기 때문이다.

그런데 조선 사람으로 보이는 사신이 이 탑과 함께 있는 그림이 국립중앙박물관에 소장되어 있다. 일제강점기에 수집된 것으로 보이는 이 그림은 가로 103.6cm 세로 163cm의 비단 채색화이다. 그림 상단에 〈송조천객귀국시장(送朝天客歸國詩章)〉이라는 큰 글씨가 있는데, '황제를 알현하고 귀국하는 손님을 배웅하는 시'라는 뜻이다. 상단에는 또 사신이 명나라 감찰어사에게 바치는 시 한 수가 있다. 그림의 배경은 양자강을 끼고 있는 남경성이고, 강변에는 배를 타고 막 남경을 떠나는 사신과 배웅하는 중국 사람들이 그려져 있다. 이상한 점은 큰 글씨로 쓴 제목은 '귀국하는 사신을 배웅하는 시'라면서 정작 적힌 내용은 '떠나는 사신이 명나라 감찰어사에게'라는 사실이다.

이상한 점이 또 있다. 남경에서 황제를 만나고 돌아가는 사신을 배웅하는 광경인데, 그림에 나올 수 없는 보은사 탑이 서 있다. 남경성 남대문 바로 밖에 세워진 탑 자리도 정확하고 층수도 9층이며 '보은사'라는 세 글자가 적혀 있다. 또 1451년에 생긴 절 승은사도 보인다. 이 그림에 조선 사신이 등장하는 것은 일종의 판타지다. 보은사 탑과 승은사의 존재가 이 그림을 공식 기록화로 볼 수 없는 이유다.

이 그림에 대한 국립중앙박물관의 설명은 이해하기 어렵다. 우선 그림의 한글 제목이 '북경에서 조선 사신을 송별'이다. 황궁이 있어 북경이라고 생각하기 쉽지만, 북경은 큰 강을 끼고 있지 않아 배를 타고 떠나는 사신을 배웅할 일이 없는 곳이다. 게다가 북경성과 다른 남경성 여러 성문의 이름이 정확하게 적혀 있고, 주원장이 묻힌 명효릉도 있다. 한글 제목을 '남경에서 조선 사신을 송별'이라고 바꿔야 한다. 그림의 해설은 '17세기 전반에 자금성을 찾아온 조선 사신을 중국 사람 금유심이 전송하며 송별시를 쓴 것이고, 해로로 사행한 조선 사신을 전송하는 유일한 장면이라는 점에서 가치가 크다'고 되어 있다. 시 제목 '치감찰어사(致監察禦使)'로 봐서는 조선 사신이 명나라 감찰어사에게 송별의 시를 써준 것이고, 그림만 봐서는 사신의 해로 이용 여부도 알 수 없다. 1421년 이전에 황제를 만나러 남경에 오던 사신들은 해로와 육로 두 길로 왔으며, 어느 길을 택하건 일단 양자강 강변에서 배를 타고 남경을 떠나게 되어 있었다. 육로라면 당연히 양자강을 건너 강북으로 가야 했다. 해로는 남경의 북쪽 산동성 등주항과 남쪽 강소성 태창항을 이용했는데, 두 군데 다 양자강을 통해야 닿을 수 있었다.

사행단을 감독하는 감찰어사가 사신으로부터 시를 받은 기념으로 어떤 화가에게 사신을 배웅하는 광경을 그림에 담고 그 시를 상단에 넣어 달라고 부탁했는데, 주문을 받은 화가가 차일피일 미루다가 보은사 탑이 완공된 뒤에 그리게 된 것은 아닐까? 그런데 그림 속의 승은사가 걸린다. 30년이나 미뤄서 그렸다는 이야기는 현실성이 떨어진다. 그림 상단에 중국 인명이 둘 나오지만, 그 두 이름이 화가인지도 알 수 없다. 감찰어사에게 시를 써준 사신의 이름이 없고, 그 시가 세상에 알려진 바가 없어서 조선 사신이라고 특정하기도 어렵다. 이렇게 이 그림을 판타지 류로 봐야 할 이유가 한둘이 아니다.

이 그림은 과연 어디에 걸려 있었을까? 판타지 그림이 관청에 내걸리긴 어려웠을 듯하다. 소설이지만, 사신을 접대하고 송별하던 관리가 은퇴한 뒤에 옛적 사신에게 증정받은 시를 꺼내 그림을 곁들여 집에 걸어두려고 화가를 불렀다고 가정해 본다. 그런데 미처 그림을 완성하기 전에 관리가 세상을 떠나 버린다. 시간이 흐른 뒤에 그 자손들이 유지를 받들고자 그림을 완성하게 했는데, 고인에게 전해들은 이야기가 뒤죽박죽되는 바람에 판타지 그림이 탄생하게 된다. 화가는 강변에서 사신을 송별하던 장면을 그리면서 화폭의 대부분을 남경성의 발전된 모습으로 채웠다. 자손들은 완성된 그림을 대청에 걸었다. 화려하고 아름다운 남경성에서 사신과 헤어지던 풍경은 누가 봐도 보

기 좋았을 것이다. 그린 사람도 그린 시기도 알 수 없지만, 남경 보은
사 도자탑이 등장하는 중국 그림이 거의 없어서 이 그림의 값어치는
높아 보인다.

1842년, 마카오에서 수학하고 조선으로 돌아오던 김대건이 프랑
스 신부와 함께 남경에 들렀다. 광동에서부터 영국 해군의 아편전쟁
전투를 참관인 자격으로 지켜보면서 남경까지 왔던 것이다. 김대건
은 보은사 탑을 구경했을 뿐 아니라 요동에 있던 르그레주아 신부에
게 보낸 편지에 이 탑을 자랑했다. 라틴어로 된 편지의 한글 번역본
에 절 이름부터 보인사(寶印寺)라고 다르게 옮겨놨지만 그럼에도 불구
하고 조선 사람이 보은사 탑을 묘사한 유일한 기록이므로 긴 내용을
옮긴다.

신부님도 아시겠지만 남경시에는 중국에서 가장 유명한 탑이 있
는데, 장교들이 그것을 구경하러 가기에 저도 그들을 따라가서 탑
과 시가 전체를 구경하였습니다. 들은 바에 의하면 남경은 인구가
백만 명이라고 하는데 아주 평탄하며 두 개의 운하로 구분되어 있
고, 도시는 크고 넓지만 아름답지는 못합니다. 도시 북쪽에 산이
있는데 그곳에 영국군이 진을 치고 있습니다.

보인사라고 하는 절 가운데 높이가 200척이나 되는 탑이 세워
져 있는데 여러 가지 색깔의 돌과 도금한 돌로 되어 있고 그 돌 위
에는 여러 신의 상이 조각되어 있습니다.

탑의 외부는 여러 가지 색깔의 기와로 입혀져 있는데 그 모양은
팔각형이고 150개의 작은 종들과 두 개의 금 구슬이 있고, 그 밖에

도 눈에 확 띄는 등이 12개나 달려 있습니다. 이 등들 덕분에 위로는 33천(天)을 비추고 아래로는 사람들의 마음속을 비추어 사람들의 선행과 악행을 분간한다고 중국인들은 믿고 있습니다.

탑의 맨 꼭대기에는 중량이 900근이나 되는 질그릇 단지 두 개와 천반(天盤), 즉 하늘의 접시라고 하는 450근이나 되는 접시가 있습니다. 탑이 광채로 온 세상을 비춘다고 믿고들 있습니다. 탑의 기단에는 여러 겹의 둥근 원이 있는데 그 무게가 3천 6백 근에 달한다고 합니다.

그 밖에도 탑을 다섯 가지 보석으로 꾸몄는데 그것들은 각각 밤을 비추는 야명주(夜明珠), 비를 쫓는 비수주(備水珠), 화재를 막는 비화주(備火珠), 폭풍우를 피하는 비풍주(備風珠), 먼지로부터 탑을 보호해주는 비진주(備塵珠) 등으로 불립니다.

그 밖에 또 중국인들의 거룩한 책(經典) 3권이 보관되어 있는데 비교(秘敎)의 책인 『장경(藏經)』, 기도서인 『아미타불경(阿彌陀佛經)』, 부처님 경배 권유서인 『제인불경(濟人佛經)』이라는 것입니다.

이 절과 탑의 기초는 대략 2천 년 전에 세워졌답니다. 처음에는 탑의 이름을 고이왕 탑이라고 불렀다가 체우라는 황제가 즉위 제3년에 퇴락한 절을 보수하여 건초사, 즉 첫째 절이라고 명명하였다고 합니다.

그런데 순카오라는 사람이 절을 쇠붙이로 파괴한 것을 진왕조의 키엔운 황제가 재건하여 창건사(創建寺)라고 불렀다 합니다.

그러나 제20대 왕조인 원(元)에 이르러서 화재로 전소된 채 있다가 제21대 왕조인 명(明)의 영락 황제가 예전의 상태로 재건하였다고 합니다. 중국에는 현재 정권을 잡고 있는 청(淸)까지 22개의 왕조가 있었습니다.

그 절을 재건하는 데 19년이 걸렸는데 그들의 계산에 따르면 탑을 세우는 데만 거의 400만 원의 비용이 들었다 합니다. 그 후 카친 황제 때에 탑의 3분의 1이 벼락으로 무너졌었는데 근래에 수리하였다고 합니다.

관광을 마치고 오송구로 돌아오는 도중에 우리가 고대하던 파보리트호(프랑스 군함)를 만났습니다. 그 배로부터 브뤼니에르 신부님과 그의 두 동행인 토마스(최양업)와 범 요한이 도착하였다는 소식을 듣고 기쁨과 괴로움을 한꺼번에 느꼈습니다. 우리가 모두 모였으니까 즐겁기는 하나 우리의 사정이 더욱 곤란한 상태에 빠졌기 때문에 또한 서글펐습니다.

－『성 김대건 안드레아 신부의 서한』, 〈네 번째 편지〉 중에서

김대건은 천주교 신학생으로 중국의 유명 불교 사찰을 돌아보고 상세한 정보를 수집하여 프랑스 신부에게 보고하고 있다. 김대건은 현지에서 중국어 또는 한자로 수집한 정보를 라틴어로 옮겨 놓았다. 김대건이 라틴어로 옮긴 연대나 지명, 인명 정보가 정확하지 않은 데다 한글로 번역할 때 잘못 옮긴 것도 있지만 편지를 받는 프랑스 신부 입장에서는 대강의 그림을 그리기에 충분한 내용을 담고 있다. 비록 조선 측에 전하지는 않았지만 이 기록은 조선 사람이 남긴 보은사 관련 최초 기록이자 마지막 기록이다. 김대건 전에 이 탑을 구경한 조선 사람이 없고 그 바로 뒤에 탑이 파괴되었기 때문이다.

이 탑은 태평천국시대에 파괴되었다. 남경은 1853년에 태평천국의 수도가 되었다가 1864년 청나라 군대가 탈환했다. 그 사이에 태평천국군과 진압군의 전투가 자주 벌어졌으므로 남경성 남대문 밖에 있던 이 탑이 성할 리 없었다. 1854년 5월, 태평천국 수도를 방문한 미국 사절단 기록에 '9층 꼭대기까지 오를 수 있던 계단이 망가진 채로 겨우겨우 견디고 있다'는 이 탑의 마지막 장면이 나온다. 외국인이 남긴 최후의 기록이다.

일설에는 1854년, 청나라 군대의 남경성 남대문 공격 소식을 듣고, 청군이 병영으로 쓰지 못하게 하려고 태평천국군이 미리 이 절을 파괴하는 과정에 탑도 함께 소실되었다고 한다. 다른 설에는 1856년, 태평천국의 내분 때에 파괴되었다고 한다. 그리고 잊혀졌다. 일찍이 천하제일 탑이라 일컬어지던 보은사 도자탑이 없어지던 순간 남경성 사람들은 어떤 심정이었을까? 전쟁에 시달리느라 탑의 안위를 돌아볼 여유가 없었을지도 모르겠다. 그 뒤로 남경성은 계속해서 격동의 변화에 시달렸다. 탑은 철저히 잊혀졌다.

1958년과 2003년에 남경 시내 두 군데 옛 가마에서 이 탑을 지을 때 썼던 도자 부품이 발굴되었다. 조립식 탑의 수리에 쓰려고 여유분을 구워서 보관했던 것이다. 공사 총감독 정화의 꼼꼼한 일처리 방식을 엿볼 수 있다.

부품 발견에 고무된 어떤 이가 거액을 기부하여 이 탑을 중건하게 되었다. 한 번도 본 적이 없는 9층 도자탑을 원래대로 복원하는 일은 생각보다 어려웠다. 몇 차례 굴절을 거쳐 2015년 말, 대보은사 탑이 중건되었다. 넓은 부지에는 안데르센 동상도 세웠다고 한다. 반갑지 않은 소식이었다. 사진 속 탑은 원래 모습을 잃고 흉측한 껍데기만 뒤집어쓰고 있었다. 창의력을 발휘한 보호 조치라지만 어떤 미감도 느낄 수 없다. 미국 CNN은 탑의 외관은 변했지만 여전히 남경의 랜드마크라는 선뜻 동의하기 어려운 보도를 했다.

근처를 지날 일이 있어도 탑을 애써 외면한다. 무심코 한번 쳐다보기라도 한 날에는 마음이 울적해진다. 플라스틱 갑옷을 숨 막히게 덮어쓴 탑은 남경을 찾은 손님에게도 보이고 싶지 않아 한국 돈으로 2만 원쯤인 입장료도 아깝고, 지금 이 탑은 예전의 그 탑이 아니라고 우겨댄다.

구름무늬 비단

보은사 도자기 탑을 짓던 남경의 전성시대에 세상 사람들은 한 번도 구경하지 못한 비단이 있었다. 그 사치품은 운금(雲錦)으로 황제와 그 가족에게만 제공된 비단이다. 아름다운 빛깔의 고운 구름을 닮은 운금은 남경에서만 생산되었다.

흔히들 비단은 직물의 왕이라고 한다. 이렇게 비단이 귀한 대접을 받는 것은 누에고치를 쳐서 실을 뽑고 염색해서 직조하는 과정이 어렵기 때문이다. 그 비단 가운데서 최고는 남경운금이다. 남경에서 고급 비단이 생산된 것은 남조 양나라 때부터지만 명나라와 청나라 때 국영공장에서 생산하여 황실에만 제공한 비단을 특별히 운금이라고 했다.

운금

그 비단은 지금 없다. 청나라가 망할 때 기술이 끊어져 버렸다. 현재 유네스코 문화유산에 등록된 남경운금은 정확히 말해서 그 운금이 아니다. 복원하려고 애쓰는 사람들이 비슷하게 짠 유사 운금일 뿐이다. 실물 남경운금을 만나려면 북경고궁박물원이나 타이페이고궁박물원, 북경 명정릉(定陵)박물관, 남경박물원 같은 큰 박물관에 가야 한다. 특히 명정릉박물관에는 16세기 후반 만력제(萬曆帝)의 운금 복식이 다량 전시되어 있다.

운금의 화려한 무늬는 얼핏 보아 수를 놓은 듯하지만 실제로는 직조 과정에 여러 색실을 섞어 짠 것이다. 색색의 비단실 말고도 금실과 공작새 깃털 실을 섞어 무늬를 낸 운금은 화려함의 극치를 보여준다. 용을 비롯한 갖은 동물과 국화와 모란 같은 꽃, 기하 도형 등 운금의 여러 무늬에는 권력과 복록, 장수, 쾌락, 재물을 기원하는 뜻이 잘 나타나 있다. 무늬를 넣는 방법에 따라 꽃무늬 계열의 모본단, 금실을 넣은 고금(庫金), 능직 계열의 고금(庫錦), 최대 여덟 가지 서로 다른 무늬를 넣어 짠 장화(妝花)로 구분하기도 한다. 이 중에서 가장 고급은 장화 운금이다.

18세기 중국 소설 『홍루몽』에 운금의 재질이나 색채, 무늬에 관한 실감나는 묘사가 나오는데, 이는 지은이 조설근(曹雪芹)이 황족이 아니면서도 운금에 대해 소상히 알고 있었기 때문이다. 조설근의 집안은 반역죄로 망하기 전까지 남경에서 강녕직조서(江寧織造署)를 운영했다. 요즘 말로 하자면 강녕직조서는 직공 몇천 명을 거느린 국영 운금 직조공장이었다.

송나라가 여진족이 세운 금나라에 쫓겨 항주로 내려와 남송 정권을 세우면서 강남 비단 생산지가 남경, 소주, 항주 세 곳으로 늘어났다. 이 무렵 뽕나무의 키가 덜 자라도록 개량하여 뽕잎 생산을 늘린 것이 비단 산업 발전에 결정적 역할을 했다. 이후 원나라 때에는 강남 비단 제조업의 중심에 있던 남경에 국영 비단공장이 설치되었고 명나라와 청나라 말기까지 황실에 납품하는 국영 비단공장이 계속 운영되었다.

국영 비단공장이 기술력을 선도하자 민간에서도 품질 좋은 비단을 짜게 되었다. 청나라 중기에 이르면 남경의 민간에서 짠 유사 운금이 유럽으로 날개 돋친 듯 팔려나갔다. 청나라 중기 비단 제조 전성기 때에는 남경성 안에만도 이 비단을 짜는 베틀이 3만여 대가 넘었고 남녀 직공이 5만 명 이상이었다고 한다. 비단 제조업은 기술 복합 산업이므로 당시 남경성 인구의 3분의 1일 이상이 비단 제조에 관련된 일에 종사했다고 한다.

1904년 광서제(光緒帝) 때 강녕직조서의 문을 닫으면서 남경의 운금 산업은 일시에 쇠락했다. 그 많던 베틀이 사라지고 기술이 끊겨 버린 채 백 년 가까이 지나 남경시를 뒤져서 찾아낸 것이 겨우 13대였다. 베틀은 그나마 복원했지만 기술은 지금도 복원이 어렵다.

운금의 베틀 규모는 상상을 초월한다. 길이 5.6m, 너비 1.4m, 높이

4m에 1,924개의 부품으로 이루어진 대형 베틀이다. 우리가 알고 있는 베틀의 바디는 한 개지만 운금 베틀의 바디는 열 개가 넘는다. 베를 짜는 사람도 한 사람이 아니다. 북을 돌리는 직조공이 베틀 앞에 앉아 있고 베틀 위쪽에 무늬를 넣는 사람이 앉아 함께 짠다. 그렇게 둘이서 하루 종일 짜봐야 5cm를 짤 수 있다고 한다. 운금은 화려한 무늬 말고도 무게가 거의 나가지 않는 것으로 유명하다. 아주 가는 비단실로 잠자리 날개보다 얇게 짜서 운금으로 지은 한 벌 옷은 50g밖에 나가지 않는다. 정말 이런 비단이 있었을까?

유럽의 로열팩토리에서 생산된 제품은 비싼 값을 받고 귀족에게도 팔았다고 한다. 그러나 남경운금은 당시 중국의 귀족들도 잘 만져보지 못했다. 가끔 엄청난 공을 세운 신하가 하사품으로 운금을 받기도 했는데, 받은 운금은 가문의 보물로 간직했다. 그래서 세상 사람들은 구경도 못해 본 그 비단, 운금은 한때 남경의 기술력과 부의 상징이었지만 합성섬유 시대를 사는 지금 사람들은 운금을 모른다.

주지번과 허난설헌

주지번(朱之蕃)은 명나라 사람으로 1595년 전시(殿試)에서 장원을 차지했다. 한림원에서 일하다가 1606년, 만력제 황태손 출생을 알리기 위해 조선에 출사했다. 그때 명나라 사신을 고급하게 접대하는 임무를 맡고 있던 허균을 만났다. 장원급제자끼리의 만남이었으니 이야기가 잘 통했을 것이다. 허균은 주지번에게 그 누이 허난설헌의 시를 보여주었다. 주지번은 허난설헌 시집에 서문을 쓰고 명나라 문단에 소개도 했다. 그런 주지번이 살던 집이 남경에 남아있는 줄은 남경에 와서야 알게 되었다.

현재 집수리가 끝나고 일반에 공개할 날을 기다리고 있는 주장원 댁. 동네에선 이 집을 아직도 주장원댁이라고 부른다. 대문이 작고 행랑채에 창이 없으며 벽이 높은 전형적인 강남 주택이다. 원래 집은 더 컸을 터이나 현재 건물 두 채만 남아 있다. 이 두 채를 복원하는 데 든 비용이 중국 돈 300만 원이라는데 한국 돈으로 치면 약 5억 원쯤 된다.

남경 살면서 자주 놀러가는 조천궁(남경시립박물관이 이 안에 있다.)에서 가까워 수리하기 전에는 몇 번 가봤는데 집 안에 들어갈 수는 없었다. 몇 가구가 살고 있었기 때문이다. 그 뒤 문화재 보호 차원에서 수리가 시작되면서 우리 집도 남경 동쪽 끝으로 이사하게 되어 가보지 못했다. 이 집이 원형대로 복원되도록 동네 사람들이 자주 조언했다고 하는데 이제 개방한다니 시내 나가는 길에 자주 가볼 생각이다.

주지번은 허난설헌의 시를 자기 나라에 전할 정도로 깨인 사람이었다. 그런 주지번에게 아름다운 사랑 이야기가 남아 전한다. 주지번은 노자 장만을 못해 과거를 포기할 만큼 가난했다. 주지번과 서로 사랑하면서도 부모의 반대로 혼인하지 못하고 있던 여자가 부모 몰래 큰돈을 마련했다. 이에 힘입은 주지번은 장원 급제하여 마침내 두 사람은 혼인하게 되었다는 이야기다.

중국 같은 큰 나라에서 과거 시험 3단계 중 최종 시험인 전시 장원 급제는 본인과 이웃은 물론 가문 전체의 영광이 아닐 수 없다. 그러나 장원 급제자 모두가 나라를 위해 큰일을 한 것은 아니었다. 선비의 덕목인 삼불후(三不朽), 즉 입덕(立德), 입공(立功), 입언(立言)의 실천은커녕 간신전에 이름이 올라간 사람도 있으니까.

주지번은 장원 급제자 중에서 그나마 사서에 좋은 이름을 남긴 사람이다. 한림원에 있다가 조선에 사신으로 다녀온 뒤에는 모친상을 당했는데, 그 뒤로 다시 벼슬길에 나가지 않고 남경의 이 집에 살다가 별세했다.

주지번은 서예에도 뛰어났다. 2015년 10월, 남경의 고찰(5세기 창건) 서하사(栖霞寺)에서 탁본 작업을 하고 있던 사람들이 삼성전(三聖殿) 편액 판각에서 희미하게 보이던 朱, 之, 蕃, 세 글자를 확인했다. 삼성전은 5세기에 조성된 석굴이다.(이 절에는 중국 남조시대 처음으로 조성된 석굴부터 현대까지 시대별로 석굴이 보존되어 있다.) 삼성전 현판은 주지번이 쓴 한국 성균관의 명륜당 현판과 닮은꼴이면서도 중국 북조시대의 각진 해서체에 더 가깝다. 두 현판 글씨를 보고 있으면 장원급제 모범생의 차분함이 그대로 전해진다.

4부

서양식 근대화가 시작된 곳

그 많은 아편을 누가 다 먹었을까

1997년 7월 1일 자정, 홍콩 반환식이 시작됐다. 단상을 보며 오른쪽에 영국 국기와 영국 관할 홍콩기가 휘날리고, 왼쪽에는 곧이어 올라갈 중국 국기와 홍콩특별행정구역기의 게양대가 서 있었다. 내빈 소개에 이어 영국의 찰스 왕세자가 홍콩의 밝은 미래를 기약하는 연설을 했다. 이어서 영국 국기가 힘없이 내려왔고 중국 국기가 올라갔다. 실내였지만 어디서 바람이 부는지 그 붉은 깃발은 식이 끝날 때까지 어색하고도 힘차게 나부꼈다. 마지막으로 강택민 중국 주석의 연설이 있었다. 모두 해서 30분 남짓, '대영제국의 최후'를 상징하는 이 반환식 비용은 영국도 중국도 아닌 홍콩 쪽에서 부담했다.

반환식의 주빈 찰스 왕세자와 강택민 주석은 홍콩이 영국 땅이 된 역사에 대해서는 전혀 언급하지 않았다. 아편무역이라든가 침략 전쟁 또는 남경조약은 한 글자도 내비치지 않고 그저 '일국 이체제'하에 홍콩의 자본주의가 계속해서 번영할 것을 축복했다. 그 반환식만 봐서는 영국이 중국에 홍콩을 넘기는 이유를 알 수 없었다.

영국 영토가 중국으로 넘어가는 현장이었는데, 텔레비전 화면으로 보는 분위기는 침울하지도 명랑하지도 않았다. 두 나라가 각각 배치한 육해공군 의장대 37명이 식장을 누비고 다니면서 절도 있게 후퇴하고 절도 있게 승계하는 모습을 연출하고 있었다. 중국 측 보도에 따르면 중국 의장대는 평균 연령 19세로 키는 185cm에 맞췄다고 했다. 영국 의장대의 키는 들쭉날쭉했다.

식장 밖에서는 '대영제국의 최후'를 상징하는 식민지 홍콩의 공기를 깡통에 담아 7달러에 팔았다고 하는데, 사람들은 홍콩 반환이 새겨진 티셔츠나 장난감, 시계, 가방보다 정치적이고도 역사적인 '식민지 최후의 공기' 깡통을 더 많이 구입했다고 한다. 마침 반환식 며칠 뒤에 홍콩 출장을 갔는데 깡통은 매진되어 살 수 없었고, 기선이라도 제압하려는 듯, 들어간 식당마다 범죄예방 명목으로 불심검문하는 중국 군인들 때문에 혼란을 겪어야 했다. '일국 이체제'는 약간의 공포 분위기 속에서 출발하고 있었다.

사실 홍콩 반환식의 주인공은 조자양, 등소평, 마가렛 대처여야 했다. 1984년 홍콩 반환 협정에 서명한 조자양은 1989년에 실각하여 연금되어 있었고, 등소평은 다섯 달 전에 세상을 떠나 참석하지 못했다. 대처는 1992년 실각했지만 기념식에 참석하겠다는 약속을 지켜 내빈석에 앉았다. 영국이 중국에 홍콩을 돌려주는 일은 스물두 차례 담판을 거칠 만큼 어려웠다.

19세기에 맺은 세 차례 조약으로 영국은 중국으로부터 홍콩 일부를 할양받았고, 일부는 빌려 쓰고 있었다. 조약에 따르면 1차 홍콩섬과 2차 구룡반도는 영국이 영구적으로 지배하고, 3차 신계(新界)는 1898년 7월 1일부터 99년 동안 임대하게 되어 있었다. 2차 대전 중이던 1943년, 장개석이 이끌던 중국 국민정부와 처칠의 영국 정부가 그전 세기에 맺었던 양국 사이의 불평등조약을 파기하기로 협정했지만, 홍콩은 예외로 하여 영국이 계속 통치하게 되었다. 중국에 공산당 정권이 들어선 1949년, 국민정부가 맺은 협정을 무효로 하겠다고 발표했지만, 홍콩 통치권 이전 문제는 쉽사리 해결되지 못했다. 영국 측에서는 조약에 따라 임대 기한이 끝난 땅만 돌려주겠다고 했을 것이고,

중국 측에서는 조약과 상관없이 전부를 돌려받겠다고 나섰을 것이다. 1982년 새로운 협상이 시작될 무렵의 중국은 떠오르는 대국이었고, 영국은 더 이상 대국이 아니었다. 국제 사회에 작용하는 힘의 논리에 따라 영국은 마침내 자본주의 체제가 지속되는 조건으로 홍콩 전체를 돌려주게 됐다.

이 긴 이야기는, 중국에 합법적으로 아편을 더 많이 수출하려는 영국이 1840년 의회 결정을 통해 같은 해에 전쟁을 일으키고, 2년에 걸쳐 광동, 복건, 절강, 강소성의 여러 도시에서 승리한 후, 1842년 음력 7월 24일 남경에서 강화조약을 맺으면서 시작됐다. 그보다 먼저 황제의 암행어사격인 흠차대신 임칙서(林則徐)가 영국 밀수업자들에게서 아편을 빼앗아 폐기하면서 강력하게 경고할 때만 해도 청나라 쪽에서는 누구도 전쟁을 예측하지 못했다. 밀수업자를 경고하는 일은 정당방어이기도 하거니와 그 먼 나라가 공격을 감행하리라 짐작하지 못했기 때문이었다. 그러나 영국군은 순식간에 쳐들어왔고 광동, 복건, 절강, 강소성 해안과 양자강 연안을 삽시간에 휩쓸어 버렸다. 물산이 풍부한 지역들이었고, 특히 강소성의 양자강 연안 도시들은 청나라 수도 북경으로 가는 대운하와 연결되어 있어서 자칫하면 재정이 마비될 위험이 있었다.

오랫동안 전투를 해본 적이 없었던 청나라 군대는 연전연패했다. 마침내 황제는 체면을 구기더라도 백성을 살려야 한다는 취지로 영국의 요구를 들어주게 되었다. 근대 불평등조약의 기원인 남경조약으로 청나라는 영국과 조공무역이 아닌 '자유무역' 상태에 들어가되 관세는 영국과 협상을 거쳐 결정하고, 홍콩섬을 영구히 할양하며, 상해를 비롯한 5개 항구를 개항하고 엄청난 전쟁 배상금을 지급하게 되었다. 이런 영국의 요구가 불순하고 방자했지만 따르지 않을 수 없었다. 영국군이 남경에서 끝내지 않고 북경의 황궁으로 쳐들어갈 기세였기 때문이다.

청나라로서는 한 번도 맺어본 적이 없는 평화조약 또는 강화조약이라고 부르는 서양식 조약이 어색할 수밖에 없었다. 자급자족의 청나라는 다른 나라와 통상 외교란 걸 해본 적이 없었다. 춘추시대 중국에서 생긴 '외교'라는 낱말은 천자의 허락 없이 제후들끼리 교류하는 행위를 나쁘게 이르는 말이었다. 천자의 허락을 받더라도 교류 행위는 연합군으로 전쟁에 나설 때에나 가능했다. 외교를 요즘 말로 해석한다 해도 청나라가 다른 나라와 교류하는 일은 조공을 바치러 찾아오는 작은 나라에 따뜻한 은혜를 베푸는 것 외에 다른 경우는 없었다. 그러니 어떻게 해서라도 천하의 체면을 지키고 싶었으나 남경성 함락을 눈앞에 두고 찬밥 더운밥 가릴 여지가 없었다.

승리를 확신한 영국 쪽에서는 외무부 장관 파머스틴 경이 통상조약 초안을 준비했다. 문제는 영어를 해독하는 청나라 관리가 없어 영국 쪽에서 채용한 선교사들이 양쪽을 오가며 통역을 했다. 더 큰 문제는 청나라 대표단이 영국 대표단을 직접 마주하기 싫어했다는 것이다. 그리하여 청나라 대표의 집안일을 봐주던 이에게 관복을 입혀 회담장에 내보냈다. 회담을 주도하던 이 인물은 장희(張喜)라는 인물로 '영국을 달랬다'는 뜻의 『무이일기(撫夷日記)』를 남겼다. 과거 급제에 실패하여 관직에 나가지 못했던 인물이 청나라 정부를 대표하여 영국과 외교를 펼친 기록으로 아편전쟁과 남경조약에 관한 가장 자세한 중국 측 기록이다.

영국 대표단은 도장을 찍기 며칠 전, 교섭이 진행되던 남경의 정해사라는 절에서 가까운 양자강 강변에 정박 중이던 영국 군함 콘월리스(HMS Cornwallis)호에 청나라 대표단을 불렀다. 그 배를 살펴본 대표단들은 협상의 여지가 없음을 바로 깨닫고, 그제야 어떤 무기로도 대적할 수 없다는 보고서를 황제에게 올렸다. 몇 차례 형식적인 협상을 했다고 하지만 최종 합의한 13개 조항은 팔머스틴이 건넸던 초안과 별반 다르지 않았다. 기쁜 얼굴의 영국군 장교들, 김대건을 포함한 옵저버들, 그리고 강아지 한 마리가 지켜보는 가운데 영국 군함에 마련된 탁자에서 조인식이 거행되었다. 중국 측 고관대작들은 조인식에 마지못해 참석했다. 영국 측은 그래도 명색이 조약인데 청나라 대표단이 조약문을 제대로 읽어보지 않고 서명하는 것을 이상하게 여겼다.

청나라 대표단은 무인도나 다름없는 홍콩섬을 받아서 뭘 하겠다는 건지 영국 측 요구를 이해할 수 없었다. 청나라로서는 있으나 마나한 작은 섬 하나를 제후국에 상을 내리듯 넘겨주었다. 영국이 지정한 다섯 개 항구 중 상해는 양자강이 바다로 나아가는 입구에 있는 요충지였지만 청나라 조정은 황무지나 다름없다 여겨 고민 없이 열어 주었다. 복건성에 두 개 항구를 여는 것이 복건성 지방관들 보기에 체면이 서지 않는 일이었지만 그것도 순조롭게 열어 주었다. 조공 무역 체계에 익숙해 있던 청나라 조정에서 관세 세율을 영국과 협의하기로 한 것도 이상할 것이 없었다. 영국 측이 원하는 낮은 세율에 동의해 준 것은 원래 청나라 조세 수입에서 차지하는 비율이 높지 않았기 때문이었다.

그 뒤 남경조약의 시행 세칙을 마련하는 자리에서 청나라 대표단은 영국인과 중국인 사이의 분쟁이 일어나면 영국 재판에서 해결하라며 치외법권을 던져주었다. 이런 일을 원래 이렇게 처리하는 청나라 조정이 아니었다. 예컨대 조선 사람과 청나라 사람 사이에 분쟁이 일어나면 청나라 법률로 엄하게 다스려 왔는데, 영국에는 그 재판권을 거저 넘겨준 것이다. 영국이 공짜로 받은 이 권리는 이후 청나라가 서양 각국과 맺은 통상조약에 똑같이 적용되었을 뿐 아니라 서양 각국이 조선이나 일본과 맺은 조약에도 영향을 미쳤다. 청나라 대표단은 영국 사람들을 재판하는 일이 귀찮아서 내던진 주권이 이후 굴욕의 상징이 되리라 예측하지 못했다. 21세기에 이르러서도 한국이나 일본에서 미군 범죄를 제대로 다스리지 못해 골머리를 앓을 줄은 더더욱 예상하지 못했을 것이다. 전쟁을 끝냄으로써 남경성의 함락과 북경으로의 진격을 막았으면 그만이었다.

전쟁은 아편 때문에 일어났는데 정작 아편 이야기는 두 나라 모두 꺼내지 못한 채 전쟁이 끝났다. 따라서 아편 밀수는 계속되었다. 청나라 지방 관리들과 결탁한 영국 상인들이 아편을 계속 실어 날랐고, 중국 각지에 아편 중독자가 늘어갔다. 여기에 만족하지 않은 영국 측은 제2차 아편전쟁을 일으켜 아편 무역을 합법화했다. 아편을 양약(洋藥)이란 고상한 이름으로 바꾸어 관세를 내고 통관하도록 두 나라가 합의한 것이다. 그리하여 1894년에는 청나라에서 영국에 수출한 차와 잠사, 면화 대금과 영국에서 수입한 아편 대금이 같아지기에 이르렀다. 태평천국의 봉기를 진압하는 등 재정 지출이 늘어나자 청나라 조정에서 그동안의 아편 금지 정책을 풀고 아편세를 거두는 쪽으로 방향을 바꿨다. 아편 무역과 국내 판매가 합법화되자 청나라에서는 '국산' 아편을 심는 곳이 늘어났다. 이렇게 하여 청나라가 망하기 직전인 1908년에는 아편세 세입이 국세 세수의 12%를 차지하게 되었나. 이 통계에 들어 있지 않은 지방세까지 포함하면 당시 청나라 전체가 아편으로 살고 아편으로 죽었다고 해도 될 정도다.

그보다 먼저 영국은 18세기 기계 혁명을 통해 세계 각지로 시장을 넓혀가면서 당시 세계 인구의 3분의 1을 차지하고 있던 청나라와 전면적인 통상을 원했다. 1793년, 청나라 건륭제 83회 생일에 맞춰 열하 피서산장을 방문한 영국 사절 조지 매카트니(George Macartney)가 통상을 요구했지만 정식으로 거절당했다. '청나라의 물산이 풍부하여 굳이 통상을 할 필요가 없다'는 이유였다. 그러나 영국 쪽에서 간절히 원하니 광동에서는 무역을 해도 좋다고 허락했다. 황제가 이런 '은혜'를 베풀었음에도 영국 상인들은 청나라에서 금지한 아편을 팔아서 폭리를 취했다. 중국산 차(茶)의 수입 대금으로 지불하는 은의 양이 너무 많아 무역 적자 폭이 커지자 아편 밀수를 시작한 것이다.

아편은 원래 당나라 조공 품목에 들어 있었다. 『구당서(舊唐書)』 서역전(西域傳)에 667년, 동로마제국에서 사신을 보내 디야카(底也伽)를 바쳤다고 한다. 아편으로 만든 만병통치약이었다. 양귀비 씨앗은 아랍 상인들이 중국에 전파한 것으로 알려져 있다. '아편'이 바로 아랍어이다.

아편전쟁이 일어나기 전까지 중국에서 아편은 약이었다. 아편의 독성이 강해 비록 약이라도 적당히 써야 한다는 상식은 원나라 때에 나왔다. 16세기 말, 명나라 남동 해안 지역의 부자들이 아편을 즐기면서 수입량이 크게 늘자 아편에 관세를 매겼다. 청나라 초기에도 관세 정책으로 아편의 수요 공급을 조정했는데, 18세기 중반을 넘어서면서 갑자기 수입량이 늘었다. 아편 흡입자가 늘어난 것이다.

이 시기에 아편 흡입자가 갑자기 증가한 이유는 여러 가지로 추정되는데, 그중에서 당시 무역대국이던 청나라 경제가 좋아지면서 소비자의 구매력이 높아진 것을 으뜸으로 꼽는다. 영국을 비롯한 서양 여러 나라에서 서민들까지 중국의 차를 즐기게 되어 중국에 막대한 은이 흘러들어오고 있었다. 반면에 서양 물품은 중국에서 인기가 없었다. 모직품이니 시계니 피아노 같은 것들이 중국 사람의 이목을 끌기는 했지만 구매로 이어지지는 않았다. 무역 역조 현상은 점점 심각해졌다. 그중에서도 제국주의의 선두, 영국이 가장 심했다.

당시 영국을 비롯한 서방 세계에서 아편은 마약으로 분류되지 않아 마음대로 사고팔았다. 소설 속 셜록 홈즈가 아편을 피우고, 현실에서는 아이들에게 아편을 넣은 시럽을 먹여 재웠으니, 영국 상인들은 중국에 아편을 팔면서도 죄의식에 사로잡히지 않았다. 그러다가 1차 대전 중 아편에 중독된 군인들의 전투력이 떨어진 것이 계기가 되어 비로소 마약으로 분류되고 중국 수출 물량도 점차 줄여갔다.

중국에서는 남경조약을 중국 근현대사가 시작된 사건으로 본다. 그때까지 중국을 지배하던 모든 방면의 전통이 무너졌기 때문이다. 무엇보다 천하의 중심 국가에서 만국공법 세계의 일부로 강제 편입되었다. 게임의 규칙이 변한 것이다. 그러나 각국이 평등하게 통치권을 행사한다고 했지만 실제는 자국 이익의 극대화를 위해 약육강식의 제국주의를 신봉하던 정글이었다. 실제로 아편전쟁은 1차로 끝나지 않고 2차로 이어진다. 영국과 프랑스 연합군이 북경으로 쳐들어가 황제의 별궁 원명원에 불을 지르고 아편 무역 합법화를 포함하여 더 많은 이권과 특권을 받아냈다.

청나라 수도 북경이 서양 외적의 침략을 받아 황제가 열하로 피난했다는 급보가 조선에 도착한 것은 1860년 섣달의 일이었다. 청나라와 공동 운명체였던 조선은 정세 파악을 위해 박규수를 포함한 사신단을 열하로 파견했다. 황제는 번거롭다면서 사신들을 열하에 오지 못하게 하는 대신 큰 상을 내리며 "이번 사행은 동국만 있었고 다른 나라는 오지 않았으니, 일심으로 사대(事大)하는 정성에 깊이 감탄했도다. 진짜 예의(禮義)의 나라이다."라고 일렀다.

사신단이 돌아와서 이 말을 전하자 철종은 "이 어렵고 위급한 때에 사대의 도리로 한 번 문안의 예는 있어야지."라고 대꾸했다.

조선 사신단은 열하의 황제를 만나지 못한 대신 북경의 청나라 문인들과 교류했다. 역대 조선 사신단이 북경에서 주로 하던 일이었다. 당시 양국 지식인들의 필담을 읽어 보면 학술 교류를 할 때만큼 신나는 일은 없어 보였다. 박규수 일행은 임무를 마치고 조정에 돌아와서 청나라에 별일이 없더라고 철종에게 보고했다.

그러나 두 차례 아편전쟁으로 청나라는 무너지기 시작했다. 그 사실을 정확히 알고 있던 조선 사람이 있었는데 바로 한국 최초의 가톨릭 신부 김대건이었다. 김대건이 남경조약에 관해 쓴 상세한 보고서가 있는데 안타깝게도 조선 임금은 읽지 못했다. 1842년 9월, 프랑스 신부에게 보낸 편지였다. 김대건은 조선 원정을 계획하고 있던 프랑스 군함의 통역원으로 아편전쟁 전투와 남경조약 체결 현장을 지켜봤다.

(중략)… 신부님도 아시겠지만 영국군은 여기서 강 오른편 연안에 있는 몇몇 도시와 상해를 함락시키고 남경으로 진격하였습니다. 도중에 성곽과 천연적 지형으로 방어된 도시도 점령하였는데 그 도시는 진강부(鎭江府)라고 불립니다. 이 도시의 왼편에 있는 제국 운하 근처로 강을 거슬러 올라가면 금으로 된 섬이라는 금산(金山)이 있습니다.

영국군이 남경에 도착해 그 도시 북쪽에 있는 산에 군대를 상륙시키고 그 도시를 점령하고자 했습니다. 중국 관리들은 이 광경을 보고 벌벌 떨면서 영국군에게 강화를 청하러 사자를 보냈습니다.

그래서 영국군은 이런 사실을 알고 사태를 짜임새 있게 수습하려고 저들의 제의를 받아들여 강화조약을 맺고 8월 29일에 조인하였습니다. 영국인들과 이 강화조약을 맺은 중국 측 고관들의 성명은 다음과 같습니다.

황제의 외숙부 기엔 씨

대청제국 전권대사 이리포 씨

달단군 장군 티 씨

강남 총독 뉴킹 씨

그 후 황제가 강화조약과 그 조건을 승낙한다는 내용의 칙서를 내렸습니다. 강화조약의 조항은 다음과 같습니다.

1. 중국은 영국에게 배상금 2천백만 원을 지불할 것.

2. 중국은 6개 항구에서 영국과의 통상을 승인할 것.

3. 영국은 북경 황제에게 대사를 파견할 것.

－『성 김대건 안드레아 신부의 서한』

양자강 강변에 서 있는 열강루는 주원장이 구축한 군사 요새였다. 아편전쟁을 끝내는 남경조약이 이 열강루 아래 강변에 정박해 있던 영국 군함에서 체결되었다.

    조선의 국왕은 아편전쟁과 남경조약에 관한 이만큼 자세한 보고서를 받아보지 못했다. 번역문만 봐서는 사실관계에 약간의 차이가 있지만 라틴어 원문을 볼 수 없어 김대건의 실수인지 번역의 문제인지 알 수 없다. 그러나 당시 중국이 처한 현실을 이해하는 데엔 문제가 없다. 김대건은 1846년 새남터에서 순교할 때까지 조선의 국왕이나 통치 계급에게 청나라가 영국에 무너진 형편을 알리지 못했다. 김대건이 자신을 "서양 여러 나라말에 능통하여, 가톨릭 신부지만 각 나라 언어로 통역 서비스를 제공할 수 있다."고 소개했으나, 조선의 국왕과 통치 계급은 김대건을 위험한 정치범으로 다루었을 뿐, 장차 대책을 논의할 상대로 여기지 않았다.

김대건이 사형당하던 무렵, 충청남도의 외딴 섬 외연도에 나타나서 1839년(기해년)에 프랑스 신부 세 명을 사형시킨 일에 대해 따졌던 프랑스 군함 함장 슬서이(瑟西爾)는 바로 김대건이 남경조약 체결 현장까지 통역 서비스를 제공했던 세실 함장이었다. 조선 조정에서 김대건을 너무 몰라본 것이다.

김대건의 옥중 편지에는 조선 조정이 '영국에서 만든 세계지도 한 장을 주면서 번역해 달라고 부탁'한 사실이 적혀 있다. 김대건이 화려한 여러 가지 색깔로 두 장을 그렸는데 이것이 그들의 눈에 들어 한 장을 국왕에게 바칠 것이라고 했다는데 당시 조선의 국왕 헌종이 그 지도를 받았다는 기록이 어디에도 나오지 않는다. 김대건은 또 대신들의 지시로 간단한 지리 개설서를 편찬하느라 분주했다고 한다. 편지에 적힌 대로라면 청나라가 남경에서 영국에 굴욕적 강화조약을 맺을 무렵 조선의 지배층에서도 당시의 국제 정세에 관해 관심을 기울인 파가 있었다는 것인데, 그들이 누구인지, 김대건에게 번역하게 한 영국판 세계지도와 김대건이 편찬한 지리 개설서는 어디로 갔는지 알 수 없다.

아편전쟁과 남경조약은 청나라와 조선, 일본의 운명을 갈랐다. 세 나라 모두 열강과 불평등조약을 맺고 강제로 개국 당했다. 그리고 몇십 년 동안 세 나라는 각각 다른 길을 걸었다. 청나라는 정치, 경제, 외교, 군사, 문화 방면에서 서양식을 따라 하는 양무운동을 일으켰지만 모든 전쟁에서 연전연패하며 영토를 떼어주기 바빴다. 일본은 막부시대를 끝내고 메이지유신을 통해 서양식 근대화를 추진하며 강대국의 반열에 들어갔다. 조선은 약소국이 되어 버린 청나라의 그늘에서 벗어나 황제의 나라를 칭했지만 얼마 못 가서 일본에 침략당했다.

태평천국의 도읍지

태평천국(1851~1864)의 '천국'은 기독교에서 말하는 바로 그 천국이다. 천왕 홍수전(洪秀全)은 상제(하느님)의 아들이자 예수의 동생으로서 이 천국을 다스린다. 상제는 천왕의 천부(天父)이기도 하고 천모(天母)이기도 하며 그때까지 상제의 외아들이었던 예수는 홍수전의 천형(天兄)이다.

흔히 태평천국을 한국 근대사의 동학과 비교하는데, 농민봉기라는 점에서는 닮았지만 위에 열거한 점만 보더라도 둘은 크게 다르다. 상제로부터 엄청난 권위를 부여받았다고 주장한 천왕 홍수전은 대규모 황궁을 짓고 봉건왕조에 버금가는 절대권력을 휘두르다 청나라 군대에 궤멸했다. 이 태평천국의 수도 천경(天京)이 남경이었다.

1853년 남경을 점령한 50만 태평천국 군사들은 모두 머리를 길게 풀어헤치고 있었다. 만주족의 청나라가 들어서면서 한족 남자에게도 변발을 강요하여 앞머리는 밀고 뒷머리는 길게 땋아 내린 지 200년이 지난 때라 청나라 측에서는 이들을 털북숭이 역적들이라고 불렀다.

태평천국 군대가 남경을 점령하는 과정에서 헤아릴 수 없이 많은 사람이 목숨을 잃었다. 직전 백만이 넘던 남경 인구가 15만으로 줄어든 것만 봐도 당시 참혹했던 사정을 충분히 헤아릴 수 있다. 개중에는 전투가 끝난 직후 태평천국의 '혁명 공약'에 반대하여 자결한 사람도 많았다. 특히 '위안부' 노릇을 강요받거나 가족을 해체하여 남자와 여자를 따로 수용하는 것을 견디지 못한 사람이 많았다. 태평천국군은 봉기 초기부터 남자와 여자를 격리하여 내왕을 금지했는데 이 군사화한 제도를 남경 사람들에게 적용하여 한순간에 가족을 해체해 버렸다. 재산몰수와 집단노동에 더하여 가족해체를 강요한 이 제도는 자결하는 사람들이 많아지자 2년 뒤에 폐지됐다.

한편 태평천국 동안 남경의 수많은 건축물이 파괴되었다. 입성 전투부터 시작해서 11년 통치 기간에 봉건풍의 건물을 훼손했으며 함락 때에도 청나라 군대와 공방전이 치열했기 때문에 파괴 정도는 돌이킬 수 없을 만큼 심했다.

태평천국은 남경에 도읍을 정한 뒤 여러 가지 신선한 정책을 펼쳤다. 그중에 남녀평등을 내세워 여자가 과거에 응시할 수 있게 하고 급제하면 관리로 뽑아 썼다. 이미 10만의 여군 전투부대를 보유하고 있던 태평천국으로서는 새로울 것도 없는 정책이었다. 그들은 술, 담배, 아편, 매춘을 모두 금했다.

남경에 입성한 뒤 그들은 모든 토지를 황상제(皇上帝) 하느님의 소유로 선포하고 천하의 경지는 천하의 사람들이 함께 경작한다는 원칙을 발표했다. 밭은 남녀 구분 없이 사람 수대로 분배하되 비옥하고 척

박한 땅을 반씩 섞어 배분했다. 그들은 음식도, 의복도, 금전도 함께 나누었다. 비록 시행 과정에서 완전 평등 세상을 이루지 못해 하층민의 불평을 산 것이 아쉽지만, 그 이념만큼은 중국 역사의 새로운 장을 열었다고 할 만큼 평등을 지향했다.

그러나 남경에 도읍을 정한 뒤로 태평천국은 급속히 쇠락해갔다. 지도층의 내분이 결정적 원인이었고 부패도 한몫을 했다. 그동안 청나라 군대는 전열을 가다듬어 남경성을 공략할 힘을 얻었다. 이 과정에 한족으로 구성된 부대가 큰 힘을 발휘했는데 여기서 증국번(曾國藩), 이홍장(李鴻章) 같은 한족 지도자가 탄생했다.

홍수전은 청나라 군대가 1864년, 남경을 함락하기 달포 전에 세상을 떠났다. 열다섯 살의 맏아들 홍천귀복(洪天貴福)이 뒤를 이었다가 남경이 함락될 때 성을 빠져나갔으나 얼마 지나지 않아 생포되어 처형되었다. 남은 군대가 8년 동안 계속해서 청나라 군대와 전투를 벌이다가 1872년에 최후를 맞이했다.

태평천국을 이끌었던 지도자들은 하나같이 젊었다. 홍수전(1814~1864)이 가장 나이가 많아 삼십대에 봉기하고 11년을 제위에 있다가 나이 오십에 죽은 것을 제외하면 거의 다 이십대에 봉기하고 삼십대에 전사하거나 처형당했다. 끝까지 항전했던 석달개(石達開)는 열여섯 살에 홍수전의 수하에 들어가 열아홉에 장군이 되었고 스물셋에 증국번의 부대를 전멸시켜 증국번이 자살을 시도하게 만들었으며 (부하들에게 구출됨) 서른둘에 사천성에서 전사했다. 석달개는 태평천국 지도자 중에 정의롭고 공정하며 용감할뿐더러 문학적 소양도 빼어난 실력자였다.

이보다 먼저 1865년 무렵 쫓기던 태평천국군의 일부가 청나라 군대를 피해 남아메리카로 이주했다. 정확한 숫자를 알 수 없지만 적게는 1만 명에서 많게는 3만 명에 이르는 군사들이 초석탄광 계약직 노동자가 되기 위해 광동성에서 배를 탔다. 탄광에서 부당한 대우를 받던 이들은 1867년 봉기하여 페루 군대와 싸웠고, 이후 초석전쟁(1879~1883)에 참전하여 칠레가 승리하는 데 결정적 역할을 했다. 현재 칠레 북부 이키케(Iquique) 지역에는 태평천국 군사들의 후예 10여만 명이 살고 있다.

금룽기기제조국

이 이야기의 시작은 아편전쟁 10년 후의 태평천국이고 끝은 청일전쟁이다. 태평천국은 청나라를 뿌리째 흔들었다. 청나라 정규군인 만주 팔기는 북쪽으로 천진까지 치고 올라온 태평천국군에 대항할 능력이 없었다. 아편 판매까지 독려하며 아편세를 거두었지만 청나라 조정에서 가장 꺼리던 지방의 관제 의병에 기댈 수밖에 없게 되었다. 이때 증국번 주도로 성립된 호남성의 상군(湘軍)은 태평천국군을 섬멸한 뒤에도 청나라에 대항하던 다른 농민봉기를 진압했다. 만주족 중심이던 청나라 병권이 한족에게 넘어가게 되었다. 이 군대는 신해혁명 후에도 지방 세력으로 할거하다가 국민당 정권하에서 중앙 정부군에 편성되어 항일 전선에 투입되었다. 이후 국공내전에서 공산당의 인민해방군에 패하면서 소멸되었다.

한편, 상해를 중심으로 활약하던 태평천국군에 대항할 부대가 필요했던 증국번이 1862년, 이홍장에게 회군(淮軍)을 모집하게 했다. 회군은 주로 영국 군함을 타고 영미 연합군과 함께 상해에서 남경 구간을 오가며 싸워서 전과를 올렸다.

태평천국이 무너져 의병 봉기의 목표가 달성되자 증국번은 자진해서 상군 감축을 시도했다. 30만에 이르던 상군을 몇 달 만에 2만 5천까지 감축한 주된 이유는 조정의 오해를 피하려던 것이었지만, 비대해진 상군 내부의 분열이 시작되기도 했고 유지비용을 감당하기 이려웠던 면도 있었다. 그런데 이홍장의 회군은 크게 감축되지 않았다. 상군 본진에 비해 규모가 작았고, 서태후가 이끌던 청나라 조정에서 이들을 신식 군대로 양성하려 했기 때문이다. 상군 본진은 규율 엄수가 최우선이던 구식 군대의 전형인 데 비해 이홍장의 회군은 외국 군대와 작전하면서 기술력을 최우선으로 삼았기 때문에 신식 군대로 바꿀 여지가 있었다. 회군은 이홍장의 지휘 아래 북양해군으로 변모하여 청일전쟁에 투입되었다가 전멸했다.

태평천국과의 전쟁에 큰 공을 세웠지만 증국번과 이홍장은 사병을 기를 기회를 포기하고 청나라 부흥에 전념했다. 이홍장은 증국번을 양무운동의 스승으로 섬기며 증국번과 함께 청나라의 신식 군대를 양성하고 서양식 무기를 제조했다. 아편전쟁에서 영국 군함과 대포의 위력을 실감했던 증국번은 태평천국과 전쟁이 한창이던 1860년, 안휘성 안경(安慶) 근교에 청나라 최초의 신식 무기 공장인 군계소(軍械所)를 세웠고, 여기서 생산된 무기를 상군에 공급하여 안경성을 수복할 수 있었다. 양자강 중류의 요새 안경성을 잃은 태평천국군은 무너지기 시작했다. 1864년, 남경에 입성한 증국번은 이 공장을 남경 시내로 확장 이전하고 증기선도 건조했다. 지금도 군계국이란 이름이 남아 있는 이 동네는 공원이 되어 있다.

한편 이홍장이 이끌던 회군이 쓰던 대포는 주로 송강(松江)과 소주(蘇州)에 세운 공장에서 생산했는데, 1865년 증국번의 지원을 받은 이홍장이 이 공장을 남경으로 확장 이전했다. 이 공장이 바로 청나라 말에 설립한 대규모 신식 군수 공장 금릉기기제조국이다. 이후 천진 기기국과 더불어 북양해군에 공급하는 서양식 무기를 주로 제조했다.

초기 이 공장의 책임자는 영국 군의관 출신으로 이홍장의 통역사 노릇을 했던 매카트니 할리데이(Macartney Halliday)였다. 그는 중국어를 할 수 있었기 때문에 이홍장의 구매 대행인으로 영국, 독일, 스위스 등지에서 기계를 사들였지만 무기 제조 전문가는 아니었기 때문에 불량품을 생산하는 등 한계를 보였다. 이홍장은 그를 해고하고 다시 출발했다. 조정에서 더 많은 예산을 따내고 외국인 전문가를 고용하여 신형 무기를 만들었다. 이 무기들은 1883년에 발생한 프랑스와의 전쟁에서 위력을 발휘했다. 그러나 1894년 청일전쟁에서 북양해군이 일본에 패하자 금릉기기제조국의 명성에 금이 갔다. 부국강병이라는 이홍장의 꿈도 깨졌다.

이 공장은 1911년 신해혁명 후 중화민국의 무기 공장이 되었다가 1937년 중일전쟁 때 남경이 함락되자 일본군의 무기 공장이 되었다. 일본 패망 후 중화민국의 공장으로 회복되었다가 국공내전 후 인민해방군의 군수 공장이 되었다.

이 공장 터는 2007년, 공원으로 바뀌어 무료 개방 중이다.

총독과 총통

중국의 관광 명소 중에 신분증을 제출하고 입장권을 사야 하는 곳이 몇 군데 있다. 구입한 입장권에는 신분증 번호와 이름이 새겨져 있다. 입장권 실명 구입제도를 운영하는 곳은 중국 전역에서 열 손가락 안에 꼽히는 명소들인데 휴일에는 입장객 수를 제한해야 할 정도로 사람들이 많이 몰린다.

남경에서 이 제도를 운영하는 곳은 총통부 한 곳이다. 현재 정식 명칭은 중국근대사박물관으로 근대사 유적지를 박물관으로 활용하고 있는 곳이다. 남경을 찾은 외지인이라면 유서 깊은 총통부는 꼭 들러보기 때문에 늘 사람들로 북적인다. 현재 남경시 도심에 있는 총통부의 면적은 5만m²로 축구장 일곱 개 크기이다. 그러나 수많은 건물과 연못, 화단으로 이루어져 있기 때문에 약 6천 명 이상 입장하는 순간 안전관리에 들어간다.

관광객들이 몰리는 이유는 이곳이 중국 근현대 정치의 중심지로서 굴곡진 역사를 고스란히 증언하기 때문이다. 이곳은 태평천국의 황궁이었을 뿐 아니라 임시 대총통 손문이 이끌던 중화민국 임시정부 청사였고, 이후 장개석이 이끄는 국민정부 청사였다가 1949년 4월, 양자강을 건너온 공산당 인민해방군에게 접수되었다.

공산당 정권하에서 이곳은 강소성 인민정부 등 20개 넘는 기관이 들어와 1천 명 넘는 인원이 근무하던 관공서 집결처가 되었다. 1980년대 초, 개혁개방의 바람을 타고 총통부의 대외개방안이 마련되었고, 16년에 걸친 관공서 이전 작전이 실시되었다. 다시 5년 넘는 개수

작전 끝에 2003년, 중국근대사박물관으로 문을 열었다.

총통부 땅은 원래 남조 황궁 터였으나 수나라의 남북통일 전쟁 때에 완전히 파괴되었다. 그 뒤 명나라 초기에 제후왕의 저택이 들어섰다. 저택의 첫 주인은 원나라 말기 농민 봉기군의 지도자 중 주원장과 끝까지 자웅을 겨루다 전사한 진우량(陳友諒)의 아들 진리(陳理)였다. 주원장은 천하의 인심을 얻으려, 자신에게 패한 경쟁자의 아들에게 저택을 지어줬으며, 또 다른 봉기군 지도자 명옥진(明玉珍)의 아들 명승(明升)에게도 비슷한 혜택을 내렸다. 1372년, 주원장은 생각을 바꿔 스무 살 진리와 열다섯 살 명승을 고려 땅에 옮겨 살게 했다. 공민왕은 이 둘을 맞이하여 우대해 주었고, 고려를 이은 조선에서도 이들에 대한 예우는 계속됐다. 이 중 명승의 후손은 한국의 연안 명씨를 이루었다.

진리가 고려로 떠난 뒤 이 저택의 주인은 주원장의 손자 한왕(漢王) 주고후(朱高煦)로 바뀌었다. 주고후가 자신의 조카 선종(宣宗)에게 반란을 일으켰다가 처형된 뒤에 이 집 주인은 주고후의 매부로 바뀌었다. 청나라에 들어와서 이곳은 황제 전용 비단을 짜던 강녕직조서와 지방관청 양강총독서(兩江總督署)가 들어섰고, 북경에서 황제가 내려오면 행궁으로 썼다.

1853년, 태평천국 천왕 홍수전이 여군 1만 명을 동원하여 이 자리에 천왕궁(天王宮)을 지었으나, 1864년 청나라 군대의 남경 탈환 때에 철저히 파괴되었다. 1871년, 증국번의 감독 아래 양강총독서 건물의 중건이 진행되어 그해 연말에서 1872년 초 사이, 증국번의 집무실과 자택, 정원 등, 모두 1,189칸이 완성되었다.

청나라의 양강 지방은 지금의 강소성과 안휘성 및 강서성을 이른다. 물산이 풍부하고 정치 중심지인 남경이 들어 있어 청나라 조정으로서는 중점 관리 대상이었다. 청나라가 망할 때까지 72명의 총독이 파견되었는데, 모두 중요 인물들이었다. 그중 증국번은 태평천국과 전쟁이 한창이던 1860년과 전쟁이 끝난 1870년 두 차례 양강 총독으로 파견됐다. 첫 부임 때는, 원래의 양강총독부가 전쟁으로 파괴되어 다른 관아 건물을 총독부로 썼으며 두 번째 부임 때에 중건했다. 그러나 그는 완공 단계에서 세상을 떠나 중건된 총독부에 오래 머물시 못했다.

태평천국과의 전쟁에서 승리한 증국번은 양강 총독 재임 중, 북쪽에서 봉기한 염군(捻軍)을 진압하러 1865년부터 1866년에 걸쳐 남경을 떠나 있었으며, 그동안 이홍장이 증국번을 대리하여 양강 총독직을 수행했다. 열두 살 차이로 사제 간인 이 두 사람은 태평천국군과 직접 전투를 벌여 마침내 승리한 뒤 청나라 부흥 작전 동치중흥의 주역으로 떠올랐다.

호남성 출신의 증국번과 안휘성 출신의 이홍장이 어떻게 사제지간이 되었을까? 이십대 초반, 북경에서 과거 공부를 하던 이홍장은 1845년에서 1846년 사이에 '연가자(年家子)' 신분으로 증국번의 지도를 받아 1847년에 대과에 급제했다. 연가자는 '과거 급제 동기의 자제'라는 뜻으로 증국번과 이홍장의 아버지는 과거 급제 동기였다. 증국번은 이홍장의 재능과 인품을 한눈에 알아보고 '장래에 크게 쓰일 인재'라고 칭찬했다. 이홍장도 이후 일생을 두고 스승 증국번을 존경하며 따랐다.

증국번은 성리학과 경학에 밝았을 뿐 아니라 경세치용을 주장하던 실학파로서 황제에게 중용되어 사십 대에 고위직에 올랐다. 변화에 민감하고 판단이 빨랐던 증국번은 현실 국면에 대한 이해와 형세 파악 능력이 뛰어났다. 태평천국군이 청나라 영토의 절반쯤을 차지하며 파죽지세로 올라올 때 증국번은 고향에서 부친 시묘를 살고 있었다. 증국번은 전형적인 선비였지만 조정의 군사 모집에 바로 응하여 의병을 일으키고 군대를 친히 지휘했다. 여러 차례의 시행착오와 고비를 넘기며 태평천국군과 싸우는 10년 동안 증국번의 부대는 청나라 정부군 지위에 오르며 마침내 남경성을 탈환했다. 전쟁에서 승리한 증국번은 부국강병을 위해 양무운동을 일으키고 신식 무기와 서양 학문 도입에 앞장섰다. 대세가 변하던 그때 대부분의 관료와 선비들이 편견과 아집에 사로잡혀 있었지만, 증국번은 달랐다. 과거에 응시하지 않겠다는 맏아들과 둘째 아들에게 서양 학문을 공부할 수 있도록 스승을 찾아주면서 젊었더라면 자신도 과학을 공부했을 것이라고 두 아들을 부러워했던 것만 봐도 증국번이 얼마나 유연한 사고방식을 지니고 있었는지 잘 알 수 있다. 이홍장은 그런 스승의 길을 그대로 따라 청출어람 소리를 듣기도 했다.

1872년 이른 봄, 증국번은 남경 양강총독부 내 서쪽 정원 화청(花廳)에서 정좌한 채 세상을 떠났다. 그가 죽고 40년 후 청나라는 망했다. 1912년 1월 1일 임시 대총통에 취임한 손문은 남경을 수도로 정하고 양강총독부에서 집무를 시작했다.

총독부에서 총통부로 이어지는 역사는 남경 말고 대만에서도 찾을 수 있다. 1949년 말, 장개석은 대량의 중앙은행 설립용 황금을 들

신해혁명으로 황제 중심의 제국이 공화정으로 바뀌면서 중국에 총통제가 도입되었다. 최초의 총통 손문이 중화민국 수도 남경에 마련했던 임시 집무실이 장개석 시대에 이르러 확장 개조되어 총통부가 되었다.(邵世海 사진)

고 대만으로 피해 갔다. 장개석은 대만에서 개수관(介壽館)을 총통부로 썼다. 개수관은 원래 일본의 대만총독부 건물이었다. 미군 공습에 파괴된 이 건물을 일본 패망 후 수리하면서 마침 맞이한 장개석의 환갑을 기념하여 개수관이란 이름을 붙였다. 장개석 총통은 1975년 87세의 일기를 마감할 때까지 이 건물에서 집무했다. 대만총독부 건물은 당시 일본돈 281만 엔을 들여 7년간의 공사 끝에 1919년 3월, 완공했다. 10년 넘게 675만 엔을 들여 1926년에 완공한 서울의 조선총독부 건물은 해체되었지만, 이 건물은 아직도 대만의 총통부로 남아 있다. 민진당이 집권하던 2006년에 개수관 현판을 뗀 채로.

남경의 총통부는 휴관일인 월요일을 제외하고 늘 사람들로 붐빈다. 개중에는 대만에서 온 관광객들이 많다. 수도 남경을 잃고 대만으로 건너갔던 장개석과 국민당을 지금까지도 열렬히 지지하는 연배들이 많지만 젊은이들도 많다. 통행증만 발급받으면 자유롭게 오갈 수 있을 뿐더러 유학과 사업, 결혼이 얼마든지 가능한 대륙에서 새로운 희망을 꿈꾸는 대만 젊은이들이다. 이들을 보고 있으면 머지않아 남북한도 이 수준으로 교류하게 될 수 있을까? 부러운 마음부터 든다.

손중산의 남경 임시정부

청나라는 아편전쟁 이후 10년이 지나지 않아 남쪽에서는 태평천국의 공격을 받았고 이어서 북쪽에서는 의화단과 제2차 아편전쟁을 일으킨 영국-프랑스 연합군의 공격을 받았다. 사력을 다해 남경을 탈환하고 양무운동을 일으켜 국운을 회복하려 했지만 제대로 실행하지 못해 마침내 청일전쟁에서 패하고 말았다. 청나라의 왕당파들이 일본

메이지유신의 존왕양이파들처럼 무술변법을 시도했지만 수구파의 정변으로 백일유신에 그쳤다. 그 뒤 대국 청나라가 망할 때까지 10여 년 동안 뜻있는 사람들이 혁명을 준비했다. 그 혁명파들에게 태평천국의 예는 좋은 본보기가 되었다.

중국의 봉건왕조를 무너뜨린 신해혁명은 일종의 명예혁명이다. 단두대에서 국왕과 왕비의 목을 날린 프랑스혁명과 달리 황실을 우대하는 조건으로 황제는 피 한 방울 흘리지 않고 물러났다. 그러나 이때 피 한 방울 흘리지 않은 것은 황제와 황실 사람들일 뿐, 1911년(신해년) 10월 무창(武昌)봉기를 기점으로 중국 전체에 확산된 정부군과 혁명군의 전쟁은 수많은 목숨을 앗아갔다.

1912년 2월 12일, 어린 황제를 대신하여 전임 광서제의 황후였던 융유(隆裕) 태후가 내각총리대신 원세개(袁世凱)에게 입헌공화국 체제의 중화민국을 세우라는 조서를 내렸다. 그런데 원세개는 그 명령을 바로 따를 수 없었다. 입헌을 맡을 입법 기구는 간접선거를 통해 해결한다 치더라도 그보다 한 달 먼저 남경을 수도로 하는 공화국이 세워져 있었기 때문이다. 이 공화국은 양자강 이남 지역을 대표하는 참의원에서 세운 중화민국 임시정부로 그 수반은 신해혁명 주역 중국동맹회의 지도자 손문이었다. 양자강 북쪽에 참의원이 구성되어 통일 공화국을 세울 때까지의 임시 대총통이었다.

손문은 한때 자신을 제2의 홍수전이라 부를 만큼 태평천국을 중요한 역사적 계기로 생각했다.

주원장과 홍수전은 평민으로 봉기하여 남경에 도읍했는데, 주원장은 성공했다고 하고 홍수전은 실패했다고들 한다. 이는 모르고 하는 말이다. 정권의 성패로 영웅호걸을 논할 수 없다. 50년 전의 태평천국은 바로 민족혁명의 대표이다. 민족혁명이 전제정치로 이어지는 바람에 혁명이 성공하지 못했을 뿐이다. 홍수전은 민족만 알고 민권을 몰랐으며, 군주제만 알고 민주제를 몰랐던 것이다.

혁명군 사령관으로 혁명전쟁을 수행하고 중국 최초의 공화국 총통이 된 손문은 미국의 초대 대통령 워싱턴에 비견되어 국부라고 불렸다. 총통과 대통령은 모두 미국 행정부 수반 President의 번역어이다. 신해혁명 초기 입헌공화정 체제로서 내각제를 주장하는 파가 있었지만 손문과 원세개 모두 미국식 제도를 밀어붙였다.

신해혁명이 일어나기 전 중국의 정파는 대개 세 부류로 나뉘어 있었다. 이 중에서 강유위(康有爲)와 양계초(梁啓超)가 이끌던 입헌군주제 지향의 왕당파와 이홍장이 양성했던 북양군 출신의 원세개 등이 이끌던 개혁 군벌파들은 기득권층의 이익을 더 많이 대변하고 있어 온건한 개혁을 원했다. 이에 비해 평민 출신이자 양의(洋醫)였던 손문이 이끌던 혁명파는 훨씬 더 급진적이어서 무장투쟁으로 청나라를 정복하고자 했다.

비밀결사 조직을 만들어 혁명을 준비하던 손문은 좀 더 안전한 해외로 나가 홍중회를 조직하는 등 세력을 확장하는 한편 땅덩이가 넓은 중국에 적당한 공화정 제도로 소련과 미국의 연방제와 비슷한 합중정부를 구상했다. 손문은 무술변법에 실패하고 일본으로 도피했던 왕당파 강유위와 양계초 등에게 합작을 제안했지만 거절당했다. '혁명'은 안 된다는 것이 거절의 이유였다.

1905년 유럽 유학생 및 국내 각 혁명단체와 연계한 손문은 홍중회를 해체하고 중국동맹회를 조직했다. 동맹회는 손문을 총리로 추대하고 청나라를 전복하여 중화민국을 수립하며 토지를 균분할 것을 혁명강령으로 채택했다. 손문은 혁명 성공을 '황제 한 사람의 천하가 소멸되고 인민의 천하가 되었다'는 뜻의 '천하위공(天下爲公)'이란 한마디로 정리해냈다. 그리고 중화민국은 '민족, 민권(민주), 민생(복지)'의 삼민주의를 표방할 것을 선언했다.

신해혁명의 최초 봉기가 무창에서 일어난 뒤 중국 각 지역에서 봉기가 잇달았다. 그 무렵 대다수 사람은 중국에 공화정이 출범한다면 수반은 원세개가 되어야 한다고 여겼다. 여기에 반대한 중국 남부 중심의 동맹회 쪽에서 한발 앞서 입법기구 참의원을 세우고 17개 성 대표가 모여 손문을 임시 대총통으로 뽑았다. 중국에서 직접, 보통 선거로 입법기구를 수립한 것이 1948년의 일이므로 그전까지는 불완전한 민주제가 실시되어 모든 여자는 참정권이 없었고, 남자라 하더라도 재산이나 소득이 없으면 선거에 참여하지 못했다. 따라서 초기에는 총인구의 약 10%만 투표에 참여했다. 몇천 년 내려온 군주제가 하루아침에 민주공화제로 바뀌기엔 어려움이 많았으므로 공화제가 먼저 실시되고 민주제는 몇 단계 과정을 거쳐 도입되었다.

미국에 있던 손문은 대총통에 취임하기 위해 바로 귀국했다. 1912년 1월 1일(음력 1911년 신해년 11월 13일) 아침, 상해에서 열차 편으로 출발한 손문이 그날 저녁 환영 인파가 기다리고 있던 남경 양강총독부 역에 도착했다. 이어서 밤 11시, 총통 취임식과 임시정부 수립 선포식이 양강총독부 서화원에서 거행됐다. 손문 정권은 미국식 3권 분립제가 중국 현실에 맞지 않는다고 여겨 행정, 입법, 사법, 감찰, 국가고시의 5권 분립제를 채택했다.

그런데 남경에 들어섰던 손문의 중화민국 임시정부는 중국 절반의 정부였고, 청나라 황제도 퇴위 전이어서 정국은 불안했다. 손문은 북경의 원세개를 향해 5개 조항의 약조를 제안했다. 그 골자는 황제가 대내외적으로 공개 퇴위하고 원세개가 공화정 실시를 약속하면 손문이 퇴위하겠다는 것이었다. 원세개가 이 조건 외에 동맹회 인사를 내각에 참여시키기로 약조함으로써 남북 대결이 끝나고 북경에 통일 정부가 들어서게 되었다.

1912년 4월 1일, 91일 임시 대총통 자리에서 물러난 손문은 이틀 뒤 남경을 떠났다. 그 뒤 공화정 약조를 지키지 않고 황제에 오른 원세개 및 군벌들과 싸우던 중 1925년 3월, 간암으로 세상을 떠났다. "혁명이 아직 완성되지 않았으니 동지들은 계속 노력해 달라"는 유언을 남겼다.

북경 중앙공원에서 열린 추도식에는 75만 명의 조문객이 몰렸다. 평소 자신이 죽으면 손문은 레닌의 유해가 그러하듯 자신의 유해도 잘 보존된 상태에서 인민과 늘 만나게 되기를 희망했지만, 소련으로부터 유리관 도착이 늦어지고 방부 처리가 잘되지 않았던 까닭에 뜻을 이루지 못했다. 대신에 중국 최초로 설계 공모를 통해 남경 자금산 주원장의 효릉 근처에 8만m²에 이르는 중산릉이 조성되었다.

손문이 세상을 떠난 때에는 중국에 군벌이 할거하고 있었지만 장례식 때에는 손문의 유지를 받든 국민당의 국민혁명군이 북벌 전쟁에 승리하여 통일 국가를 이룬 뒤였다. 4년 동안의 묘지 조성 공사 동안 북경의 한 사찰에 안치되었던 손문의 유해는 특별 열차 편으로 남경에 도착하여 새로 조성된 중산로를 따라 중산릉으로 옮겨졌다. 성대한 봉안식이 거행된 것은 말할 것도 없다. 이후 묘지 조경 공사가 다시 2년 동안 이어졌다. 묘비에는 '중국 국민당에서 총리(총재) 손 선생을 이곳에 장사시내다'라는 글귀가 새겨졌다.

중산릉은 현재 무료로 개방 중이다. 남경을 찾는 관광객들이 가장 많이 찾는 명소로서 휴일 참배객이 많을 땐 하루에 30만 명이 몰려 이동통신이 불통되기도 한다.

손문이 공화국의 꿈을 이룬 도시 남경에는 중산릉 말고도 '중산'이란 지명이 많다. 게다가 가장 번화한 네거리에 손문의 동상이 서 있다. 남경뿐만이 아니다. 중국 도시마다 중산공원, 중산로가 있으며 그의 고향은 아예 중산시가 되었다. 국민당의 창당 지도자이면서 국공합작을 제안하여 공산당에 문호를 개방했던 그를 잊지 않고 있다. 1923년, 광주(廣州)에서 육해군을 재건한 손문이 혁명정부 대원수로서 설계했던 중산복을 그 뒤로 모택동을 비롯한 공산당 지도자들이 더 많이 입은 것만 봐도 손문의 영향력을 실감할 수 있다. 모택동은 특히 1949년 10월 1일, 북경 천안문에서 중산복을 입고 중화인민공화국 수립을 선포했다. 이 옷은 북한의 인민복으로 아직도 그 최고 지도자들이 공식 석상에 입고 나온다.

신해혁명에 참여했던 신규식이 조국 광복을 목적으로 동제사를 조직하자 손문이 전적으로 지원했다. 손문은 1919년 대한민국 임시정부 수립을 도왔고, 1921년 광동호법군정부 비상 대총통으로 대한민국 임시정부를 승인했다. 또 중국육군사관학교에 조선인 입학을 허가하여 무장 군대 양성의 기반을 마련해 주었다. 이에 1962년과 1968년, 그에게 대한민국 건국훈장 대한민국장이 수여됐다.

군정, 훈정에서 헌정을 향하여

신해혁명으로 중국의 몇천 년 군주제가 무너지고 입헌공화국이 들어섰다. 공화혁명의 지도자 손문은 중국에 완전한 입헌공화국이 들어서기까지 두 단계를 거쳐야 한다고 상정했다.

첫 단계는 군정(軍政)이다. 군주제는 무너졌어도 수구 군벌이 각 지역에 버티고 있는 상황에서 통일이 될 때까지 무장 혁명을 이어가는 시기이다. 둘째 단계는 훈정(訓政)이다. 중국의 광대한 영토와 수많은 인구를 감안할 때 통일이 되어도 모든 지역에서 높은 수준의 자치가 이루어지기는 어렵다. 따라서 국민당 조직을 중심으로 국민을 훈도하고 국민의 정치 능력을 키워 자치 공화정으로 나아가는 실험 기간이 필요했다. 자치 실험은 해당 지역 유권자가 자치단체장을 뽑거나 파면하고, 직접 입법하거나 입법기관에서 통과시킨 헌법과 법률을 부결시키는 것이 목표였다. 쟁의가 일어날 소지가 많은 기간이므로 중국 절반에서 자치가 실현되었을 때 셋째 단계인 헌정(憲政)으로 넘어가게 했다.

군정은 북벌 전쟁에서 승리한 1928년에 종결되고 이어서 훈정 시기로 들어갔지만, 실제로는 국민당 전제 기간이었다. 광동성 같은 경우 자치제가 발전하기도 했지만 공산당과 내전에 이어 일본의 침략을 받았기 때문에 자치 실험은 제대로 시행되지 못했다. 국민당 중심으로 외우내환을 극복한다는 명분 아래 인민의 권리가 제한됐다. 훈정 기간이 필요 없다고 여긴 사람들도 많았다. 호적(胡適)은 '수영을 배우려면 물에 들어가서 수영을 해야 배울 수 있는 것처럼 헌정을 배우려면 헌정을 실시해야 배울 수 있다.'면서 하루빨리 헌정으로 넘어가야 한다고 주장했다.

손문이 세상을 떠난 상태에서 중국의 훈정을 책임지고 이끈 사람이 장개석이다. 국민당 우파였던 장개석은 국민혁명군 총사령관으로 북벌 전쟁을 승리로 이끈 뒤 1927년 4월, 정변을 일으켜 국민당 좌파와 국공합작 중이던 공산당을 공격하고 남경 국민정부를 세웠다. 이후 세상을 떠난 1975년까지 국민당과 군대, 정부를 장악했다. 그동안 여러 차례에 걸쳐 최고 통치 직에서 스스로 물러나기도 했지만 그것은 고비를 넘기기 위한 전술이었을 뿐 한 번도 권력을 놓은 적이 없었다.

남경의 총통부는 1948년 5월, 20년 동안 훈정을 끝내고 헌정을 시작하는 시점에 성립되었다. 1912년에 손문 임시 대총통이 91일 동안 이끌었던 중화민국 임시정부 청사를 장개석 주석의 국민정부가 이어받아 썼다. 1937년 12월 일본의 남경 점령으로 훈정의 국민정부 청사는 중경까지 옮겨갔다가 1946년 환도 시에 다시 원래 자리로 돌아왔다. 이후 공산당과 내전에 들어간 국민정부는 여론에 밀려 헌정 전환을 선포하면서 주석제를 총통제로, 국민정부를 총통부로 고쳤다.

이후 채 1년이 못 된 1949년 4월 23일 밤, 공산당 인민해방군이 남경에 들어왔다. 양자강을 건넌 해방군은 모두 백만 명, 국민당 부대는 이미 남경에서 철수한 뒤였다. 다음날 새벽 6시 50분, 총통부가 점령되었다. 장개석은 이미 1월에 총통 자리에서 물러나 남경을 떠나 있었다.

총통부를 점령한 부대는 1948년 9월, 국민당 부대 2만 명을 이끌고 인민해방군 쪽으로 넘어온 오화문(吳化文)의 제35군이었다. 이 부대가 내부 수색을 마친 오전 10시경, 백만 대군의 사령관 진의(陳毅)와 유백승(劉伯承), 등소평(鄧小平)이 총통부에 당도했다.

며칠 뒤 도착한 인민해방군 종군 사진기자가 상부의 허락을 얻어 총통부 점령 순간을 연출하여 사진으로 남겼다. 오화문의 제35군은 4월 30일, 다음 작전을 수행하기 위해 절강성 금화(金華) 방면으로 이동했다.

분단국 중국

'평화 통일', '1국 2체제'. 남북한 이야기가 아니다. 1949년, 3년간의 내전 끝에 둘로 분단된 중국 이야기다.

1945년 8월, 항일전쟁에 승리한 국민당과 공산당은 중국의 패권을 다투다가 1946년 6월, 내전을 시작했다. 그보다 한 달 먼저 주은래를 비롯한 중국공산당 대표단이 연안(延安)을 떠나 남경에 도착했다. 평화협상을 통해 내전을 막으려는 시도였다. 이들은 장개석 총통부 인근 매원(梅園) 신촌에 3채의 집을 빌려 장기 협상에 들어갔다. 이들은 적진 중심에서 열 달 동안 거주하며 협상을 이어갔으나 협상은 끝내

결렬되었다. 1947년 3월 이들이 남경공항에서 연안으로 떠난 뒤 내전은 전면전으로 확대되었다. 온갖 감시와 협박 속에 협상을 이어갔던 이들이 거주했던 3채의 집은 현재 원형 그대로 보존되어 있다.

1949년 10월 1일 북경 천안문에서 열린 중화인민공화국 수립식은 공산당의 승리를 의미했다. 12월 7일, 총통부에서 중화민국 정부를 대만으로 옮긴다고 발표했다. 정확한 숫자를 알 수 없지만 국민당 군대 몇백만 명이 전사했고 민간인도 몇백만 명이 희생된 치열한 내전이었다. 원래 숫자가 적었던 공산당 부대는 국민당 쪽보다 희생이 적었다. 이 내전을 공산당 쪽에서는 조국해방전쟁이라고 부른다. 심각한 상처를 남긴 전쟁 끝에 분단된 대륙과 대만은 서로 잃은 땅을 회복한다는 명분 아래 군사 대결과 첩보전을 계속했다.

1979년 1월 1일, 대륙의 전국인민대표대회(국회) 상무위원회는 다섯 번째 '대만 동포들에게 고하는 글'을 발표하면서 '평화 통일'과 '1국 2체제'를 언급했다. 대만을 향해 더는 포탄을 날리지 않을 테니 '역사가 우리 세대에게 부여한 통일이라는 신성한 책임'을 완수하여 위대한 통일 조국을 이루자고 했다. 1972년에 나온 남북한 74공동성명보다 늦긴 했지만 대륙과 대만이 군사 대결을 종식하고 평화 통일을 이루자는 뜻을 담고 있었다.

1979년 1월 1일은 중국과 미국이 외교 관계를 수립한 날이기도 하다. 중국이 자본주의 국가와 수교한 과정을 보면 1964년에 프랑스와 국교를 맺은 뒤로 잠시 소강상태에 들어갔다가 1972년에 들어 영국, 일본, 서독과 속속 수교했다. 미국도 닉슨이 1972년 초에 북경을 방문하면서 그해에 수교하는가 했으나 워터게이트 사건으로 닉슨이 궁지에 몰리면서 해빙 중이던 중미 관계가 다시 얼어붙었다. 중미 수교 직후 등소평이 미국을 공식 방문했다. 중국은 이들 국가와 수교하면서 대만과의 단교를 요구했다. 대륙 정부는 이미 1971년, 유엔 가입에 성공하면서 그동안 중국을 대표해 왔던 대만을 유엔에서 몰아냈다.

1975년, 장차 대륙에 돌아가 묻힐 테니 관을 땅에 묻지 못하게 한 장개석이 죽었고, 1976년 모택동도 죽었다. 내전의 두 책임자가 떠난 뒤 미국과도 수교한 마당에 1국 2체제로 평화롭게 살자는 이야기가 나왔지만 내전의 상처가 워낙 컸기 때문에 몇 년을 더 지나서야 양쪽의 교류가 시작되었다.

1987년, 대만에 계엄이 해제되면서 양쪽 민간인 교류가 본격화됐다. 이듬해 1988년, 대륙을 방문한 대만 사람이 연인원 45만 명이었다고 하니 교류의 추세가 대단했음을 짐작할 수 있다. 교류는 계속 늘어나 2017년에는 대만 사람 약 6백만 명이 대륙을 방문했다. 대륙에서 대만을 방문한 숫자는 1988년에 몇백 명에 불과했지만 2014년에 4백만 명을 돌파했다가 대만 여행을 제한하면서 2017년 3백만 명으로 줄었다. 1987년부터 양쪽에서 왕래한 연인원은 1억 명이 넘는다는 통계도 있다. 2003년에는 대만에서 대륙을 향하는 전세기 항로가 뚫렸고 2008년 12월에는 직항로가 개설되었다. 현재 매주 대륙과 대만을 오가는 890개 항공편이 운항되고 있다. 남경과 대만 사이에는 하루 두 편의 정기항로가 개설되어 있다.

2018년 8월, 중국과 몇 km 떨어져 있지 않은 대만의 진먼(金門)에 대륙의 담수가 공급되기 시작했다. 진먼은 연간 강우량이 적어 지하수나 해수를 정수하여 식용해 왔는데 해저 파이프라인을 통해 대륙의 담수를 구입하면서 수돗물 가격이 4분의 1로 떨어졌다. 1970년대 말까지만 해도 진먼은 섬 전체가 요새였을 뿐 아니라 실제 전투가 벌어지던 국경이었지만 이제 그런 일은 없다. 지상과 지하의 요새는 대륙 사람들이 자주 찾는 관광지가 되었고 대륙에서 날아왔던 포탄 껍질로 기념품을 만들어 팔고 있다. 152mm 포탄 껍질 한 개로 중국식 부엌칼 60개를 만들 수 있다고 한다.

현재 대륙과 대만 사람이 결혼한 부부는 수십만 쌍에 이르고, 유학생이나 사업 교류도 빈번하다. 그러나 아직 1국 2체제가 완성되지 않았기 때문에 대륙과 대만 사람은 양쪽을 오갈 때 통행증이라는 특수한 여권을 발급받아야 한다. 그동안은 목적지에 도착한 뒤 공안국에 숙박 또는 거주 신고 절차를 밟아야 했으나 2015년부터 전자 통행증으로 대체되어 그럴 필요가 없어졌다. 대만 사람들은 목적지 신고 절차 없이 대륙을 국내 여행하듯 오갈 수 있다.

장개석은 1949년, 대만으로 떠나면서 길어야 3년 안에 남경으로 환도하겠다고 장담했으나 그런 일은 일어나지 않았다. 그렇다고 해도 분단국가 중국은 교류에 성공했다. 그중에서도 중화민국의 수도였던 남경은 그 교류의 중심이다. 중화민국이란 국호를 쓰고 있는 대만 사람들에게 중화민국의 수도였던 남경은 중국의 다른 도시보다 더 친숙한 곳이기 때문이다.

5부

한국 항일 운동의 본거지

조선 유학생과 금릉대학교

현재 중국에 유학하는 외국인 가운데 한국인이 차지하는 비율이
가장 높지만, 1920년대 초에도 식민지를 벗어나 신식 교육을 받고 싶
어 하던 조선인들의 중국 유학 바람이 일었다. 일본 측이 조선인의 구
미 유학을 막았기 때문에 중국의 기독교 학교에서 수학하며 중국 국
적을 얻어 구미 유학을 하려던 학생들이 많았기 때문이다. 이 바람을
타고 안창호(安昌浩)의 흥사단이 당시 남경의 번화가에 설립한 동명학
원 역시 영어 교육 중심 학교였다.

아편전쟁 이후 서양식 학당들이 대거 설립되면서 19세기 말에는

1917년에 설립된 뒤 원형을 유지하고 있는 남경대학교 대강당.
1935년, 이곳에서 민족혁명당이 결성되었다.(邵世海 사진)

서양 선교사들이 중국의 근대 고등교육을 주도했다. 이에 각성한 청 나라 조정에서 20세기 초, 규모를 갖춘 신식 공립학교를 많이 세우자 각 지역에서 소규모 사립학교를 운영하던 선교사들은 우수 학생 유치 에 타격을 받았다. 비록 교파가 달랐지만 난국을 타개하기 위해서는 단합밖에 방법이 없다고 판단한 그들은 먼저 각 지역의 학교를 통합 했다. 이어서 실험실과 도서관 등 학교 시설을 확충했으며, 저명한 교 수를 더 많이 초빙했다.

남경 최초의 신식학당은 1881년, 미국감리교에서 설립한 휘문서원 (匯文書院)이다. 1907년, 남경에 있던 다른 두 학교와 통합하여 굉육 서원(宏育書院, Union Christian College)이 되었다가 1910년 금릉대학당 (University of Nanking)으로 개명했다. 중국 문학과 역사를 제외한 모든 수업은 영어로 진행했고, 당시 중국 대학으로서는 드물게 이 대학 졸 업생은 미국 대학 석사과정에 바로 진학할 수 있는 자격을 얻었다. 조 선인으로서 금릉대학교에서 농학을 가르친 이훈구 교수가 전하는 학 생들의 영어 실력은 다음과 같다.

(1930년), 처음에 내가 이 금릉대학교에 취임해 와서 학생들을 가르치려 하는데 내가 중국어는 전혀 모르기 때문에 부득불 영어 로 가르칠 수밖에 없었습니다. 그런데 처음 내 생각에 영어로만 강 의하게 되면 학생들이 잘 알아들을까, 만일 알아는 듣는다고 할지 라도, 필기하는 데에 학생들이 곤란을 느끼리라 하는 염려를 가지 게 되었습니다.

그러나 내 예측을 전혀 무시하고, 학생들은 어떻게도 영어에 능한지, 실로 경탄을 금치 못했습니다. 그리고 학생들이 강의를 영어로 속기하는 데 한 사람도 주저하는 학생이 없는 것을 발견하고, 나는 그만 탄복하고 말았습니다. 그들 학생들은 필연코, 우리 조선 생도들이 소학교 시절부터 국어(일본어)를 배워서 중학교 생도만 되여도 아주 훌륭하게 능한 것처럼, 그들은 소학교 시절부터 영어를 배운 까닭이라 생각했습니다.

처음 강단에 올라섰을 때 눈치를 보니까 학생들의 태도가 전부 "네까짓 놈이 더욱이 조선 놈이 무얼 알겠느냐?"는 태도로 경시하드군요. 그리고 며칠 강의할 때도 역시 그런 태도를 노골화시키는 것이 완연해요. 그 뿐만 아니라 학생들이 나를 테스트까지 하므로 나도 이래서는 안 되겠다, 한번 본을 보여야겠다는 생각으로 작전 계획을 세우고, 교수 방침을 달리 했지요. 가장 고등하게, 그리고 가장 학술적으로, 술어까지라도 어려운 문자를 탕탕 사용했더니 학생들이 눈이 둥그레지면서 "야, 이거, 만만하게 봤더니 그렇지 않은 솜씨로구나!"하고 머리를 숙이기 시작하드군요. 그리고 얼마 지나지 않아서는 학생들이 모두 내 교수하는 것에 감복하고, 그 뒤로부터는 나를 여간 따르는 것이 아니었어요. 그 뿐만 내 반이 인기를 끌어서 다른 반 학생들이 우리 반으로 쓸어 들기 시작해서 나는 그때 그들의 경복(敬服)의 대상이었습니다.

　　　　　　　- 이훈구, 〈南京金陵大學 敎授時代〉, 『삼천리』 제12권 제6호

조선인으로 금릉대학교에서 공부한 유명 인물 중에 여운형이 있다. 평양 장로교회연합신학교에서 2년 동안 공부한 여운형은 105인

사건 이후 기독교 탄압이 심해지자 1914년, 중국으로 망명하여 15년 동안 생활했다. 이 기간 중 영어 실력을 기르기 위해 금릉대학교 영문학과에서 3년 동안 수학했다. 남아 있는 유학기에 따르면 여운형은 언어에 소질이 뛰어났던 것으로 보인다.

입학 당시의 내 나이 28세였으니까 학생 중에서는 늙은 학생 편에 속했을 것이고, 또 더욱이 장관인 것은 나는 입학하기 전부터 길렀던 소위 카이첼식 수염을 그대로 코밑에 붙인 채 통학을 했으니 외관으로 보건대 학생이 아니라 교수의 觀을 물하고 있었습니다.

물론, 금릉대학교는 독자 여러분도 아시다싶이 서양인이 경영하는 중국 유수의 대학이니 만치 일정한 교복이라는 것이 있을 리가 없고, 학생들은 세비로에 넥타이를 매고 통학하며, 선생과 같이 담배를 피우는 가장 자유주의적인 교풍을 가졌기 때문에 내가 코밑에 카이첼식 수염을 달고 다니는 것이 그리 학생 도(道)에서 어그러진 일은 아니겠지만 어쨌든 모르긴 모르거니와 동서를 통하여 보기 드문 학생이었다고 할까요. 여하간 교수나 학생들은 내가 입학하자 나를 '머시타쉬'라고 불렀습니다.

…(중략)…

나는 처음 입학해서 중국어도 모르고, 영어도 몰라서 여간 고생을 당하지 않았으며, 어떻게 해서든지 우선 영어만은 속히 성공해야겠다는 결심 밑에서 밤이 깊도록 자전과 싸워가며 애쓰던 일은 아직도 눈에 선하며, 처음엔 영어책을 펼치면 한 페이지에서 내가 아는 단어로는 불과 2, 3철자였기 때문에 연필을 가늘게 깎아

가지고는 책장 전면이 새깜앟게 자전을 둘처 가며 조선말로 번역해서 달아가지고는 6개월간 분전했더니 6개월 만에는 영어와 중국어를 대략 다 읽게 되었습니다.

- 여운형, 〈南京金陵大學 留學時代〉, 『삼천리』 제12권 제6호

여운형은 언어뿐만 아니라 야구에 뛰어난 소질을 보여 금릉대학교 대표 선수로 활약하며 학비를 면제받았다. 이후 반일, 반분단 운동가로 민족의 지도자 반열에 오른 여운형은 조선체육회 회장과 올림픽위원장으로 일했다. 암살당하던 날도 조선의 국제올림픽위원회 가입을 축하하여 열린 한국과 영국 친선 축구경기에 참석하러 가다가 변을 당했다. 여운형이 금릉대학교를 떠난 직후 약산(若山) 김원봉(金元鳳)과 약수(若水) 김두전(金枓全), 여성(如星) 이명건(李明鍵)이 영문학과에 입학한다. 산, 물, 별의 이 세 사람은 1년 뒤 삼일만세운동이 일어나자 학교를 떠나 의열단을 조직하는 등 본격적인 항일 운동에 나섰다.

1930년대 초 남경에 돌아온 김원봉은 조선인 특수요원을 양성하는 한편으로 좌우합작의 민족혁명당 결성에 전념했다. 1935년 6월부터 7월 초까지 금릉대학교 예배당을 비롯한 학교 주변의 곳곳에서 이루어진 각 정파 대표들의 치열한 토론을 거쳐 마침내 민족혁명당을 창당했다. 금릉대학교 강당에서 열린 창당대회에서 채택된 당 이념에는 "일본 침략 세력을 박멸하여 국토와 주권을 회복하고, 정치, 경제, 교육의 평등에 기초한 민주공화국을 건설하며 세계 인류의 평등과 행복을 촉진한다."고 되어 있다.

1952년 중국 정부의 대학 조정 때 금릉대학교는 공중분해되어 남

경대학교를 비롯한 여러 대학으로 갈라졌다. 옛 금릉대학교 캠퍼스는 현재 남경대학교가 쓰고 있는데, 민족혁명당 창당대회장이었던 강당과 토론장이었던 예배당이 원형 그대로 남아 있다. 1935년 여름 한 달 동안, 중국 수도 남경의 한 대학교에 모여 좌우합작을 위해 토론하던 몇백 명의 조선 사람들과 이들에게 장소를 빌려준 대학 당국을 기억하고자 한다.

아나키스트 유자명과 동류실험농장

남경의 변두리는 농촌이다. 이 변두리에 사는 사람들은 농토 국유의 사회주의 체제에서 남경 시민 아닌 시민으로 살아왔다. 일단 호적에 농민으로 구별되면 일반 시민의 권리를 다 누리지 못했다. 그런데 중국의 여느 대도시와 마찬가지로 부동산 개발 붐이 일자 대규모 필지 조성을 위해 시민과 농민의 구분을 없애고 호적을 단일화했다. 중국 제도상 농지는 개발할 수 없기 때문에 토지 용도를 변경하면서 부산물로 호적 제도 개선책이 나온 것이다.

그런 곡절을 거쳐 개발 중인 남경의 변두리 농지 중에 서강과목장(西崗果牧場)을 주목한다. 전형적인 사회주의 국영농장인데 그 면적이 약 200헥타르로 축구장 300개와 맞먹는다. 이 농장은 여러 상품을 생산하지만, 특히 유기농 방식으로 재배하는 우화차(雨花茶)가 남경의 특산물로 지정되어 있다.

이 농장의 유래를 살펴보면 중국 현대사의 질곡이 그대로 드러난다. 이 농장은 원래 장개석 정부의 국영농장이었다. 1933년, 당시 중국 정부에서 농촌 경제를 진흥하려 수도 남경 교외에 풍요로운 서양 농촌을 모방한 농촌 경제 진흥 실험구역 개척 5개년 계획을 세우고 동류(東流)농장을 개간하기 시작했다.

장개석 총통의 부인 송미령은 북벌 전쟁 전사자 자녀들을 이 농장에 배치하여 안정된 생활을 누리게 했다. 송미령은 신해혁명 때 전사한 국민혁명군 유가족 자제 학교를 설립하고 언니 송경령에 이어 2대 교장을 지냈을 만큼 전몰 유가족에 대한 지원을 아끼지 않은 것으로 유명하다. 송미령은 또 농업 진흥에 관심이 많았기 때문에 국민혁명군 자제 학교에도 농업을 중점 과목으로 넣었고, 동류농장도 관심 있게 돌보았다.

1949년 4월 23일, 인민해방군 제2, 제3야전군과 제4야전군 일부가 남경을 점령했다. 1월에 장개석이 남경을 떠난 뒤로 전세는 인민해방군에 유리하게 돌아갔지만 남경의 북쪽을 막고 있는 양자강을 건너는 데 시간이 오래 걸렸다. 사회주의 정권하에서 남경은 북경에 수도를 내주고 강소성 성도로 남았다. 과거 수도에 건설되었던 농촌 경제 진흥 실험 동류농장은 강소성 남경시 국영농장관리처로 귀속되어 사회주의 국영농장으로 변신했다.

1977년, 대학입시제도가 부활했을 때 서강과목장에 설치된 응시 원서 접수처에 젊은이들이 몰렸다. 문화대혁명 동안 상급학교 진학 기회를 잃고 하방(下放)된 '지식청년'이 이 농장에만도 몇천 명이 있었다. 사회주의 기치 아래 묵묵히 희생했던 그 젊은이들이 회복된 대학 입시 등을 거쳐 또 다른 세상으로 나아갔을까? 그 전보다 더 살기 좋은 세상을 만들었을까?

그보다 40년쯤 전에 이 농장을 찾았던 한국인 아나키스트에게 대답을 들어보고 싶다.

유자명(柳子明)! 한국에서는 이 이름을 모르는 사람이 아직 많다. 그러나 중국 호남성(湖南省) 창사(長沙)에서는 다르다. 유자명은 중국 학계에 뜨르르하게 이름을 날린 농학자이다. 1950년부터 호남농업대학교 교수로 있으면서 벼 품종을 개량했고, 일본 감귤과 중국 감귤 접목에 성공했으며, 호남성에서도 포도를 재배할 수 있게 한 인물이다. 화훼에도 관심이 많아 장미 품종을 개량하기도 했다. 호남농업대학교는 유자명을 잊지 않기 위해 옛 캠퍼스 안의 유자명 고택(1958년 건축)을 기념관으로 승격했다.

중국 검색 사이트에는 유자명 관련 정보가 넘친다. 소개 글마다 '국제 반파시즘 투사, 한국 독립운동가, 중국 현대농학자, 중국 인민의 친근한 벗'이라는 표현이 빠지지 않는 이 인물이 궁금해진다. 여기서 남경 동류농장에 얽힌 인연을 말하기 전에 유자명을 짧게 소개한다.

유자명의 본명은 유흥식(柳興湜)으로 1894년 충주에서 태어났다. 서울대학교 농업생명과학대학의 전신인 수원고등농림학교를 졸업하고 고향에서 교사로 지내다가 1919년 만세 운동 후 대한민국 임시정부의 외교 활동을 지원하기 위해 서울에서 조직된 대한민국청년외교단에 가입했다. 곧이어 중국 상해로 건너간 유자명은 대한민국 임시의정원 제6회 회의에서 충청도를 대표하는 의원에 뽑혔다. 지금으로 말하면 충청도를 대표하는 국회의원인 것이다.

제6회 임시의정원 회의는 한성 정부와 상해 정부가 통합되고 이승만이 대통령에 선출된 역사적 현장이었다. 통합 정부가 출범했으나 이승만 대통령의 노선에 반대하는 목소리가 높아지자 그해 겨울 유자명은 서울로 돌아왔다. 이 무렵 일본 도쿄제국대학교 교수 모리토 다쓰오(森戸辰男)의 옥중 투생 소식과 그 저술을 통해 러시아 아나키스트 크로포트킨을 받아들이고 스스로 아나키스트가 되었다. 아나키스트에도 여러 갈래가 있겠지만 유자명은 평화를 중시하고 경제학에 밝았던 크로포트킨의 생각을 좇았다. 이런 결정은 그가 농학자의 길을 걷는 데 큰 영향을 미쳤을 것이다.

　유자명은 1921년에 다시 중국으로 갔다. 1922년에 천진에서 김원봉을 만나 의열단에 가입한 뒤 의열단 정규군화에 앞장섰으며, 동방피압박민족연합회를 조직했다. 또 1930년대부터 40년대까지 중국 및 일본, 미국 아나키스트들과 자주 교류했다. 당시 각국의 아나키스트들은 각자의 국적보다 절대적 자유를 누리며 평등하게 생활하는 이상적 사회 건설을 훨씬 더 중히 여겼으므로 국적을 뛰어넘어서 연대하는 일이 비일비재했다. 특히 중국 소설가 파금(巴金)과 친하여 그 소설에 단골로 등장했다. 당시 조선인 친구들로부터 아나키즘을 받아들였던 파금은 파시즘과 제국주의에 반대하며 조선의 독립과 분단에 대해 큰 관심을 쏟은 몇 안 되는 중국 소설가이다. 그들은 원칙적으로 전쟁에 반대하고 모든 권력을 배격했지만 제국주의 침략전쟁에는 함께 뭉쳐 싸웠다. 조국의 해방을 이룬 뒤에야 이상 사회를 건설할 수 있었기 때문이다. 유자명은 중국 아나키스트들은 말할 것도 없고 일본의 반전주의자 아나키스트들과도 연대하여 일본 제국주의에 항거했다.

　유자명은 동지들과 남화한인청년연맹을 조직하여 각 도시의 일본

영사관에 폭탄을 던지는 등 소수의 열세를 폭력 투쟁으로 만회하고자 했다. 윤봉길 의사가 대한애국단 단원 자격으로, 일본군의 상해 점령과 천왕의 생일 축하식장에 폭탄을 던진 그날, 유자명 쪽의 백정기 의사도 폭탄을 구해놓고 있었다. 입장권을 구하지 못해 불발로 끝났지만. 그 후에도 일본 요인과 매국노 부역자들을 처단하다가 일제의 대대적인 검거 작전으로 조직이 무너졌다.

이후 유자명은 호북성 무한(武漢)에서 '공산당원'이란 죄명으로 체포되어 여섯 달 동안 감옥에 있다가 풀려나 남경으로 왔다. 일본의 견제 때문에 중국 국민당의 의열단 지원이 줄어들어 생계가 막막했던 그때, 뛰어난 중국어와 농학 실력을 갖춘 유자명은 중국 국영 농장의 기술자로 영입되었다. 남경 자금산 아래 개척 중이던 그 농장은 원세개 정권에 대항하다 전사한 한회(韓恢) 장군을 기리는 국가 중점 농장이었다. 유자명으로서도 생계 해결과 일본영사관의 감시망을 피할 수 있는 좋은 기회였다.

유자명은 이 농장에서 2년 넘게 근무하다 상해의 입달농업전문학교로 자리를 옮겼다. 중국 아나키스트 계열이 세운 이 학교에서 5년 뒤 폐교될 때까지 학생들을 가르치는 한편 유럽과 동남아시아의 과수 묘목을 중국에 접목하는 일에 열중하던 유자명은 폐교 직후 남경의 국영 동류실험농장으로 추천되어 갔다. 유자명은 입달학교가 폐교되기 전 1년 동안 남경의 제일농장에서 학생들의 실습을 지도했는데, 바로 그 농장의 기초 위에 세워진 국영농장이 동류농장이었다. 유자명은 중일전쟁이 터질 때까지 이 농장에서 일하다가 남경을 떠났다.

그 뒤로 중국 내 항일투쟁 세력을 규합하고 조선의용대를 조직하는 등 항일 운동에 지속적으로 참가했고, 1942년 중경(重慶)에서 열린 통일의회 의원에 선출되었다. 좌익 진영이 임시의정원에 참여하여 이룬 통일의회에서 유자명은 광복군의 통수권을 중국군으로부터 임시정부로 이양하는 안과 임시정부의 승인안 제출에 서명하는 등 아나키스트답지 않은 활동을 펼쳤다. 유자명은 아나키스트 이전에 '단결과 민주'를 통해 독립 공화국을 건설하려던 항일투쟁 운동가였다. 유자명에게 무정부주의란 제국주의에 맞서 조국의 독립을 쟁취하고 평등하고 행복한 사회를 만들어가겠다는 신념의 기반이었다.

한편 유자명은 중국 국민당에서 인정한 농학 인재였다. 일본 패전 후 대만 농림처 기술실 주임으로 뽑혀 대만의 농업 진흥에 힘썼다. 1950년 대만을 떠나 귀국하던 길에 홍콩에서 한국전쟁 발발 소식을 들은 유자명은 우여곡절 끝에 최후의 정착지로 중국을 택했다. 중국 공산당 정부는 유자명의 선택을 반겨 호남농업대학교 교수로 발탁했다. 농학 인재로서 국민당 정권의 신임을 받았던 유자명이 공산당 정권에서도 인정을 받을 수 있었던 까닭은 무엇이었을까? 실력과 인품을 겸비했다 하더라도 이런 기록을 세운 사람이 또 있을까? 게다가 유자명은 죽을 때까지 '조선' 국적을 지니고 있으면서 북한 정부로부터 훈장을 받았으며, 사후에는 고향이 있는 한국에서도 훈장을 받았다. 드문 일이 아닐 수 없다.

유자명의 자서전에 중일전쟁 이후 남경을 다시 찾았다는 기록이 없는 것으로 보아 동류농장과의 인연은 이어지지 않았던 듯하다. 유자명은 1985년 92세로 세상을 떠났다. 한중 수교 2년 뒤에 한국에 남아 있던 자손이 호남성 창사의 유자명 묘소를 찾아 성묘했고, 2002년에 유해를 모셔와 고향 충주에서 가까운 대전 국립묘지에 이장했다. 1950년부터 간절히 바라던 이승의 귀국길을 혼백이 대신했으니, 충주의 생가를 중심으로 유자명을 기리는 활동이 활발하게 이루어지기를 바랄 뿐이다.

유자명의 동류농장에서 샛길로 빠지면 화서촌(樺墅村)이 나온다. 화서촌은 적어도 송나라 때부터 내려온 진씨(秦氏) 집성촌으로 남송의 장군 악비(岳飛)와 대결했던 진회(秦檜)의 후손들이 살고 있다. 진회는 중국 역사의 문제 인물이다. 그는 여진족이 세운 금(金)나라에 수도 개봉(開封)과 휘종(徽宗) 황제를 내주고 항주(杭州)로 내려온 남송 조정의 대표적 주화파이며 주전파 악비에게 '막수유(莫須有)' 즉 '죄가 있을지도 모른다'는 죄명을 씌어 제거한 당사자이기도 하다. 항주로 쫓겨난 죽을 판에도 계속해서 전쟁을 부르짖는 악비를 죽여 백 년의 평화를 사려고 했던 것인데, 중국 사람들은 오래도록 진회를 미워했다. 악비 앞에 꿇어앉은 진회 부부 상은 아직도 항주를 비롯한 중국 도처에 남아 있다. 남송 이후 나라가 어려워질 때면 단결의 중심에 언제나 악비가 있었다. 몽골이나 여진족 정권이 세워지면 매국노의 상징으로 떨어졌던 진회가 재평가되었다. 여진족의 침입을 두고 대립했던 조선의 최명길과 김상헌이 떠오른다. 악비와 진회 또는 김상헌과 최명길의 옳고 그름을 윤리의 잣대로 따질 일은 아니라고 본다. 전쟁과 화평을 두고 백성의 삶을 위해 얼마나 치열하게 토론하며 득과 실을 따졌는지가 중요하다. 진지한 토론을 통해 전쟁과 평화 너머 제3의 길을 찾을 수는 없었을까?

평화시대가 오래 지속되면서 중국에서는 주화파 진회가 재조명되고 있다. 그리고 구석진 곳에 숨어 있는 오래된 마을, 천 년의 화서촌을 찾는 사람도 늘고 있다.

화서촌에 이웃한 동류농장, 즉 현재의 서강과목장은 남경시 도심에서 직선거리로 18km밖에 떨어져 있지 않지만, 2017년 전철이 개통되기 전까지는 화서촌과 마찬가지로 벽지에 지나지 않았다. 이 지역은 용왕산(龍王山)과 진산(陳山), 묘산(廟山) 줄기가 청룡을 닮아 이 세 산을 합해 청룡산이라 부른다. 2018년 현재 신도시 청룡 지구를 개발하기 위해 철거 작업이 진행 중이고, 지하철 2개 노선도 들어올 예정이다. 남경시 정부의 야심찬 개발이 완성되면 한국인 아나키스트 유자명이 지휘했던 동류농장은 18만 명을 수용하는 신도시의 중심이 되어 옛 모습을 찾아볼 수 없게 될 것이다.

동류농장이 있던 청룡산에서 남서쪽으로 5km쯤 떨어진 곳에 또 하나의 청룡산이 있다. 이곳에 조선혁명간부 훈련반이라고 불리던 의열단 군관학교 제3기 교사(校舍)가 있었다고 알려져 있다. 유자명의 자서전 등 남아 있는 기록에 따르면 유자명은 동류농장을 지휘하고 있던 중에 시간을 내어 의열단 군관학교에 특강을 나갔다고 한다. 동류농장이 있던 청룡산에서 제3기생이 훈련 받던 청룡산 교사를 오간 것이다.

남경의 의열단원 이육사

1934년 3월, 수배 중이던 시인 이육사가 일제 경찰에 체포됐다. 2

년 전 만주로 떠났다가 남경으로 가서 중국 국민정부 군사위원회 간부훈련반을 졸업한 뒤 잠입했다는 이유였다. 서대문형무소에 수감된 시인은 석 달 뒤에 석방되었고 기소유예 판결을 받았다. 전과도 있었고, '개전의 정'을 인정하기 어렵다는 고향 안동경찰서의 의견도 올라와 있었으나 더 심한 형을 면한 것이다.

안동경찰서에서 보낸 의견서를 좀 더 자세히 소개하자면 시인은 "음험하고 교활하며 나쁜 꾀를 부리는 자로서 배일사상을 가지고 있고 민족자결을 주장하며, 항상 조선의 독립을 몽상하여 암암리에 자신의 주장을 선전할 염려가 있다. 사라질 무렵 민족공산주의로 전환하고 있었으며, 성질로 봐서 개전의 정을 인정하기 어렵다."고 되어 있었다.

당시 일본 경찰의 심문 상황이 조서로 남아 있다.

일본 경찰: 피의자 등이 모집하여 입대시키려고 한다면 훈련반이 의열단이 경영하는 독립운동의 혁명투사를 양성하는 단체라는 사정을 말하고 모집하는 것인가.

이육사: 그렇지는 않다. 처음에 권유할 때는 국민정부가 경영하는 학교에서 학비나 숙식비는 필요 없이 입학할 수 있는 학교라고, 소위 감언을 하여 모집하는 것이다.

일: 귀국 후 단장 김원봉과의 연락방법은 어떤가.

이: 별로 연락방법은 없다. 그들은 국민정부의 원조를 받고 있는 관계상 훈련반의 생도를 양성하고 있음을 분명하게 하고 있을 뿐으로 앞으로의 운동에까지 계획하고 있지 않은 모양이며, 나도 귀국 후에 김원봉과 연락한 일은 한 번도 없다.

일: 귀선 후 차기 반원을 모집하고, 또는 그 외에 운동한 사실을 진술하라.

이: 현재의 조선은 도저히 독립은 불가능하다고 생각하므로 차기 반원을 모집하더라도 아무런 효과가 없으므로 그것을 단념했다. 혁명의식의 주입이나 투사의 획득 등도 주변 상황으로 보아 허용되지 않으므로 어떠한 활동을 한 일이 없다.

일: 그 외에 이익이 될 만한 것이 있으면 진술하라.

답: 별로 없다. 관대한 처분을 바란다.

심문을 마친 일본 경찰이 검사에게 보낸 의견서를 보자.

피의자 이활(李活)은 조선의 절대 독립 및 만주 교란의 목적으로 조직된 의열단의 사정을 알면서 가입하고 오로지 조선 독립을 위하여 활약함으로써 치안유지법 제1조 제1항에 해당하는 범죄를 구성하는데, 피의자 이활은 귀국 후 아무런 활동이 없고 이후에도 활동할 의사가 없으며 개전의 정이 현저하다고 인정되므로 기소유예 처분이 옳을 것으로 생각됨.

1년 뒤 시인은 다시 경찰서에 불려갔다. 상해에서 치안유지법으로 체포된 어떤 이가 남경 조선혁명간부 훈련반에 대해 털어놓았는데, 동기생 27명 이름 중에 시인의 이름이 나왔기 때문이다. 훈련반 졸업생이 계속 검거되면서 교과 과정도 정확히 밝혀졌다. 정치학, 경제학, 사회학, 전술학, 보병 실습, 사격교범, 기관총학, 간이측량학, 축성학,

폭탄 제조 및 사용법, 중국어, 통신연락법, 접선 및 미행 탈피법, 유격 전술 등을 배우고, 오전 여섯 시 기상, 아침 체조 및 식사 후 여덟 시부터 오후 여섯 시까지 이론 수업과 실기 및 교련 수업을 받고 저녁을 먹은 뒤 중국어를 배우고 일과 복습 후 아홉 시에 취침했다는 것이다.

일본 경찰은 시인에게 이 훈련반과 그 지도자 김원봉(金元鳳)에 대해 집요하게 물었다. 시인은 서대문형무소에서 나온 뒤 문학 활동에 전념하느라 조선 독립에 관한 활동을 한 적이 없다면서 다시 연막작전을 폈다. 김원봉과 남경의 현무호에서 배를 타고 나눈 대화를 들려준 것이다.

마침 나는 김원봉과 같은 보트에 타게 되었는데 꽤 멀리까지 배를 저어갔다. 김원봉은 근처에 다른 보트가 없는 것을 살펴보고는 조선의 일반 정세, 철도망이나 노동자수, 농민의 생활 상태 등을 묻고, 지금 조선에 노동조합이 몇이나 있는가, 노동운동에 대한 이론이나 운동 방법 등에 대하여 자세히 물었다. 나는 다음과 같이 대답했다.

조선의 일반 정세와 철도, 노동자, 농민 등에 대한 일은 신문이나 잡지를 읽어서 알게 된 것을 모두 말해주었다. 현재 조선에 노동조합으로 인정할 만한 것은 없고, 지하 조직은 있겠지만 어느 정도인지 모른다고 했다. 노동조합 조직에 대한 이론은 평소 독서로 얻은 것을 모두 말해 주었다.

그러자 김원봉은 노동층의 조직이론은 그것으로는 안 된다고 하면서 대략 다음과 같이 말했다.

노동조합을 조직할 때에는 자기 자신이 노동자가 되어 그들의 동료로 친교하고 신임을 받도록 해야 한다. 그런 뒤에 서서히 공산 의식을 주입 선전하고, 그 직장에 의열단 소조를 만들어 그것을 기초로 노동자층에 프락치 운동을 일으키지 않으면 안 된다.

나는 그것에 대해서는 반박의 여지가 충분히 있다고 생각했지만, 아무래도 상대가 김원봉이고 권총도 가지고 있었으므로 섣부르게 말했다가는 불이익이 될 것이라고 생각하여 아무 말도 하지 않았다.

…(중략)…

나는 김원봉 무리로부터 스파이 혐의를 받아 그들이 시종 나를 미행하거나 나의 행동을 사찰하므로 나도 김원봉이나 황포군관학교의 비밀을 탐색하기 시작했다.

…(중략)…

얼마 뒤에 생도 전부를 의열단에 가맹시켜서 4인 1조로 소조를 조직했으나, 나만 제외했으므로 나도 그것에 대한 대항책으로 생도 중의 불평분자를 규합하여 속에서의 분해운동을 기도했다.

시인이 현무호에서 김원봉과 위의 대화를 나눴는지 지금은 알 길이 없다. 중요한 것은 시인이 재수감되지 않고 경찰서를 나왔다는 것이다. 시인의 남경 조선혁명간부 훈련반 동기생의 경우 일본 판사에게 항일 의사가 없음을 밝혔으나 2년 형을 받았다.

그 1년 전 시인의 신문조서와 1년 뒤 증인조서만 읽으면 이육사가 김원봉을 좋지 않게 보면서 항일 투지를 접었다고 생각할 수 있다. 당시 일본 경찰도 그렇게 판단하고 시인을 풀어주었을 것이다. 이런 시인을 두고 고향 안동경찰서에서는 시인이 음험하고 교활하며 나쁜 꾀를 부린다고 보고한 적이 있다. 시인이 본심을 들키지 않은 채 일본 측의 판단을 흐리게 하는 것을 두고 한 말이 아닐까 한다. 그러므로 시인이 일본 경찰 앞에서 한 말은 믿으면 안 된다. 시인이 졸업한 남경 조선혁명간부 훈련반은 의열단원이 아니면 입학과 졸업을 할 수 없었다. 또 안동경찰서에서 시인이 민족공산주의로 전환하고 있다고 파악했듯이, 1934년, 시인이 『대중』지에 발표한 〈자연과학과 유물변증법〉은 마르크스-레닌주의 시각으로 사회현상과 계급투쟁을 설명한 글이었다. 시인은 의열단원이면서 사회주의와 민족주의 사상을 지닌 항일 투사였다. 시인의 동생 중에 남로당원이 둘이었고, 한 명은 조봉암 계열이었던 점도 시인의 영향을 받은 것이라 볼 수 있다.

시인의 조서를 논거로 시인이 항일 운동에서 멀어진 적이 있다고 주장하는 연구자도 있지만, 시인의 죽음을 생각할 때 인정하기 어렵다. 한동안 문학 활동에 전념하듯 보였던 시인은 태평양전쟁 중이던 1943년에 중국으로 다시 가서 항일 운동을 계속하다가 1944년 북경 감옥에서 순국했다.

시인이 졸업한 남경 조선혁명간부 훈련반은 조선군관학교로 불리던 사관학교였다. 조선인 장교를 양성했던 남경의 사관학교에 관한 이야기를 이어가 보자.

김구와 김원봉의 '조선군관학교'

남경 번화가 뒷골목에 홍공사(洪公祠)라는 동네가 있다. 청나라에 항복했던 명나라 장군 홍승주(洪承疇)의 사당이 있던 곳이다. 지금은 이전했지만 2015년 초까지 남경시 출입국관리소가 있었기 때문에 1년마다 한 번씩 비자를 갱신하러 이 동네를 찾았다. 남경시 중심 신가구(新街口) 지하철역에서 1km밖에 떨어져 있지 않은데도 옛 동네답게 대로에서 삐뚤빼뚤한 소로로 접어들면 차도와 인도가 거의 구분되어 있지 않은 200m 남짓을 걸어야 했다.

동네 전체가 홍승주의 저택이었다가 죽은 뒤에 사당으로 개조되었다. 홍승주는 명청 교체기의 운명을 결정할 요동반도 전투에서 패배하고 청나라에 항복한 뒤 명나라 침공의 길잡이가 되었다. 청나라를 대국으로 인정하지 않았던 조선 지식인들에게 홍승주는 배반의 상징이었다. 청나라가 번영을 누리던 건륭제 때 명청 두 나라를 섬긴 사람들을 모아 이신전(貳臣傳)을 편찬하면서 홍승주를 으뜸에 배치했다. 건륭제는 청나라를 배신하는 신하가 나오는 것을 원치 않았다. 홍승주는 절의를 지키지 않고 명나라를 배신한 변절자로 기억되었으나 그의 사당은 개인 사당으로서는 당시 남경 최대 규모를 자랑하며 오래 남아 있었다.

1853년 태평천국군이 들어와서 이 사당을 허물고 충왕부(忠王府)를 지었다. 이 집의 새 주인 충왕은 태평천국군의 명장 이수성(李秀成)이었다. 국민당 정부가 들어선 뒤 동북 군벌 출신 장학량(張學良)이 이곳을 차지하여 양옥을 지었다. 건물을 지은 지 1년쯤 지난 1934년 12

월, 장학량이 서안(西安) 화청지에서 장개석을 감금하고 항일 행동을 요구했다. 요구는 관철됐지만 장학량은 장개석의 견제를 받아 모처에 유폐되었다.

홍공사 장학량 저택은 장개석의 심복이 차지하여 국민정부 군사위원회 특수공작 본부로 썼다. 일명 군통(軍統)이라고 부르는 군사위원외 조사통계국, 이 특수공작본부는 장개석의 무장친위대이면서 정보부였다. 군통의 조사 기능은 수사까지 가능했고, 통계 기능은 정보 수집을 의미했다. 미국의 연방수사국과 중앙정보국을 합한 정도의 거대 조직이었다. 장개석은 이와 비슷한 규모의 정보부를 국민당 조직 안에도 두었는데 국민당 중앙집행위원회 조사통계국, 줄여서 중통(中統)이라고 불렀다. 장개석은 군통과 중통 요직에 심복을 배치하고 두 조직의 충성 경쟁을 유도했다.

장학량이 새집을 짓기 전 홍공사는 군통 특수요원 훈련소였다. 1932년 5월에 개교하여 6개월 과정으로 3기를 운영했던 참모본부 특무경찰훈련반, 별칭은 홍공사 특훈반이라고 했다. 밝혀진 1기생 현황을 보면 당시 중국 중앙육군사관학교 출신 장교 30명이 입교했고 3명이 퇴학당했다. 그런데 홍공사 특훈반의 이론과 실기 과목이 이육사가 졸업한 조선혁명간부 훈련반과 묘하게 겹친다. 게다가 둘 다 이름도 비슷하다. 조선혁명간부 훈련반의 대외 명칭이 남경 국민정부 군사위원회 간부훈련반 제6대였다. 이 둘 사이에 어떤 관계가 있는 것일까?

홍공사 특훈반 개교 두 달 전인 3월 8일, 김원봉이 장개석에게 〈중한합작에 관한 건의〉라는 제목의 편지를 보냈다. 그보다 먼저 1931년

9월 18일, 일본 관동군이 중국 심양(沈陽)에서 선전포고 없이 공격을 개시하며 만주 침략의 막을 올렸으나 장개석이 이끌던 국민당 정권의 무저항 정책으로 이듬해 1932년 1월까지 중국의 동북 지역 대부분이 일본의 수중에 들어갔다. 이어서 일본 해병대가 상해를 침공해서 승리했고, 3월 1일에는 일본이 조종하는 만주국이 들어섰다. 잇달아 발생한 일본의 침략 행위에도 중국의 실력을 먼저 양성해야 한다는 취지의 무저항 정책으로 일관하던 중국 정부도 비밀리에 특수요원을 양성할 계획을 세우기 시작했다. 그때 장개석에게 도착한 김원봉의 편지에는 의열단이 조선, 일본, 중국 각지에서 항일 투쟁을 전개할 예정으로 만주국 경내의 길림성 동남부 두만강 유역을 중심으로 2개 여단의 사단 병력을 양성하고, 열하와 요서에서 중국 항일 세력과 연대하며, 남만주철도회사 및 단동–심양 철로에 별동대를 투입하여 관동군 기지를 파괴 교란하겠다고 되어 있었다. 장개석으로서는 구미가 당기지 않을 수 없었다.

만주국 문제로 골머리를 앓던 장개석은 김원봉의 제안을 선뜻 받아들였다. 장개석은 자신이 교장으로 있던 황포군관학교 졸업생을 우대했는데 김원봉이 그 학교 졸업생이었다. 장개석의 지원 허락을 받은 김원봉은 1932년 9월 말에 열린 의열단 제6차 정기대표대회에서 군사부문 확대 정책을 결의하고, 홍공사 특훈반보다 다섯 달 늦은 10월 20일, 비슷한 과정의 제1기 조선혁명간부 훈련반을 개교했다. 이 학교 제1기 졸업생 시인 이육사는 기관총 사용과 폭파술이 가능한 특수요원이었다.

훈련반 설립이 결정되던 무렵인 4월 29일에 윤봉길 의사가 홍구공원의 일본 승전 및 천왕 생일 축하식장에 들어가 중국군 상해 무기제조공장에서 만든 강력한 폭탄을 던져 아수라장으로 만든 의거가 일어났다. 윤봉길은 김원봉의 의열단과 다른 계열인 김구의 대한애국단 소속이었다. 장개석은 한국 사람 중에 특수공작 요원으로 양성할 인재가 많음을 알고 곧바로 한중합작 항일전선을 만들기 시작했다. 일본 측이 알면 긁어 부스럼이 될 터라 모든 일은 비밀에 부쳐졌다.

윤봉길 의거 후 일본 측은 프랑스 정부에 항의하여 조선 항일세력의 아지트였던 상해 프랑스 조계에서 그들을 몰아내는 한편으로 중국 정부에도 조선 항일운동 지원을 그만두라고 엄중히 경고했다. 당시 중국 중앙육군군관학교에는 조선 학생들이 적지 않았다. 일본의 항의를 받은 장개석은 조선 학생의 이름을 중국식으로 바꾸게 하고 관적도 중국 동북 지역으로 고치게 한 뒤에 조선 학생을 모두 퇴학 처분했다고 발표했다.

김원봉보다 한발 늦게 김구도 장개석을 만났다. 윤봉길 의거 후 대한민국 임시정부는 지하로 숨었지만 김구는 건재했다. 김구는 장개석에게 편지를 보내 만주에 기병학교를 설립하여 한국인 기병부대를 조직하겠다고 제안했다. 1933년 5월, 남경에서 김구를 만난 장개석은 만주 기병학교 대신 중국 중앙육군사관학교에 한국인을 입학하게 해 주었다. 그리하여 1934년 2월 중국 중앙육군군관학교 낙양(洛陽)분교에 한인특별반이 개설되었다. 학과목은 조선혁명간부 훈련반과 거의 비슷했다. 망명지 중국 정부의 도움으로 조국의 해방을 위해 싸울 전위 투사 양성 기관이 두 군데나 생긴 것이다.

중국 정부의 전폭적 지원을 받은 두 기관은 서로 협력하며 투사를 길러 나갔다. 1934년에 생긴 낙양 한인특별반에는 의열단 계열의 조선혁명간부 훈련반 제2기생 17명이 입교했고, 김구는 남경의 조선혁명간부 훈련반 제2기 졸업식에서 축사한 뒤 졸업생들에게 일일이 만년필을 나눠주며 격려했다. 남경의 일본 영사관 첩보나 일본 경찰에 검거된 제2기생 신문자료에 따르면 1934년 4월, 김구가 훈련반 졸업식에서 "최후의 승리와 안락이 다가오고 있다. 일본과 소련의 전쟁이 시작될 때 우리의 승리를 이룰 수 있을 것이다. 여러분은 졸업 후에도 혁명을 위하여 끝까지 분투하기 바란다."고 연설했다. 만년필에는 태극무늬가 들어간 별이 박혀 있었다.

일본 측에서 낙양 한인특별반의 존재를 알게 되어 중국 정부에 항의하면서 제1기로 끝나게 되었지만 한국인 생도들은 비밀리에 남경 중앙육군사관학교에 입교했다. 졸업생들은 중국군 장교로 근무하거나 1934년 12월 남경에서 조직된 한국특무대독립군(韓國特務隊獨立軍)에 편성되는 등 중국 각지에서 항일 투쟁을 전개했다. 이육사가 검거되는 등 조선혁명간부 훈련반의 존재도 일본 측에 알려지게 되어 3기로 끝나게 되었지만 졸업생 중 일부는 만주와 조선으로 파견되었고 일부는 조선의용대에 편성되었다. 이후 조선의용대 일부와 한국특무대독립군은 광복군으로 합쳐졌다.

일본 측에서는 이 두 기관을 조선군 양성 군관학교라고 불렀다. '군관'은 우리말 '장교'에 해당하는 중국어이다. 따라서 중국의 군관학교는 졸업하면 소위로 임관하는 사관학교인 셈인데, 사실 김원봉과 김구가 운영했던 '군관학교'는 당시 중국으로 치면 사관학교 졸업생 중 성적 우수자를 특수요원으로 양성하던 훈련반 격이었다. 생도에게는 숙식과 교복이 제공되고 용돈도 지급되었다. 6개월 과정이었지만 4년제 사관학교 과정을 능가하는 고강도 훈련이 이어졌고, 졸업 때까지 외출이 금지되었다. 이 조선인 특수부대 양성기관은 한국 광복군의 토대가 되었다. 중일전쟁 전후 지하로 숨어들었던 대한민국 임시정부와 의열단 등 재중국 항일 진영은 중국 정부의 지원을 받으며 가장 약한 시기였음에도 불구하고 내일을 위한 군사 실력을 길러나갔다.

아쉽게도 남경 시대의 이 자랑스러운 항일 역사가 제대로 알려지지 않았다. 일본의 도발을 염려한 중국 정부가 조선인 군관학교 지원 사실을 비밀에 부쳤기 때문에 기록이 남아 있지 않다. 의열단 군관학교의 경우 장개석의 군통 비밀 아지트에 개교했는데 1기와 2기, 3기의 교사가 각각 다른 곳에 있었다. 3기의 경우 두 번이나 이사해야 했다. 조선인 끄나풀을 풀어 의열단 군관학교 소재지를 파악한 남경의 일본 영사관 측이 중국 정부에 항의했기 때문이었다. 그래서 현재는 일본 측 자료를 통해 의열단 군관학교의 면모를 살펴볼 수밖에 없다. 그때 일본이 수집하지 못한 자료는 지금도 알 수 없다. 역사의 역설이 아닐 수 없다.

지금의 한국 어딘가에 한국 정부가 지원하는 다른 나라 망명정부나 그 망명정부의 군사 훈련기지가 있다고 상상이나 할 수 있을까? 무슨 의도가 있었는지는 모르겠지만, 조선 망명객들을 받아들여 물심양면으로 지원하고 한국 해방을 위한 군사를 양성하게 해준 당시 중국 정부의 노력을 기억해야 할 것이다.

김학철과 정율성

남경 의열단이 키운 혁명 투사 중에 정율성과 김학철이 있다. 조국이 식민지가 아니었다면 일씨삼치 예술가로 대성할 재목이었으나 두 사람은 조국 광복을 위해 자신의 재능을 접고 투사의 길을 택했다. 뿐만 아니라 두 사람은 남경에서 의열단 활동을 한 점까지 닮았다.

두 살 터울인 두 사람은 1929년 광주학생운동으로 식민지 현실에 눈을 떴다. 광주가 고향인 정율성은 직접 참가했고, 김학철은 당시 다니고 있던 서울 보성중학 동맹휴학에 가담했다. 십대 중반의 두 사람은 이 경험으로 반일 의식과 항일 투쟁에 자신감을 얻게 되었다.

두 사람은 스무 살 되던 해에 중국으로 망명했다.

정율성은 1933년 의열단 단원이던 친형 정의은의 소개로 남경 의열단 조선혁명간부 훈련반 제2기생으로 입교했다. 졸업 후 남경의 한 전화국에 비밀 배치된 정율성은 전화국 인근에 있던 일본 영사관에서 상해 쪽으로 송수신하는 메시지를 해독하여 중국군에 보고했다.

김학철은 1935년, 제2의 윤봉길이 되기 위해 무작정 상해로 갔다가 의열단에 가입하게 되고 1936년에는 남경의 조선민족혁명당 행동대 대원이 되어 항일 투쟁을 계속했다. 이어서 1937년에는 김원봉의 지시로 중국중앙육군군관학교에 입학했고 졸업 후 중국군 소위로 임관하여 통역장교로 근무했다. 두 사람은 중국 화북 지역에서 일본군과 싸웠다.

중국군 소위 김학철은 1938년 조선의용대에 들어갔다가 1941년 김원봉과 헤어져 항일 전투의 일선 화북 지역으로 넘어갔다. 화북조선

청년연합회 소속으로 12월 12일 태항산 전투에서 부상을 당하고 포로가 되었다. 그보다 먼저 김원봉과 헤어진 정율성은 1937년 10월 연안에 도착하여 노신예술학원에 입학했다. 작곡을 전문적으로 배운 적이 없었지만 입학하자마자 재능을 발휘했고 이듬해 이 학교의 교사가 되었다. 연안에서 〈팔로군행진곡〉을 비롯하여 〈연안송〉 등 혁명 작곡가로서 인정받은 정율성은 1942년, 김학철이 부상을 당했던 태항산에 들어가 화북조선혁명군정학교 교무부장이 되었다. 〈팔로군행진곡〉은 지금의 〈중국인민해방군행진곡〉이다.

일본 패망 후 두 사람은 북한에서 함께 활동했다. 1946년 가을 해주에서 조무한 뒤로 정율성은 인민군협주단 단장, 김학철은 인민군신문 주필이 되어 작곡가와 작사가로 작품 활동을 했다.

일본 패망 후 무정(武亭)을 따라 연안을 떠난 정율성과 중국인 부인 정설송은 12월, 평양에 도착 후 조선노동당 황해도위원회 선전부장이 되어 토지개혁 집행과 도, 시, 군 인민위원회 선거를 관리했다. 이후 인민군협주단을 창설하고 〈조선인민군행진곡〉 등 작곡 활동에 전념했다. 일본 패망 후 후쿠오카 감옥을 나온 김학철은 서울에서 조선독립동맹 서울시위원회에서 활동하며 소설집 출간을 준비하던 중 미군정의 탄압으로 월북했다. 노동신문사 논설기자, 인민군신문 주필로 있으면서 정율성이 작곡한 〈동해어부〉, 〈전우의 죽음〉, 〈공군가〉, 〈조선인민유격대전가〉의 가사를 썼다.

이후 이 두 조선의용군은 조국인 남과 북에서 모두 불운을 겪게 된다. 연안파 숙청을 피해 북한을 떠나 중국에 귀화했다가 우파로 몰려 박해를 받았다.

1950년 10월, 국군의 평양 입성 직전 두 사람은 북한을 떠났다. 전세가 불리해져서 도피한 것이 아니라 연합군 인천상륙 후 전세가 불리해진 책임을 무정에게 돌리면서 시작된 연안파 숙청을 미리 감지하고 떠난 것이다. 무정은 1950년 공식 숙청됐다. 정율성은 1951년 중국 지원군 종군 작곡가로 다시 한반도 땅을 밟았고, 서울 수복을 취재하는 과정에 구한말에 쓰인 조선 궁중음악 악보 더미를 수습했다. 이 악보는 1996년 국립국악원에서 열린 제1회 정율성 작곡의 밤에 참석한 부인이 한국 정부에 반환했다.

중국에 정착한 두 사람은 우파 투쟁에 휘말려 20년 넘는 세월을 노동개조 현장이나 감옥에서 보내야 했다. 창작이 금지된 것은 말할 것도 없었다. 1976년 12월, 김학철은 감옥에서 혁명 동지 정율성의 부고를 접했다.

내가 정률성이 세상을 떴다는 슬픈 소식에 접한 것은 1976년 겨울, 추리구 감옥에서 이른바 '반혁명현행범'으로 복역을 하고 있을 때였다. 〈인민일보〉를 보고 겨우 소식을 알았는데 감옥 당국에서는 옛 전우의 영전에 조전 한 통 치는 것도 허가하지 않아서 나는 애도의 뜻도 표하지 못하고 말았다.

조선의 자랑스러운 아들이 또 하나 떠나갔다. 충직한 프롤레타리아 국제주의자가 또 하나 떠나갔다.

김학철의 본명은 홍성걸(洪性杰), 상해에 도착했을 때만 해도 제2의 윤봉길이 되어 조선의 국왕을 복위시킬 생각을 하고 있었다.

한번은 그들이 나를 떠보느라고 앞으로 조선이 독립하게 되면 일본에 가 있는 이왕(李王)은 어떡할 작정이냐고 물어서 나는 연하에 씩씩하게 "그야 물론." 하고 긍지감으로 충만된 대답을 하였다. "도루 모셔다 받들어야죠. 우리나라 임금님인데!"

나의 이 대답을 듣고 좌중이 서로 돌아보며 어이없다는 듯이 빙글거리는 중에 뱁새눈이 빈대코 최성장이가 킥 웃고 혼잣말처럼 "풍병아리." 뇌까리는 소리까지 귓속으로 날아들어 왔다. 나는 비위가 대단히 거슬렸다. '인제 보니까 저것들이 모두 역적이로구나.'

나는 그들이 ── 의당 선배로 모셔야 할 그들이 ── 선민으로서 임금에게 충성을 다할 줄 모르는 데 크게 실망하고 또 몹시 분개하였다. ── 나는 일제 통치를 뒤집어엎고 이씨 왕조를 복벽하겠다는 숭고한 꿈을 안고 상해를 왔던 것이다.

- 김학철, 『무명소졸』

김학철은 의열단과 조선민족혁명당을 통해 항일 투사가 되었고, 조선의용대를 거치면서 민주적 사회주의자가 되었다. 특히 헝가리 애국 시인 페테피의 시 〈자유와 사랑〉을 이란 시를 '미쳐날 지경으로 격동해 읊조리고 또 읊조리며 자유를 사랑하는 세계 시민으로 성장해 갔다.

사랑이여
그대를 위해서라면
내 목숨마저 바치리

그러나 자유를 위해서라면

내 그대마저 바치리

    김학철은 1941년 12월, 태항산 호가장(胡家莊)에서 중상을 입고 포로가 되었으나 전향서를 쓰지 않아 다친 다리를 치료받지 못했다. 나가사키(長崎)형무소에서 4년 동안 갇혀 있었는데 그중 3년 6개월 동안 피고름을 흘리다가 다리를 절단했다. 서울로 돌아온 뒤에 한쪽 다리 없이 할 수 있는 일로 소설 쓰기를 택했다.

    정율성의 본명은 정부은(鄭富恩)이나 중국에서 일본 측의 검거를 피하기 위해 유대진(劉大振), 황청해(黃靑海), 김중민(金中民), 정율성(鄭律成)을 썼다. 정율성은 음악 공부를 하면서 붙인 이름이다. 정율성은 조선왕조 복벽을 꿈꾸었던 김학철과 달리 중국에 도착할 때부터 투사였다. 아버지와 세 형님, 누나가 모두 항일 지사였기 때문에 어려서부터 자신의 갈 길에 대해 정한 바가 있었다. 맏형은 삼일운동에 참가한 뒤 상해 임시정부 연락원으로 활동하다가 1년 형을 살았는데 출옥 후에도 여전히 임시정부의 연락원으로 활동했다. 둘째 형은 1920년대 중국의 또 다른 사관학교 운남강무당을 졸업하고 중국 국민혁명군에 들어가 북벌 전투에 참가했다. 중국 혁명 지도자 주덕(朱德)과 동창이다. 셋째 형은 의열단원이었는데, 해방공간에서는 남로당에서 활동했다. 누나는 김원봉과 함께 황포군관학교 제4기생으로 졸업한 의열단원 박건웅과 혼인하여 함께 항일 활동을 했다. 정율성은 셋째형의 인도로 의열단에 가입하고 조선혁명간부학교 훈련반 제2기생이 되었다. 졸업 후 남경 시내 전화국에서 특수 임무를 수행하던 정율성에게서 음악 재능을 발견한 김원봉이 상해에 와 있던 소련 음악가에게 보내 개인 수업을 받게 해 주었다. 그 음악가는 정율성에게 유럽에 가서 성악을 공부하라고 권했다. 정율성은 나중에 작곡가가 되었지만 어려서부터 성악에도 재능이 있었다.

1936년 남경 조선민족혁명당 본부에서 정율성을 만난 김학철은 정율성이 음악 공부를 하러 상해에 다닌다는 이야기를 듣고 "그 자식 피아노로 왜놈을 칠 작정인가?" 하고 다소 의심스러운 태도를 보였다고 한다. 김학철은 정율성이 자신보다 두 살 아래로 알고 있었지만 실제로는 정율성이 김학철보다 두 살이 많다. 일본의 눈을 속이기 위해 이름도 나이도 본적도 숨기던 시절의 이야기다.

1937년, 두 사람은 남경 조선민족혁명당 본부에서 다시 만났다. 정율성이 김학철에게 〈인터내셔널가〉와 〈라 마르세이예즈(La Maiseillaise)〉를 가르쳐 주었지만, 김학철은 "머릿속에 워낙 총과 탄약이 가득 들어차 있었던 까닭에 무슨 음악 따위는 도저히 들어박힐 여지가 없었다." 당시 김학철은 조선민족혁명당의 기관지 『앞길』의 경비 마련을 위해 "돈 있는 일본놈들을 습격해" 일을 저질러 놓고는 다급하면 바로 남경 본부로 피신하던 행동대 대원이었다.

남경의 조선민족혁명당 본부는 화로강(花露崗)에 있었다.

남경·중화문안 서북쪽 두어마장 되는 거리에 성벽 가까이 그리 높지 않은 언덕 하나가 두드러졌는데 그 언덕의 지명이 곧 화로강이었다. 그 화로강 우에 규모가 볼 만한 절 하나가 자리 잡고 있었는바 화강석을 다듬어서 만든 그 산문(山門)의 문미에는 이연선림(怡然禪林)이라는 네 글자가 새겨져 있었다.

이연선림의 경내에 들어서서 중들과 선남선녀들이 부처 앞에 분향하는 모습을 곁눈질해 보며 동향한 중대문을 들어서면 바로 눈앞에 규모가 어지간한 루관(樓觀) 한 채가 나서는데 그 루관의 아래웃층은 모두 어뜩비뜩한 속인들이 거처하는 별세상이었다. 그속인들이 바로 일본제국주의를 불공대천의 원쑤로 삼는 조선의 애국적망명가들이었다. 연장자들은 화로강 근처에 따로 집들을 잡고 살았으므로 이연선림에서 기거를 하는 것은 젊은 축들뿐이었다.

당시 화로강은 소문이 널리 난, 전기적 색채를 띤 곳이었다. 그래서 화로강은 우리에게 있어서는 이슬람교도들의 성지 메카나 기독교인들의 성지 예루살렘과 거의 맞먹는 곳이었다. 우리는 다들 경건한 마음으로 화로강을 신성시하였었다.

화로강은 조선민족혁명당 중앙본부의 소재지였다.

- 김학철, 〈화로강사화〉, 『연변문예』 1989년 7호

이후 태항산에서 조선의용군 화북지대 제2대 분대장으로 일제와 싸우던 김학철은 팔로군 정치부 선전부가 각 근거지에 보급용으로 내려보낸 〈팔로군행진곡〉의 작곡가가 정율성임을 알고 벌린 입을 다물지 못하고 동지들과 서로 얼굴만 마주 보았다.

1980년 12월에 복권된 김학철은 65세의 나이에 창작 활동을 재개했다. 김학철은 정율성의 부인과 편지를 여러 차례 주고받으며 정율성의 업적을 중국 대중에게 널리 알렸다. 한편 임종 전까지도 조선의용군 역사를 작품화하는 등 항일 기록 작업에 매진했다. 그중에는 정율

성에 대한 글도 있다.

2001년, 한국을 방문하고 큰 병을 얻은 김학철은 미리 유언을 남기고 스무하루 금식 후 9월 25일, 연길(延吉) 자택에서 생을 마무리한다.

사회에 부담을 덜기 위해, 가족의 고통을 줄이기 위해, 더는 연연하지 않고 깨끗이 떠나간다. 병원, 주사 절대 거부하며, 조용히 떠나게 해달라. 부고 내지 마라. 유체 고별식, 추도회도 일절 하지 마라. 일절 부조금도 받지 마라. 유골은 두만강 하류에 뿌리고, 남은 것은 우체국에서 우편용 종이박스 구해서 두만강 물에 띄워 고향 원산으로 가게 하라.

오랫동안 한국에서는 이 두 사람의 이름조차 입에 올리지 못했다. 사회주의 계열인 데다 북한에서 활동한 경력 때문이었다. 이 두 의열단원이 사회주의 사상을 지닌 투사였던 것은 분명하다. 그러나 두 사람을 단순히 사회주의자로 규정하기에는 이들의 생애가 너무 찬란하다. 첫째, 조선의 민족 해방을 위해 투쟁하되 흔한 민족주의자들보다 더 일선에서 싸웠던 분들이다. 둘째, 중국에서 활동했으나 중국을 뛰어넘고 온 세계 반전주의자들과 연대했던 세계 시민들이었다. 셋째, 평화시대에도 온몸으로 불의에 항거했던 분들이다. 넷째, 언제 어디서나 유머와 낭만을 잃지 않고 국적 불문의 대중을 위로하던 예술가들이었다. 이런 두 사람을 협소한 이념으로 규정하여 위대한 항일의 역사에서 제하는 어리석은 일은 없어야 하겠다.

정율성은 어려서 부르던 〈매기의 추억〉을 임종 얼마 전 혼자서 녹음해 두었다. 유품 정리 때 테이프를 발견한 유족이 음원으로 만들어 보관했는데, 현재 흑룡강성 하얼빈시 우의로(友誼路) 233호 정율성기념관에 가면 그 육성을 들을 수 있다. 음원을 구해 이제는 집에서 듣는데, 치아 성치 않은 노인이 남녘 땅 고향을 그리며 구슬프게 부르는 노래를 들노라면 눈물이 난다. 가슴이 아파 그만 듣겠다고 마음먹지만 어느새 또 듣고 있다.

이론과 실천을 겸비한 윤세주

1932년, 조선혁명간부학교 입학생 이육사(1904년생)는 우리 나이로 스물아홉 살이었다. 무장 독립 투쟁을 위해 훈련생으로 입교하기에는 늦은 나이였다. 이육사의 동기생이 이육사가 스물다섯 살이라고 일본 경찰에 털어놓은 것을 보면 이육사는 실제 나이보다 어려 보였던 모양이다. 스무 살이었던 그 동기생이 털어놓은 스물다섯 명 동기의 평균 연령은 스물세 살이었다. 이들처럼 스물셋에 군관학교에 지원했던 박정희는 2년제 만주국 중앙육군군관학교 측에서 만 16세 이상 19세 이하로 입학 연령을 제한했기 때문에 피로 충성을 맹세하는 지원 편지를 보냈다. 스물셋이거나 스물다섯이거나 사관학교 생도가 되기에는 늦은 나이인데 남경의 의열단 조선혁명간부학교 제1기에는 이들보다 나이가 훨씬 더 많은 생도가 있었다. 바로 윤세주다.

이육사의 동기생은 일본 경찰에서 가장 나이 많은 동기생을 '서른

살' 윤세주라고 했지만 1900년생 윤세주는 실제 서른세 살이었다. 중국 측 기록을 포함하여 윤세주의 출생연도가 1901년으로 기재된 곳이 있지만, 고향에서 옆집에 살던 김원봉이 자신보다 두 살 아래라고 했으니 1900년생이 맞다. 김원봉은 1898년생. 서른세 살에 조선혁명간부학교 생도로 입학하겠다는 윤세주에게 교장 김원봉이 교관을 권했지만, 윤세주는 처음부터 다시 시작하겠다면서 생도를 고집했고, 자신이 천거했던 이육사와 함께 제1기생이 되었다.

밀양 장터의 삼일만세를 주동하고 중국으로 망명하여 의열단에 가입한 윤세주는 의열단 1차 의거인 밀양경찰서 폭탄 투척 주모자로 체포되어 7년을 옥에 갇혔다. 1927년 만기출옥한 뒤 고향 밀양에서 항일 운동을 계속하던 윤세주는 1932년 남경으로 가서 의열단 지도자 김원봉과 해후하고 특수요원 양성 학교를 준비하던 김원봉을 도와 북경과 천진 등지에서 생도 모집에 전념했다. 윤세주의 권유를 받은 이육사는 처남 안병철과 함께 남경으로 와서 이 학교 제1기생으로 입교했다.

이육사가 조선으로 돌아간 뒤 윤세주는 이 학교의 교관이 되어 제2기생과 제3기생에게 세계경제지리, 마르크스 유물론철학, 마르크스사회학을 가르쳤다. 윤세주는 7년 감옥 생활을 공부로 보냈던 책벌레였다. 이후 김학철이 졸업한 중국 중앙육군군관학교 성자-강릉분교(星子-江陵分校)에서 조선독립운동사를 가르쳤다. 이 중앙육군군관학교의 전신은 20세기 초 중국의 혁명군을 길러냈던 황포군관학교이다.

김학철은 스승 윤세주를 특히 존경했다. 윤세주는 김학철의 군관학교 스승이자 조선의용대의 지도자였을 뿐 아니라 김학철이 다친 이듬해 일본군과 교전에서 전사했기 때문에 오래도록 마음에 남았을 것이다. 1994년, 김학철은 황포군관학교-중앙육군군관학교 개교 70주년 행사에 참석했다. 중국에 공산당 정권이 들어선 뒤 이 학교 관련 행사가 열린 것은 그때가 처음이었다. 이 사관학교가 국민당과 함께 대만으로 이전해 갔기 때문에 공산당 정권하의 대륙에서는 동창회는 커녕 이 학교 출신이라는 사실이 밝혀지기라도 하면 엄청난 불이익을 받았다. 그러다가 1987년, 대만에서 약 40년 동안 지속했던 계엄령이 해제되면서 분단국 중국과 대만 사이의 해빙 분위기가 급물살을 탔다. 1988년에는 급기야 중국의 금기어였던 황포군관학교 동창회 사무실이 지역마다 설치되어 동창생을 찾아 동창회 명부를 작성하기 시작했다. 황포군관학교 개교 70주년을 맞이하여 대륙과 대만에서 각각 기념우표를 발행했고 기념 배지도 제작 배포되었다. 그전에는 상상도 할 수 없는 일이었다.

김학철은 70주년 행사에 참석하여 자신의 배지 외에 교관 윤세주의 배지까지 챙겨 스승의 후손에게 전달했다. 스승 윤세주와 함께 지낸 몇 해 동안 스승이 역정 내는 모습을 한 번도 본 적 없었다는 김학철은 독립운동 초년병 시절 자신의 눈을 뜨게 해준 스승 윤세주의 학식과 인품, 군사적 재능, 선전선동 능력에 깊이 감탄했다. 2001년, 밀양에서 열린 스승 석정 윤세주 탄신 백 주년 행사에 기쁜 마음으로 참석했던 김학철은 그해 가을 세상을 하직했다.

윤세주를 누구보다 좋아했던 또 한 명의 의열단 단원이 바로 이육사이다. 1933년, 자신을 의열단 조선혁명간부학교로 이끌었고 함께 생도 생활을 했던 윤세주와 상해에서 헤어진 이육사는 윤세주를 잊지 않고 살았다. 그 마음이 1941년 1월 『조광』에 발표한 〈연인기(戀印記)〉에 잘 나타나 있다.

그때 봄비 잘 오기로 유명한 남경의 여관살이란 쓸쓸하기 짝이 없는 것이라, 나는 도서관을 가지 않으면 고책사(古冊肆)나 골동점에 드나드는 것으로 일을 삼았다. 그래서 그곳에서 얻은 것이 비취인장(翡翠印章) 한 개였다. 그다지 크지도 않았건만 거기에다가 모시 칠월장(毛詩 七月章) 한 편을 새겼으니 상당히 섬세하면서도 자획이 매우 아담스럽고 해서 일견 명장(名匠)의 수법임을 알 수 있었다.

나는 얼마나 그것이 사랑스럽던지 밤에 잘 때도 그것을 손에 들고 자기도 했고, 그 뒤 어느 지방을 여행할 때도 꼭 그것만은 몸에 지니고 다녔다. 대개는 여행을 다니면 그때는 간 곳마다 말썽을 부리는 게 세관리(稅官吏)들인데, 모든 서적과 하다못해 그림엽서 한 장도 그냥 보지 않는 녀석들이건만 나의 귀여운 인장만은 말썽을 부리지 않았다. 그랬기에 나는 내 고향이 그리울 때나 부모형제를 보고 싶을 때는 이 인장을 들고 보고 모시 칠월장을 한번 외워도 보면 속이 시원하였다. 아마도 그 비취인에는 내 향수와 혈맥이 통해 있으리라.

그 뒤 나는 상해를 떠나서 조선으로 돌아오게 되었고 언제 다시 만날는지도 모르는 길이라 그곳의 몇몇 문우들과 특별히 친한 관계에 있는 몇 사람이 모여 그야말로 최후의 만찬을 같이하게 되었는데, 그중 S에게는 나로부터 무엇이나 기념품을 주고 와야 할 처지였다. 금품을 준다 해도 받지도 않으려니와 진정을 고백하면 그때 나에게 금품의 여유란 별로 없었고, 꼭 목숨 이외에 사랑하는 물품이라야만 예의에 어그러지지 않을 경우이라, 나는 하는 수 없이 그 귀여운 비취인(翡翠印) 한 면에다 '贈 S. 1933. 9. 10. 陸史'라고 새겨서 내 평생에 잊지 못할 하루를 기념하고 이 땅으로 돌아왔다.

…(중략)…

나는 상해에서 S에게 주고 온 비취인을 S가 생각날 때마다 생각해 보는 것이다. 지금 S가 어디 있는지 십 년이 가깝도록 소식조차 없건마는, 그래도 S는 나의 귀여운 인(印)을 제 몸에 간직하고 천태산(天台山) 한 모퉁이를 돌아 많은 사람 틈에 끼어서 강으로 흘러가고만 있는 것같이 생각된다.

나는 오늘 밤도 이불 속에서 모시 칠월장이나 한 편 외워보리라. 나의 비취인과 S의 무강(無疆)을 빌면서.

1941년 1월이라면 윤세주가 통솔하던 조선의용대 제3지대가 김원봉과 헤어져 최전방 화북 지역에 가 있을 때였다. 이육사는 이 글에서 윤세주가 "어디 있는지, 십 년이 가깝도록 소식조차 없다"고 했지만, 실제로는 윤세주의 소식을 전해 듣고 있었음이 분명하다. "천태산 한 모퉁이를 돌아 많은 사람 틈에 끼어서 강으로 흘러가고만 있는 것 같다"는 말은 화북 지역에 도착한 윤세주와 조선의용대를 묘사한 것이다. 다만 조선의용대가 활동하던 태항산맥 남부 지역을 '태항산'이라고 하지 않고 '천태산'이라고 표현하여 자신이 윤세주의 소식을 알고 있음을 드러내지 않으려고 했다. 한국에도 천태산이 있지만 중국에는 천태산이 흔하다. 중국 전역 스물다섯 곳에나 같은 이름의 천태산이 있는데, 그중에 윤세주의 주둔지에서 멀지 않은 곳에 천태산이 있다.

1942년 6월 초, 윤세주가 '천태산' 지구에서 전사한 것을 알았을까? 1943년에 중국으로 간 것은 윤세주의 죽음과 관계가 있을지도 모르겠다. 윤세주의 전사는 바로 알려지지 않은 듯하다. 윤세주의 친구 김원봉은 1943년 6월 15일에 발간된 민족혁명당 기관지 『앞길』 제32기에서 윤세주가 전사한 자세한 내막을 1년이 지나고서야 알게 되었다고 썼다. 그러면서 "석정 동지는 조선독립과 인류의 해방을 위하여 모든 정력을 공헌하였고 일체의 행복과 심지어 최후 한 방울의 피까지 바쳤다"고 애도했다. 중국 중경에 있던 김원봉이 1943년에야 윤세주의 전사 소식을 들었다면 이육사도 그즈음에야 친구의 소식을 듣지 않았을까 추정해 본다.

1938년 식민지 조선의 최초 무장 세력으로 조직된 조선의용대가 몇백 명의 병력으로 일본군과 교전하는 것은 그야말로 '달걀로 바위 깨기'였을 것이다. 그러나 그들은 항상 의기양양했다고 한다. 조선의용대가 막 조직되었을 때 이들을 방문했던 일본 반전운동가 가지 와타루(鹿地亘)는 그런 모습에 질렸다고 했다.

(조선의용대는) 무창 시내의 비교적 큰 민가를 빌려 숙소로 삼고 있었다. 가운데 마당을 둘러싸고 네 채의 숙소로 이루어져 있었다. 집합 명령으로 각 동의 방에서 '와' 뛰쳐나오는 500명 전후의 녹색 군복을 입은 젊은이들이 갑자기 마당을 가득 채웠다. 미처 뛰어나오지 못한 자들은 복도 창문을 몽땅 열고 겹겹이 얼굴을 내밀고 있었다.

…(중략)…

대장이 개회를 선언하고 이어서 나를 소개하며 인사를 시켰다. 실제로 나는 지금까지 이렇게 많은 발랄한 조선 젊은이들이 이런 곳에 있다는 것이 현실로 느껴지지 않았기 때문에 질리는 듯한 기분을 느꼈지만 청산이 뒤에서 재촉했기 때문에 흥분을 느끼며 앞으로 났다.

나는 솔직하게 "지금 이곳에서 이렇게 훌륭한 단체를 이루고 있는 조선의 형제들과 얼굴을 맞대니 가슴이 벅찬 기분이다. 함께 손을 잡고 침략자와 힘껏 싸우자"고 소리를 질렀다. 우렁찬 박수소리가 터졌다.

- 가지 와타루, 『회상기 「항일전쟁」 속에서』

조선의용대원들은 중과부적으로 패배가 분명한 상황에서도 사지로 뛰어들었다. 죽을 줄 알면서 포기하지 않았던 그들은 실속 없는 빈 껍질의 외교활동이나 이론에 그치는 입씨름을 원치 않았고, 오직 항일 일선에 뛰어들어 모든 역량을 다하여 싸웠던 실천가들이었다.

한편 불굴의 의지로 자신의 일체를 희생했던 실천가 윤세주는 탁월한 이론가이기도 했다. 1932년 윤봉길 의거 후 상해에 불어닥친 검거 선풍으로 항일운동가들이 남경에 모여들었을 때 윤세주는 김원봉과 함께 좌우로 나뉜 항일 세력의 통일에 앞장섰다. 윤세주가 보기에 중국 국민당과 공산당도 합작하는 마당에 조국 해방이라는 목표가 같다면 설사 독립운동가들의 이념이 다르다 하더라도 서로 합작하지 못할 이유가 없었다. 김원봉과 윤세주가 주도한 합작 운동이 결실을 맺어 1935년 6월부터 한 달가량, 남경 금릉대학 교회와 대학 근처 찻집, 여관, 공원 등지에서 이념을 달리하던 독립운동가들이 조별 토론에 들어갔다. 치열한 토론을 거쳐 우익의 상징 '민족'과 좌익의 상징 '혁명'이 함께하는 민족혁명당이 탄생했다. 불안한 동거였지만 한국 현대사에 길이 남을 좌우 합작의 시작이었다. 윤세주는 민족혁명당 중앙위원으로 활동하면서 기관지『민족혁명』과『전도(前途)』의 편집자로 일했다. 윤세주는『민족혁명』창간호(1936년 1월 20일)에 발표한 〈우리 운동의 새 출발과 민족혁명당의 창립〉에서 당시 우익과 좌익의 사상 경도성을 지적하면서 민족의 특수성과 인류 보편 법칙을 나누어 적용하지 말 것과 조선이 만인 평등과 만국 평화를 지향하는 인류 사회의 새로운 발전 방향에 공헌하기 위해서 민족 전체의 역량을 모아 제국주의에 항거하는 모든 세력과 연대하여 일본 및 열강의 제국주의를 몰락시키자고 주장했다. 또 민족 내부의 모순을 영원히 없애기 위해 경제 평등을 실현할 수 있는 정치 강령을 지닌 진정한 민주주의 국가를 건설해야 한다고 역설했다. 윤세주가 주장한 민주 정치와 경제 평등은 80년이 지난 오늘날에도 여전히 유효한 의제이다.

김원봉이 조직하고 윤세주가 이끌던 의열단 조선혁명간부학교의 교사가 남경 어느 곳에 있었는지는 분명치 않다. 단원들이 비밀을 지켰고, 검거된 뒤에도 정확하게 진술하지 않았기 때문에 일본 경찰의 신문조서나 당시 남경의 일본영사관이 수집한 정보로는 그 장소를 특정하기 어렵다. 제1기생이 훈련을 받았다는 남경 탕산(湯山)의 절 이름만 해도 몇 가지가 있다. 그중 가장 널리 알려진 선사묘(善司廟)는 실제 제3기의 한 훈련소 북쪽에 인접해 있던 사찰이었다. 제1기생은 가

본 적도 없는 사찰 이름이 일본 경찰 신문 조서에 등장하는 것은 검거에 대비하여 학교 측에서 미리 숙지시킨 지명이 아닐 수 없다. 제2기생의 훈련 장소도 정확한 지명이 밝혀져 있지 않다. 제3기는 일본 측에 발각되어 교사를 이전했는데 한 번 이전했다고도 하고 두 번 이전했다고도 한다.

남경 번화가에서 동쪽으로 30km 떨어진 탕산은 남경에서 드물게 온천이 나오는 곳이라 장개석이 별장을 두고 즐겨 찾던 곳이다. 장개석이 대만으로 간 뒤에는 뉴스에 오를 일이 없다가 1993년, 약 30만 년 전에 살았던 것으로 추정되는 인골이 나와서 중국을 떠들썩하게 만들었다. 의열단 조선혁명간부학교 훈련반 제1기생의 교사가 이곳에 있었다는 사실을 알고 나서 일본 측 자료에 나오는 절 이름을 들고 탕산행 시내버스를 탔다. 탕산 동사무소를 찾아가서 물어봤지만 탕산에는 선사묘가 없었다. 그 밖의 다른 이름도 물어봤지만 아는 사람이 없었다. 동네 노인들을 붙잡고 물어봐도 모르기는 마찬가지였다. 다만 장개석 별장이 있던 곳 근처에 김원봉과 합작했던 중국 정보국 군통의 아지트가 있었다는 사실은 확인했다. 그러나 1932년 10월에 입학한 제1기생들이 며칠 동안 풀을 뽑고 자갈을 걷어냈던 연병장과 이육사와 윤세주가 은밀한 대화를 나누었던 뒷산이 있는 조선혁명간부학교 터를 찾지는 못했다. 제2기생 훈련 장소도 아직 찾지 못했다.

의열단의 발자취를 찾아 남경을 방문하는 사람들은 아쉽지만 제3기생 훈련장소를 찾는 것으로 만족해야 한다. 제3기생 훈련 장소는 많게는 세 군데로 알려져 있는데 그중 가장 마지막에 머물렀던 곳이 바로 정율성과 김학철이 만났던 화로강이다.

화로강에는 현재 관람이 가능한 우원(愚園)과 고와관사(古瓦官寺)가 남아 있다. 와관사는 4세기 동진(東晉) 때에 세워진 대규모 사찰로서 그 뒤 변천을 거듭하다 청나라 말기에 묘오(妙悟)율원으로 중건되었다. 민족혁명당 본부는 이 절 안의 이연선림 건물에 있었다. 청나라 상류층 주택이었던 우원은 이 절의 남문과 붙어 있는데, 현재는 복원되어 흔적을 찾기 어렵지만 제3기생이 이 집 마당을 연병장으로 썼다. 이곳은 남경 성안에 있으면서도 성벽에 바짝 붙어 있고 지대가 높아 비밀 아지트로 쓰기 좋아 보였다. 남경 사람도 아닌 김원봉이 어떻게 이런 곳을 찾아냈을까? 의문은 의외로 쉽게 풀렸다.

조선혁명간부학교와 민족혁명당 본부가 이곳에 들어오기 두어 해 전, 중국 군정부(軍政部) 소속 화학무기 부대가 이곳에서 발족했다는 기록을 찾아냈다. 비밀 부대였기 때문에 화학 무기라는 뜻의 중국어 '화학병(化學兵)'에서 '화'를 떼고 학병대 또는 학병총대라는 이름으로 불린 이 부대는 남경의 작은 절을 떠나 생산 시설을 갖춘 곳으로 이전했다. 그 뒤 중국 정부가 비밀 관리하던 이 절은 조선혁명간부학교 제3기생에게 배당되었고 이어서 민족혁명당 본부가 입주한 것으로 보인다.

중일전쟁이 일어나자 김원봉과 민족혁명당 당원들은 이곳을 떠나 무한으로 가서 조선의용대를 조직했다. 주인을 잃은 이곳은 황폐해졌다. 1959년부터 남경절연재료공장이 들어섰던 묘오율원은 2003년에서야 불교 사찰로 재단장되었고, 쓰레기 하치장으로 변했던 우원도 5년 동안 복원 공사를 거쳐 2016년부터 개방 중이다. 이제 연병장의 모습은 찾아볼 수 없지만 화로강 이 동네에 들어서면 특수 훈련을 받던 의열단원의 함성이 들리는 듯하다.

김구와 김원봉의 남경시대

1932년 4월 윤봉길 의거 후 그나마 안전하다고 여겼던 상해 프랑스 조계도 위험해졌다. 연락을 받지 못한 안창호가 체포되고 독립운동가들의 처소는 샅샅이 수색되었다. 프랑스 조계 당국이 그동안의 불간섭 정책을 버리고 일본영사관의 검거 선풍에 협조하기 시작하자 상해의 항일운동가들은 뿔뿔이 흩어졌다가 남경에 모여들었다.

윤봉길 의거를 기획한 대한애국단 단장이자 임시정부 군무장(국방부 장관)이었던 김구는 항주와 가흥 등지에서 피신하다 1933년 5월에 남경으로 왔다. 김구는 장개석을 만나 좌우를 물리치고 필담으로 장개석의 후원을 받아냈다. 윤봉길을 높게 평가하던 장개석은 대한애국단 단장 김구에게 군사 인재를 양성할 수 있도록 중국 중앙육군군관학교에 조선인을 입학하게 해주고 자금도 지원했다.

장개석의 지원 아래 김구는 남경에서 임시정부의 명맥을 유지해 나갔다. 김구는 임시정부 요인들과 가족을 남경에 가까운 진강(鎭江)에 숨기고 자신은 남경에 숨어 지냈다. 엄청난 현상금이 걸려 있었기 때문에 공개 활동은 생각할 수 없었다. 임시정부는 청사도 없이 바람 앞의 등불처럼 흔들리고 있었다. 유명무실해진 임시정부의 해체를 주장하는 소리가 높았지만, 민족혁명당과 불화 중이던 세력을 모아 한국국민당을 결성하고 임시정부의 역할을 조금씩 강화해 나갔다. 김구는 남경에서 장개석의 전폭적 지지를 받으며 지도자로서의 위신을 갖추게 되었고 1936년에는 외무장(외교부 장관)에 선출되었다.

같은 시기, 남경에는 장개석의 전폭적 지원을 받던 항일운동 지도자가 한 사람 더 있었다. 황포군관학교를 졸업하여 장개석의 직계였던 의열단 단장 김원봉이었다. 김구는 1876년생으로 그때 이미 오십대 후반이었고, 김원봉은 그보다 스물두 살이 적은 삼십대였다. 항일 세력 통일에 힘쓰던 김원봉이 민족혁명당의 지도자가 되자 김구는 한국국민당을 결성하여 맞섰다. 학계의 통설은 임시정부 사수파 김구와 해체파 김원봉이 남경에서 대립했다고 보고 있다. 『백범일지』에 '공산주의자 김원봉과 함께할 수 없었다'고도 나오지만, 김원봉이 공산주의자라면 장개석이 지원했을 리가 없다. 일본과의 대결을 미루면서까지 공산당을 섬멸하려고 했던 장개석이 아닌가. 이 점은 김구가 더 잘 알고 있었을 것이다.

그런데 남경 일본영사관에서 김구를 미행한 자료에는 김구와 김원봉의 합작이 돋보인다. 일본 영사관에서 본국 외무대신에게 보고한 바에 따르면 "김구는 김원봉을 동반하고 현재 한구(漢口) 방면으로 여행 중인데 언제 돌아올지는 알 수 없다.", "4월 25일 이래 김원봉을 동반하고 남창(南昌) 방면에 가 있던 김구는 5월 21일 오전 11시 배편으로 남경에 돌아왔다.", "최근의 김구는 콧수염을 중국풍으로 늘어뜨리고 구레나룻은 4.5cm가량 길렀으며 머리카락은 길어 모두 뒤로 빗어 넘겼다. 몸은 심히 수척하며 이번에 남경에 올 때의 복장은 남색으로 긴 상의인 중국옷을 착용하고 있다."고 되어 있다. 좀 더 자세한 보고도 있다.

발신: 주남경총영사

수신: 외무대신

1934년 4월 13일

본건에 관해서는 전부터 각 방면에 걸쳐 엄밀하게 내사 중이었는데, 최근 우리 영사관 경찰의 첩보에 의하여 알게 된 것을 다음과 같이 보고함. 그리고 김구의 행동, 조선인 혁명투사 양성기관의 내용 등에 관해서는 계속 내사 중임.

김구는 현재 강소성 강녕현 강녕진에 있는 국민당 강녕현 당사 일부에 일파 7명과 함께 중국 측의 보호를 받으면서 거주하고 있다.

3월 19일자 기밀 제214호로 보고한 바 있는 강녕진 소재 군관학교 분사는 김구가 주관하고 있는데, 그 목적하는 바는 반일, 반만주국 공작 및 조선 독립운동에 종사할 소위 혁명투사를 양성하는 데에 있다.

현재 구내에는 조선인 청년 160명을 수용하고 있고, 별도로 교관 및 기타 인원 30여 명을 합하면 앞서 보고한 수효와 거의 일치한다. 군관학교 분사와 국민당 강녕현 당사는 겨우 몇백 미터 떨어져 있는데, 김구는 주로 당사 구내에 있으면서 밖으로 나오지 않는다. 김구에게 용무가 있을 때는 분사 측에서 김구에게 간다고 한다.

군관학교 학생 한 명에게 다달이 10달러 상당을 지급하고 있다. 이제까지 국민당 당사에서 월 경비 2천 달러를 지급해 왔으나, 최근에는 당사에서 정식으로 지출하던 것을 중지하고, 요인 명의로 김구에 대하여 위 경비를 지급하게 되었다고 한다. 학생 지도는 대체로 김구에게 일임되어 있다. 남경헌병사령부 우편전신검사소 주임이자 의열단원인 이춘암(李春岩)이라는 자도 가끔 분사에 출입하여 혁명사상의 고취 및 훈련에 종사한다고 한다.

1934년 4월, 강녕진에 있던 조선인 군관학교라면 김원봉이 교장으로 있던 제2기 조선혁명간부학교로서, 검거된 제2기생들이 1934년 4월 23일에 거행된 졸업식에 김구가 축사를 하고 만년필을 주었다고 한 바로 그 학교이다. 그런데 일본 측 첩보에 따르면 이 학교는 김원봉이 아닌 김구가 주관하고 있다. 일본 측의 첩보에 문제가 생긴 걸까? 그렇게 단정하기에는 이르다.

비슷한 시기, 조선총독부 경무국 사무관으로 상해에 파견된 나카노 가쓰지(中野勝次)는 "김구가 김원봉 등과 함께 남경 교외 강녕진에 잠복해 있고, 중국군사위원회 간부훈련단 제6대, 즉 의열단의 조선혁명간부학교는 김구의 뜻에 따라서 김원봉이 편의상 통솔하고 있다. 현재 김구 일파는 남경을 중심으로 하여 중국군관학교 혹은 그 분교와 유사한 기관에 조선인 청년을 다수 수용함으로써 중국 측과 가장 긴밀한 연락하에 흉계를 기도하고 있음이 움직일 수 없는 사실"이라고 총독부에 보고했다.

일본 측 자료를 볼 때 김구와 김원봉은 중국의 지원 아래에 함께 군대를 양성하고 있었음이 분명하다. 김구와 김원봉은 독립운동가 중에서도 무장투쟁파였고 동시에 장개석의 지원을 받은 공통점이 있었다. 그런데 장개석은 창구를 단일화하지 않고 각각 다른 경로를 통해 두 사람을 지원했다. 김원봉의 조선혁명간부학교는 중국 군사위원회 정보국에서, 김구가 준비하는 군관학교는 중국 국민당 중앙당 정보국에서 지원하는 식이었다. 그런데 위에 나오는 조선혁명간부학교 제2기가 있던 강녕진은 김구를 지원하던 국민당 정보국 통제 속에 있던 지역이었다. 어떻게 된 일일까? 군사위원회 정보국 기지 안에 있었던 제1기 교사가 일본 측에 발각된 뒤로 김원봉은 김구의 도움을 받아 국민당 중앙당의 지원을 받은 것으로 추정된다. 중국 현대사에서 군사위원회 정보국과 국민당 정보국은 협조하던 사이가 아니었다. 김구와 김원봉의 위신 때문이었을까? 조선의 무장세력을 양성하는 길에 두 앙숙 정보국이 협조하고 있다.

조선의 사관학교가 남경에 세워졌다는 사실을 알게 된 일본 측은 다급해졌다. 동아일보 1934년 08월 08일 자에는 나카노 가쓰지가 서울 조선총독부에 들어와 조선군관학교 및 상해 방면 조선 사람 최근 정세와 행동을 보고하고 향후 단속 방침을 결정하여 중요시된다고 나온다. 사실 나카노는 1933년 9월 상해에 파견된 뒤 계속해서 이봉창과 윤봉길 의거의 기획자였던 김구 암살 계획을 짜고 있었다. 나카노와 후임 히토스키 도헤이(一杉藤平)는 각각 한 차례 남경의 김구를 암살하려 했으나 두 번 다 실패했다. 김구는 중국 측에서 특별히 보호하고 있었다. 조선총독부 문건에 따르면 나카노가 보낸 암살단 8명은 중국 경찰에 체포되어 모두 처형됐다. 그 후 1938년 창사(長沙)에서 있었던 세 번째 암살 시도에서 김구는 중상을 입고 사경을 헤맸다. 중일전쟁이 터져 수도 남경을 잃고 중국이 혼란에 빠져 있었을 때였지만, 이때에도 장개석이 특별 명령을 내려 김구의 생명을 돌보게 했다. 그렇게 국민당의 절대적인 지원을 받던 김구가 자신이 만든 정당을 한국국민당이라고 한 것은 우연이 아니다.

조선총독부 경무국 상해 분국에서는 조선 독립운동가 중에 처지가 어려운 사람을 밀정이나 저격수로 고용해 썼다. 세 차례 김구 암살계획에 동원된 밀정과 저격수도 모두 독립운동가 출신으로, 첫 번째는 공산주의 계열, 두 번째는 아나키스트 계열, 세 번째는 민족혁명당 계열이었다.

1935년 김원봉이 민족혁명당을 결성할 무렵부터 김구와 김원봉의 사이가 멀어졌는데, 이렇게 된 데에는 이 둘을 갈라놓으려는 일본 측의 간계가 있었기 때문이 아닐까 한다. 김원봉 주도로 결성된 민족혁명당에 공산주의, 아나키스트 계열이 함께하고 있었던 것을 김구가 마뜩치 않게 생각하지 않았을까? 그러나 중일전쟁이 터져 무장항쟁이 본격화되자 두 사람은 다시 합작했다. 김원봉은 임시정부에서 김구와 끝까지 함께했다.

남경의 남대문인 중화문을 기준으로 동쪽에는 김구의 아지트가, 서쪽에는 김원봉의 아지트가 있었다. 지금은 김원봉의 아지트였던 화로강의 민족혁명당 본부 겸 조선혁명간부학교 제3기 교사만 남아 있다. 1937년, 중일전쟁이 터지면서 일본의 무차별 폭격으로 남경이 거의 다 파괴될 때 김구의 아지트도 없어졌다. 피난을 떠나기 직전 김구는 일본의 폭격에 목숨을 잃을 뻔했다. 회청교(淮淸橋)에 있던 집이 폭격으로 무너진 것이다. 수도 남경 함락이 예고되자 중국 정부는 수도를 옮기기로 했다. 다급해진 김구는 임시정부 요인들과 함께 피난을 떠났다. 김원봉도 민족혁명당 당원들을 이끌고 남경을 떠났다.

김구는 이때 자신의 은신을 도와주던 중국인 주애보(朱愛寶)와 헤어지게 되는데, 여비 백 원을 주어서 절강성으로 돌려보냈다. 김구는

『백범일지』의 남경을 떠나는 장면에서 "5년 동안 몸을 의탁했고, 부부 비슷한 관계도 부지중에 생겨 실로 공로가 적지 아니한데, 다시 만날 기약이 있을 줄 알고 노자 이외에 돈이라도 넉넉하게 못 준 것이 참으로 유감천만"이라고 썼다. 뱃사공 주애보의 뒷이야기를 아는 사람은 아무도 없다.

현재 남경 시내 복성신촌(復成新村)에 '김구의 옛집'이란 현판이 달린 양옥집이 있는데, 이 집은 사실 일본 패망 후 임시정부가 환국할 때 중국에 있던 교민을 보호하기 위해 수도 남경에 개설했던 주화대한민국대표부(한국대사관)였다. 위에서도 말했듯이 김구와 그 가족이 거처하던 집이 근처에 있긴 했지만 중일전쟁 때 일본의 폭격으로 부서져 남아 있지 않다.

6부

피눈물을 흘린 땅

군사작전 남경대학살

1937년 12월 13일, 중화민국의 수도 남경이 함락되었다. 함락은 함락으로 그치시 않고 학살을 불렀다. 일본 정부는 아직까지 학살을 공식 인정하지 않고 있다. 세계 흑역사의 한 페이지를 차지하고 있는 남경대학살의 진상이 제대로 밝혀지지 않은 것에는 점령군인 일본군 측에서 철저하게 보도를 통제했고 관련 서류 한 장도 남기지 않았던 탓이 크다. 달포 남짓 지속된 무자비한 군사 행동으로 목숨을 잃은 사람만 30만 명으로 추정되고 상해, 강간, 약탈이 대규모로 발생되었는데, 피해자만 있고 가해자가 없는 것이다.

8월 15일, 중국 수도 남경에서 최후의 일본인 소개 작전이 실행됐다. 7월 7일에 발생한 노구교 사건이 중일전쟁으로 이어졌고, 8월 13일, 일본군의 상해 총공격으로 형세가 험해졌지만, 일본인 민간인과 외교관은 무사히 소개되었다. 그날 오후 일본 나가사키에서 날아온 폭격기가 남경에 폭탄을 무차별 투하했다. 중국 정부가 인도적 차원에서 제공한 특별 열차 편으로 중국 헌병대의 안전한 호위하에 상해 조계지를 향하던 일본인들은 그 소식에 환호성을 질렀다고 한다.

상해 함락 작전에 동원된 일본군은 20만 명까지 증원되었다. 11월 5일에 항주가 함락됐고, 12일에 상해가 함락됐다. 일본군의 다음 목표는 남경이었다. 일본군은 양자강이 막고 있는 남경의 북쪽을 제외하고 크게 세 갈래로 나뉘어 300km 떨어진 남경으로 향했다. 길목마다 학살과 약탈이 자행되었다.

12월 7일 새벽, 장개석 부부가 비행기로 남경을 떠났다. 중경으로 수도를 이전하겠다는 선언은 그보다 훨씬 전인 11월 20일에 발표되었다. 중국 정부 요인을 비롯하여 고위 장성, 알렉산더 폰 팔켄하우젠(Alexander von Falkenhausen)이 이끌던 독일 군사 고문단도 남경을 떠났다.

남경 가까이에 도착한 일본 육군과 해병대가 12월 1일부터 남경 함락 작전에 들어갔다. 12월 8일, 남경 외곽 진지가 모두 점령되어 중국군은 남경 시내로 후퇴했다. 높이 20m에 이르는 남경 성벽에 의지해서 남경을 사수전에 들어간 것이다.

12월 10일 오후 1시에 화중방면군 사령관 마쓰이 이와네(松井石根)가 총공격 명령을 내린 뒤에 제16사단이 남경의 동쪽 방어선을 뚫고 중산문과 주원장, 손중산의 묘가 있던 자금산을 향했고, 제3사단과 제9사단이 동남쪽 방어선을 뚫고 광화문을 향했으며, 제114사단이 동남쪽 다른 방어선을 뚫고 네 겹 옹성 통제문으로, 제6사단이 정남 방어선을 뚫고 우화대, 중화문으로 향했다.

사흘 남짓 중국군 정예부대가 치열하게 방어했지만 역부족이었다. 둘레 18km에 이르는 남경 성벽의 주요 성문들이 뚫리기 시작했다. 이때 일본군의 폭격과 탱크가 날려버린 명나라 초기 성루들은 아주 크고 높았기 때문에 아직까지 제대로 복원되지 못하고 있다.

12월 13일, 동쪽 중산문으로 밀려들어온 일본군 제16사단 보병 제20연대의 누군가가 철문에 낙서를 남겼다.

昭和十二年十二月十三日午前三時十分大野部隊占領
(소화 12년 12월 13일 오전 3시 10분 오노 부대 점령)

오전 3시 10분, 한겨울 동이 트기도 전인 깜깜한 밤중에 수도의 성문이 점령된 것이다. 이후 시가전이 계속되었고 해가 뜰 무렵에 중화민국 수도 남경이 함락되었다. 남경이 함락되자 중국 사람들은 혼란에 빠졌다. 수도가 무너진 것도 실색할 만한 일이었지만, 주원장의 지휘 아래 사상 유래 없이 높고 두껍게 쌓아 올렸던 남경 성벽이 외국 군대에 의해 최초로 뚫렸기 때문이었다.

수도를 보위하던 중국 군대는 이 하루 전날인 12일 오후 5시에 남경을 포기하고 후퇴하게 된다. 후퇴 명령은 11일에 내려졌지만, 남경 위수군사령관 당생지(唐生智)가 하루 더 전투를 이어갔다.

시카고매일신문(The Chicago Daily News) 기자 아키발트 트로얀 스틸(Archibald Trojan Steel)이 목도한 바에 따르면 중국군은 오후 4시 반경에 붕괴되기 시작하여 애초에 계획했던 질서 있는 후퇴가 불가능해졌다. 아수라장 속에서 추격을 피하기 위해 탄약과 수류탄, 군복, 배낭 등을 모두 버렸다고 한다.

일본군의 폭격이 계속되는 가운데 이루어진 십여만 중국 군대의 후퇴는 전투보다 더 고역이었다. 북쪽으로 양자강을 건널 배가 턱없이 모자랐던 것이다. 양자강을 붉게 물들이고도 후퇴 작전은 성공하지 못했다.

따라서 패잔병이 남경 시내에 많이 남게 되었다. 제네바협약에 따라 무기를 소지 않은 패잔병은 민간인과 동일하게 간주해야 했지만 일본군은 중국군을 색출해서 살해했다. 학살의 시작이었다.

일본군 점령 직전의 남경은 중화민국의 수도로서 인구 백만을 헤아리던 대도회지였다. 패잔병을 색출하여 살해하던 일본군은 곧바로 남녀노소 불문한 채 민간인도 학살하기 시작했다. 백 명 이상 죽이기 게임을 했다는 당시 일본 신문 보도가 남아 있어 이성을 잃은 채 진행했던 학살의 성격을 짐작할 수 있다.

2014년부터 12월 13일은 국가추모일이 되었다. 북경에서 최고위급 인사가 내려와서 학살 때 목숨을 건진 노인들과 함께 분향하고 묵념한다. 현재 남경 시내 스물두 군데에 학살 및 매장 장소를 표시한 빗돌이 서 있는데, 2006년에 직경 10m, 높이 5m짜리 대규모 매장지가 새로 발견되기도 했다.

그중에서 남경대학살기념관이 들어서 있는 곳은 만인갱 터다. 일본군은 무장해제된 중국 군인과 시민 만여 명을 육군감옥에 2주 동안이나 가뒀다가 어느 날 저녁 남경성 외곽 강동문에 모아놓고 기관총을 난사했다. 아무도 수습할 엄두를 내지 못하고 몇 달을 보낸 뒤에 불교 계통의 숭선당홍만자회(崇善堂紅卍字會) 등 여러 자선단체에서 만여 구의 시신을 근처 두 군데에 나눠 매장했다. 이때 공간이 협소하여 시신을 여러 층으로 쌓았는데 현재 그 흔적 그대로 기념관 경내에 전시되어 있다.

학살 및 매장 터는 번화가에도 있고 교외에도 있으며 양자강 변에도 있다. 그중에서 강변의 연자기에는 5만 명이, 초혜협에는 5만 7천 명이 매장되어 있다. 강변의 또 다른 두 곳, 보덕사와 면화제에는 각각 9,721명과 28,730명이 학살, 매장되었는데 홍만자회에서 여러 차례에 걸쳐 운구하여 매장했던 시신 숫자를 기록한 것이 지금까지 남아 있다.

774명의 시신이 발굴된 금릉대학교(현 남경대학교)는 일본 점령 초기에 국제안전구역이 설치되어 난민을 수용하던 곳이다. 남경 시민 3만 명쯤이 이 대학 구내 이곳저곳에서 피난 중이었을 때, 일본군이 난민 등록을 핑계로 이들을 테니스장에 모이게 했다. 젊은 남자들이 먼저 살해되면서 일어난 학살은 한국전쟁 초기 보도연맹 학살 장면과 비슷하다. 1950년대, 이 구역에 천문대를 세우면서 일대에 매장된 774구가 드러났다.

1946년부터 1948년 말까지 열린 도쿄전범재판은 남경대학살 책임자로 마쓰이 이와네와 상해파견군 사령관 아사카노미야 야스히코(朝香宮鳩彦)를 지목했다. 교수형에 처해졌던 마쓰이 이와네의 위패는 현재 야스쿠니신사에 있다. 그러나 아사카노미야 야스히코는 천수를 누렸다. 히로히토 국왕의 당숙뻘이자 친고모부였기 때문에 처벌을 피했고, 다만 일본 왕실 호적부에서 삭제되었다.

중국을 식민지로 만드는 원대한 계획을 달성하기 위해 당시 일본 정권은 중국의 수도에서 본때를 보여주는 작전이 필요했을 것이다. 그 작전 수행 책임자로 히로히토 국왕의 최측근이자 일본 육군대학을 졸업한 프랑스 유학파가 중국에 파견된 것은 그리 이상할 것이 없었다. 아사카노미야 야스히코의 두 형과 동생도 일본 육군 대장을 역임했다. 이 네 형제는 일본 군국주의 정권을 떠받치는 기둥이었다. 특히 같은 날 일본 육군대학을 졸업했던 친동생 히가시쿠니 나루히코(東久邇稔彦)는 패전 후 일본 수상을 지냈다. 일본 육군 중장으로 남경 함락 및 학살 작전을 지휘했던 아사카노미야 야스히코는 패전 후 이승의 영화를 누리다가 94살에 세상을 떠났고, 그 동생은 103세까지 살았다고 한다.

남경대학살은 1937년 12월 13일 일본군의 남경 점령과 동시에 시작되어 1938년 1월 하순까지 대략 6주일 동안 지속되다가 어느 순간 그쳤다. 군사작전처럼. 도쿄전범재판에서 희생자를 30만 명으로 추정했는데, 6주 동안 12초에 한 사람씩 죽어갔다는 이야기다. 현재 남경대학살 생존자는 백 명 내외밖에 남지 않았다. 특수한 역사 경험자로서 시대의 증인으로 남아 있는 이 생존자들을 대하면 평화를 사랑하는 일본의 사람이나 미래를 지향하는 중국 사람이나 숙연해지지 않을 수 없다. 나도 마찬가지다.

몇 해 전 남경에서 열린 미래의 평화를 다짐하는 동아시아 포럼에서 대학살 생존자 하숙금(夏淑琴) 노인의 말씀을 들었다. 노인은 자신의 증언을 가짜로 몰아붙인 일본 작가와 출판사를 명예훼손죄로 고소하여 일본 법원 최종심에서 승소하는 과정에 일본 시민들의 도움을 많이 받았다면서 그 자리에 참석하고 있던 일본인들에게 감사했다. 그런데 그 자리에서 경청 중이던 일본 젊은이 한 사람이 꺼이꺼이 울다가 혼절하는 일이 일어났다. 노인은 응급조치를 받아 깨어난 그 젊은이를 다독였다. "자책하지 마세요. 일본 정부의 정책이 문제입니다." 노인은 젊은이가 눈물을 그칠 때까지 한동안 안아주었다.

남경대학살의 가해자 중에 조선인이 많았다는 유언비어가 있다. 일본의 식민지 조선에서 강제 징병이 시작된 것은 1944년이다. 1938년의 총동원령에 따라 육군 특별 지원병 제도가 실시되었고, 1943년에는 학도지원병 제도가 시작되었지만 이 모두 남경대학살이 일어났던 1937년 12월 ~ 1938년 1월 이후의 일이다.

욘 라베와 국제안전구역

1937년 12월 14일. 차를 몰고 시내를 지나오면서 시가지가 엄청나게 파괴된 것을 알았다. 차가 1, 2백m를 못 달려 계속 시체가 밟혔다. 모두 일반 시민의 시체였다. 살펴보니 탄환이 등을 뚫은 것으로 보아 도망가던 시민을 뒤에서 쏘아 죽인 것으로 보인다.

1937년 12월 16일. 차를 몰고 하관(下關)발전소 가는 길에 보니 중산북로가 모두 시체로 덮여 있었다. … 성문 앞에도 시체가 언덕을 이루고 있었다. … 도처에서 살인이 벌어지고 있다. 국방부 바로 앞 군영에서도 살인이 이루어졌다. 기관총 소리가 멈추지 않는다.

1937년 12월 22일. 안전구역 내부를 청소할 때 못 안에서 시민의 시체를 여럿 발견했다. 어떤 못에서는 시체 30구가 나왔는데 대다수가 두 손이 묶인 채였고 어떤 시체는 머리에 돌멩이가 묶여 있었다.

1937년 12월 24일. 시체를 쌓아둔 지하실에 갔다. … 한 시민의 시체는 눈알이 타버린 채였다. 머리를 태워 버린 것이다. … 일본군이 휘발유를 그 사람 머리에 부었다고 한다.

1937년 12월 25일. 일본 측에서 난민 모두 직접 신분 등록을 하게 했는데 10일 안에 완성하라고 한다. … 20만 명이다. 어떻게 10일 만에 등록을 마칠 수 있겠나. 한 무리의 젊은 장정은 이미 붙잡혀 갔다. 그들의 운명은 결정되어 있다. 인부가 되어 노예처럼 일하거나 죽거나. 일본군대 안에 엄청나게 큰 윤락업소를 세운다며 한 무리의 젊은 여자도 잡아갔다.

1938년 1월 1일. 어떤 젊고 아름다운 여자의 어머니가 나에게 쫓아와 무릎을 꿇고 울면서 도움을 요청했다. 내가 쫓아가 어떤 방안에 들어갔을 때, 일본 군인 하나가 벌거벗은 채 울다가 목이 쉬어 버린 한 처녀 몸 위에 올라가 있었다. 그 쌍스럽고 염치없는 일본 군인에게 멈추라고 소리를 질렀다. 다급해서 온갖 언어를 동원해서 멈추라고 외쳤다. 그 군인은 '해피 뉴이어'를 외치고 도망갔다. 벌거벗은 채 한 손에 팬티를 들고.

1938년 1월 3일. 남경이 함락될 때 무기를 버린 중국 군인들 2천 명이 일본군에게 사살되었다. 얼마나 잔인한 일인가. 분명한 국제법 위반 행위다. 남경 함락 작전 때 시민도 2천 명쯤 살해됐다.

1938년 1월 6일. 크로거가 한중문 근처 마른 도랑에서 대략 3천 구 정도의 시체를 목격했는데, 기관총을 갈기는 등의 방법으로 그 시민들을 죽였다고 한다.

- 『라베 일기』 중에서

1937년 8월, 일본군의 남경 폭격이 시작되고 상황이 갈수록 심각해지자 각국 대사관은 자국 교민들에게 남경을 떠나라는 명령을 내렸다. 외국인들은 속속 귀국길에 올랐다. 그런데 일본 점령 후의 남경 상황을 걱정하면서 자국 대사관의 소개 명령을 거부하고 남경에 남겠다고 결심한 사람들이 생겨났다. 모두 해서 20명쯤 되는 이들은 11월, 민간기구 남경안전구역국제위원회를 설립하고 독일 나치당원이자 지멘스 남경 지사장이었던 욘 라베(John Rabe)를 위원장으로 선출하여 남경 함락 시 발생할 난민을 수용하기로 결의했다. 위원회에서는 약 4km²에 이르는 국제안전구역을 선포하고 내부에 설치한 25개 수용소에 약 30만 명을 보호했다. 위원장 욘 라베는 위에 나온 『라베 일기』의 저자로서 일본군의 검열로 언론 보도가 금지된 그때 대학살의 진상을 꼼꼼하게 기록했다. 남경대학살에 관한 가장 권위 있는 사료 『라베 일기』는 1997년에야 출판되었다.

1938년 2월, 일본군은 욘 라베에게 귀국을 종용했다. 독일로 돌아간 라베는 여러 공개석상에서 남경대학살 현장 필름을 상연하며 학살의 실상을 알렸다. 그 필름은 또 다른 남경국제안전구역 위원이자 국제적십자사 남경지부장이던 존 매기(John Magee) 미국 성공회 선교사가 목숨을 걸고 촬영한 것이었다. 존 매기 목사는 모든 보도가 통제된 대학살 상황에서 16밀리 촬영기로 105분 분량의 기록을 남겼다. 이 필름은 현재 남아 있는 대학살 관련 유일한 영상 사료로서 1991년, 존 매기 목사의 아들이 발견하여 2002년 남경시에 기증했다.

욘 라베는 히틀러에게 남경대학살에 관한 보고서를 제출한 뒤 게슈타포에게 체포되었고 함구령이 떨어졌다. 2차 대전이 끝나고 나치당원이었던 욘 라베는 두 번이나 체포되었고 생활도 곤란해졌다. 그 소식을 들은 당시 국민당 정권에서 어느 정도의 생활비와 양식을 대주었다. 욘 라베는 1955년 68살에 세상을 떠났다.

1942년 독일에서 출판되었다가 절판된 『라베 일기』를 세상에 다시 선보인 사람은 중국계 미국인 아이리스 장(중국 이름 張純如)이었다. 남경대학살에 관한 자료를 찾고 생존자의 증언을 수집하여 영어로 된 최초의 보고서 〈남경대학살〉을 펴냈다가 일본 우익의 거센 저항을 견디지 못하고 스스로 목숨을 끊은 인물이다. 자료 수집 과정에서 현장 사료가 턱없이 부족했던 아이리스 장이 당시 남경에 있던 외국인 관련 자료를 뒤지던 중에 『라베 일기』를 찾아낸 것이다.

1997년 『라베 일기』가 재출판된 뒤 중국의 언론매체들이 반세기 넘도록 세상 사람들에게 잊혔던 라베의 집을 찾아 나섰다. 그때 몇몇 노인들이 나서서 그 집을 찾아주었다. 바로 그 집에서 대학살의 공포를 피했던 아이들이었다. 노인들은 이구동성으로 말했다. "키 크고 우람한 독일 할아버지, 우리는 그때 라베 선생 성함도 몰랐습니다. 마당에 임시 건물을 세워 600명 넘는 난민을 받았고, 먹을 것을 제공해 그 난민을 다 먹여 살렸어요. 정말 좋은 분이죠. 저기가 바로 그 집이에요. 제가 저 집에서 1년을 살았습니다. 문에 일본군이 들어올 수 없다고 적혀 있었어요."

세상 사람들은 다 잊어도 그들은 잊을 수 없는 집이었다. 일본의 폭격이 심해지자 욘 라베는 엄청나게 큰 나치당기 하켄크로이츠를 만들어 지붕을 덮었다. 나치당기를 내걸어도 안 되면 직접 문 앞에서 일본군을 막아서기도 했다. 일본군 위안소에 끌려갈 뻔한 두 누나와 함께 피한 소년도 있었다. 사람 키 높이의 천막이었다. 바닥에는 짚을 깔아 사람들이 잘 수 있게 했다. 마당에 친 천막마다 사람이 가득했다. 대지 500평 남짓한 그 집에만 600명 넘는 사람들이 들어가 있었다.

욘 라베가 남경을 떠나고도 그 집 근처에서 평생을 살아온 노인들, 그 집 마당에 욘 라베 상이 세워지자 자주 가서 예를 올렸다. 이제 여든 넘고 아흔이 넘어 다리가 말을 듣지 않으니 근처에 살아도 자주 갈 수 없는 것이 한스럽다고 했다.

2009년, 원래 다섯 시간짜리를 두 시간으로 편집한 영화 『라베 일기』가 개봉되었을 때 한 할머니는 영화에 보조 연기자로 출연했다. 라

지멘스 남경 지사장이었던 욘 라베는 자신의 살림집과 사무소를 한 마당 안에 지었다. 남경 대학교와 담을 사이에 두고 있는 이 집은 현재 라베 기념관으로 개방 중이다.(吳靖 사진)

베 선생은 그 많은 사람을 살렸는데 그동안 아무런 보답도 못했다면서 뭐라도 하고 싶었다고. 영화를 관람한 노인들은 영화가 진실하지 못한 면이 있다고 불평했다. "뭣도 모르는 사람들은 영화니까 얼마간은 과장된 면이 있다고 할지 모르겠지만, 그 집에서 엄청난 재난을 피한 우리가 보기에는 영화에 빠진 사실이 더 많다"는 것이었다. 영화에다 담지 못한 그들의 수호천사 라베 씨의 어진 면모, 잘 상상이 되지 않는다.

남경 사람들은 욘 라베를 '호인(好人)'이라고 부른다. 중국말 '호인'은 요즘 말로 '수호천사'라는 뜻이다. 그때 그 집에서 목숨을 건졌던 난민들은 그를 '활불', '활보살'이라고 불렀다고 한다.

나는 남경대학살 현장에서 수십만의 난민을 보호한 천사 욘 라베가 독일 나치당원이었다는 점에 주목한다. 1882년생, 오십대 중반의 지멘스 남경 지사장 욘 라베는 독일의 기득권 계층이었을 것이다. 게다가 독일 나치당원. 그 독일 기득권 계층 사람이 목숨 걸고 난민을 돌보지 않았더라도 아무도 이상하게 여기지 않았을 것이다. 기득권 계층이란 원래 다수 약자의 아픔을 외면하는 데 익숙하지 않은가. 더구나 자국민도 아닌 중국 난민들을 외면하지 않은 이유가 무엇일까? 지멘스 지사장으로서 손색이 없던 유능한 비즈니스맨, 히틀러에게 충성을 서약한 나치당원이 난민의 인권을 수호하기 위해 나선 이유가 무엇일까?

국제안전구역위원회 초기, 중국인도 아니면서 난민을 보호하는 이유를 묻는 일본 대사관 측에 욘 라베는 이렇게 대답했다고 한다.

"우리 위원들 절대다수가 선교사입니다. 그 사람들이 고통 받는 중국 사람들을 도운 이유는 바로 그리스도 안에서 자신의 형제인 중국인을 두고 떠날 수 없었기 때문입니다."

같은 시기 상해에서도 프랑스 신부 로베르 자퀴노(Robert Jacquinot)가 조직한 난민안전구역에서 30만 명이 대피하고 있었다. 하기야 욘 라베도 기독교인이기는 했다. 그러나 선교사는 아니었다. 욘 라베만의 이유는 무엇일까?

이십대 중반에 중국에 와서 오십대 중반에 중국을 떠날 때까지 인생의 가장 아름다운 시기를 중국에서 보낸 욘 라베는 중국에서 부인을 만나 결혼했고 아이들을 낳아 길렀으며 회사에서는 승승장구했다. 어려서 아버지를 잃어 중학교 졸업 후부터 돈을 벌어야 했던 욘 라베는 아프리카 모잠비크의 한 영국 회사에서 일하다가 1908년 독일 지멘스 중국 지사에 들어가 심양, 북경, 천진, 상해를 거쳐 1931년에 남경에 왔다. 1차 대전 전쟁 초기, 욘 라베는 독일로 돌아가지 않고 적대국 중국에서 영업을 계속했다. 2년 뒤 영국의 압력을 받은 중국 정부가 강제로 독일로 돌려보냈지만 1년 후 북경으로 돌아와 영업을 재개했다. 욘 라베는 수완이 좋은 사람이었다. 남경 지사에서도 영업 실적이 좋아 전화국에 교환대를, 몇 군데 발전소에 발전기를 납품했고, 독일어 해독이 가능한 직원을 기르기 위해 자택에 독일어학교를 열기도 했다. 1938년 독일로 돌아갈 때까지 중국 대도시의 발전기와 전화국 교환대는 거의 모두 지멘스 제품이었으니, 그 영업의 중심에 전설의 비즈니스맨 욘 라베가 있었다. 그러나 욘 라베는 자신의 성공과 행복이 중국인들의 후대가 없었으면 불가능했다면서 시종일관 그 공을 중국인에게 돌렸다.

욘 라베가 남경에서 난민을 보호한 것은 처음이 아니었다. 1917년, 장훈(張勳)이 황제를 칭한 것에 항의하는 군중에게 발포하여 북경에 난민이 발생했을 때에도 자신의 집에 수많은 사람을 받아 숙식을 제공한 적이 있었다. 그 뒤 1차 대전으로 1년 동안 북경을 떠났다 돌아왔을 때, 욘 라베의 집은 떠날 때 모습 그대로 보존되어 있었다고 한다. 욘 라베와 중국 사람들의 관계는 늘 이런 식이었다.

당시 욘 라베가 구했던 여덟 살 여자아이가 이제는 구순 노인이 되어 라베의 친손자와 해후하는 감동의 장면을 본 적이 있다. 아이는 외조부모와 부모를 죽이던 일본군을 목도하고 이불 속에 들어가 울고 있던 중에 일본군에게 세 군데를 찔리고 혼절한 뒤 살아났다가 부모와 외조부모의 시신이 있는 집에서 4살 여동생과 열흘 넘게 지냈다. 구조 소식을 들은 욘 라베는 그 집을 방문하여 총명했던 아이로부터 사정을 전해 듣고 소상하게 기록했다. 귀국 길에 이 아이를 독일로 데려가고자 했으나 아이의 외삼촌이 맡아 기르겠다고 하여 이별했는데, 칠십 년이 흘러 노인이 된 아이가 그 손자 토마스 라베 씨를 만나게 된 것이다. 노인이 손자에게 "라베 선생께서 저를 많이 예뻐해 주셨습니다. 선생께서 독일로 떠나시던 날 진눈깨비가 내렸습니다. 선생께서 온몸에 이 투성이인 저를 꼭 껴안으시고 외삼촌에게 저를 독일로 데려가겠다고 말씀하셨습니다. 이렇게 선생의 손자분을 만나게 되어 너무 기쁩니다."라고 하자 손자는 "정말 반갑습니다. 그렇게 심한 고생을 겪고도 이렇게 건강하시니 정말 대단하십니다. 만수무강을 기원합니다."라고 축수했다.

노인은 앞서 말했던 일본법원에서 승소한 하숙금 할머니이다. 할머니는 2019년 지금도 건강하시다. 한편 토마스 라베 씨의 세 자녀는 독일에서 중국어를 열심히 공부하고 있다고 한다.

1999년 남경시 정부는 도로 확장 계획을 변경하여 옛 금릉대학교 구내에 있던 라베의 옛집을 보존했다. 2005년, 지멘스에서 라베 옛집의 수리비용을 댔고 2006년 기념관으로 거듭났다. 2013년에는 남경 사람들이 나섰다. 독일 베를린에 있던 라베 묘지를 새로 단장하고 묘지 계약을 40년 연장한 뒤 비용을 지불했다.

열여덟 살 위안부는 '황군 장병에게 주는 선물'

'위안하는 여자'라는 뜻의 '위안부'와 '위안하는 장소'인 '위안소'는 일본 사람들이 만든 일본말이다. 위안소는 일본에서 원래 '고역에 종사하는 사람들의 복리후생을 위해 먹고 마시며 유흥을 즐기도록 제공된 시설'이었다. 예전 일본에 군대가 있던 시절, 고역에 종사하는 군인을 위한 군용위안소가 따로 있었고, 군위문단이 그 시설을 이용하여 위문 공연을 하기도 했다. 그 뒤, 청일전쟁과 러일전쟁에서 승리한 일본군이 본격적으로 다른 나라를 침공하여 장기간 점령하면서 해당 지역에 주둔하던 군인들의 성욕 해결을 위해 '위안부'를 동원했고, 그 시설을 '위안소'라고 불렀다.

'위안부'를 『표준한국어대사전』에서 찾아보면 '주로 전쟁 때 남자들의 성욕 해결을 위하여 군대에 강제로 동원된 여자'로서 '일본군위안부'와 같은 말이라고 되어 있다. '위로하여 마음을 편하게 하다'라는 뜻의 '위안하다'라는 동사가 '성욕을 해결해 주다'라는 뜻으로 쓰이다니. 한동안 쓰던 '정신대'라는 낱말은 물론, '위안부'라는 표현을 처음 들었을 때 무슨 뜻인지 알아듣지 못했다. 그런데 일본어사전에서 '위안'을 찾아보고 나서야 '위안부'라는 말이 이해가 되었다. 일본어의 '위안'은 '평소의 노고를 치하하기 위해 즐겁게 해주는 일'로 우리말의 '위안'과는 뜻이 달랐다.

1937년 중일전쟁에 참전했던 일본 육군 군의(軍醫) 아소 데쓰오(麻生徹男)는 〈화류병의 적극적 예방법〉에서 '위안소는 위생적인 공동변소이므로 안에서 술을 마시면 안 된다. 창부는 황군 장병에게 주는 선물이므로 여자들의 성병을 잘 관리해야 한다'고 밝혔다. 이 방면에 부끄러움이 없던 아소 데쓰오는 1938년 1월, 일본 상해 파견군 동병참사령부가 세운 양가택(楊家宅)육군위안소 전경과 검진받으러 들어가는 위안부 사진을 남겼다. 또 동병참사령부가 정한 위안소 접대 규정도 사진으로 기록해 두었다.

출입허가증을 지참한 일본 군인과 군속은 신분을 등록하고 화대를 지불하면 입장권과 콘돔을 받을 수 있다. 입장권은 당일만 유효하며 사용 전에는 환불 가능하다. 지정된 방에 머물 수 있는 시간은 30분이며, 실내에서는 금주한다. 일을 마치면 바로 방을 나온다. 규정을 위반하면 퇴실당한다. 콘돔을 사용하지 않으면 여자를 가까이 할 수 없다. 사병은 오전 10시부터 오후 5시까지, 하사관 및 군속은 오후 1시부터 밤 9시까지 이용할 수 있다.

이 규정은 중국 전역의 일본군 위안소에서 비슷하게 적용되었다. 아소 데쓰오는 성병 검진대를 직접 만들어 일본에서 끌려온 여자들을 검진하고 기록을 남겼다. 이때 일확천금을 벌 수 있다고 유혹하여 끌고 온 여자 중에는 조선인도 있었다. 이후 일본군은 조선에서 직접 여자들을 끌고 왔다.

일본군위안소는 일본 육군 중국파견군 총사령관 오카무라 야스지(岡村寧次)가 밝힌 대로 1932년 일본 해군의 상해 침공 때 고안되었고, 1937년 수도 남경 점령과 동시에 대대적으로 설립되었다. 이보다 먼저 1918년 일본군의 시베리아 침공 때 일본의 매춘업자들이 군대를 따라다니며 영업을 했으나 1930년대에 이르러 일본군이 직접 운영했다. 일본군은 점령 지역 어디에나 위안소를 설립하여 동원된 군인에게 '평소의 노고를 치하하는 의미에서 즐겁게 해주는 유상 선물'을 지급했다. 일본과 조선, 중국에서 끌려간 여자들은 무지막지한 성폭행에 시달리며 일본군의 '선물'이 되었다.

남경의 위안소를 찾아볼 생각은 오래전부터 하고 있었다. 김성종의 소설을 바탕으로 송지나가 각색한 〈여명의 눈동자〉, 여주인공이 대략 우리 엄마 연배라는 사실을 떠올리며 여러 차례 돌려봤던 드라마다. 좀체 이해하기 어려웠던 엄마의 강퍅함을 얼마간이나마 알아차릴 수 있게 해줘서 고마웠고, 사건에 휘말리는 주인공들을 통해 한국 현대사를 다시 읽게 해주어서 또 고마웠다. 이 드라마를 통해 역사가 인간 세상을 꿰뚫고 지나가는 슬픈 궤적이란 점을 배웠다.

주인공 윤여옥과 최대치는 남경의 일본군위안소에서 만났다고 했다. 최대치의 아이를 가진 윤여옥이 위안소 철조망을 사이에 두고 최대치와 입 맞추던 장면을 잊을 수 없다. 그 길로 두 사람은 이별이었다. 최대치는 미얀마의 험준한 산악지대 임팔로, 윤여옥은 여러 곳을 전전하다 사이판 일본군위안소로 갔다. 남경에 살면서 두 사람이 만났던 위안소를 수소문하다가 뜻밖에 남경 일본군위안소로 끌려왔던 실제 인물이 있다는 것을 알게 되었다.

2003년 11월 21일, 북한에 살던 박영심 노인이 남경을 방문했다. 1939년에 끌려와서 1942년까지 수용됐던 위안소 현장을 조사하기 위해서였다. 이는 자신이 수용되었던 위안소를 찾아 명확한 증언을 남긴 유일한 사례다. 17살에 끌려온 뒤로 외출을 제한당한 노인은 자신이 수용됐던 위안소 주소를 알지 못했다. 다만 위안소 주변에 연병장과 못이 있었고, 가끔 기차 소리가 들렸다는 희미한 기억만 있었다. 일본과 중국 학자들이 노인을 모시고 남경 시내에 남아 있던 위안소 터 중에서 철로 가까이에 있던 여러 군데를 돌아보았지만 찾지 못했다. 1942년 당시 남경을 떠나 끌려갔던 운남성 위안소 현장 조사 일정도 남아 있는 형편에, 여든 넘은 노인을 모시고 그때까지 밝혀져 있던 몇십 군데 위안소 터를 다 돌아보기란 불가능해 보였다. 바로 그때 철로 중심으로 남경 외곽만 돌고 있던 답사팀의 한 중국 학자가 1940년대 남경 시내 번화가에 철로가 있었다는 것을 기억해냈다. 이미 매립된 못 근처에 철로가 지나던 곳, 그런 곳이 정말 있었다.

그 길로 찾아간 남경시 리제항(利濟巷)의 한 낡은 건물 2층에서 노인은 자신이 수용됐던 19호 방과 단체 세면실, 반항하는 자신을 감금했던 다락방을 찾아냈다. 비극의 현장을 찾은 당사자로부터 생생한 증언을 듣는 최초의 순간, 모두들 울컥하지 않을 수 없었다.

노인이 수용됐던 위안소는 당시 중국 정부청사가 있던 번화가에 있었다. 국민당 정권 요인들이 버리고 떠난 정부청사에는 남경 침공작전에서 동쪽을 맡았던 일본군 제16사단이 주둔하여 그 가까이에 여러 개의 위안소를 세웠는데, 노인이 있던 곳은 동운(東雲)위안소였다.

동운위안소는 중국뿐 아니라 태평양전쟁 전투지역에 세워진 일본군위안소 중 규모가 가장 컸다. 중일전쟁 발발 전에 한 중국군 장성이 3년에 걸쳐 자신의 주택을 포함하여 건축면적 3천㎡에 이르는 주상복합용 8채 건물을 완공했으나 미처 제대로 쓰지도 못하고 달아나 텅텅 비어 있던 것을 일본 측에서 위안소로 개조했다. 여기에는 조선인이 수용되어 일본 사병을 받던 동운위안소와 일본인이 수용되어 일본 장교를 받던 고향루위안소가 함께 들어 있었으며, 바로 건너편에는 일본인이 수용된 오처루(吾妻樓, '나의 아내'가 있는 집)가 있었다.

1921년 12월생 박영심 노인은 어려서 어머니를 잃고 소학교 2학년에 중퇴하여 양복점 심부름꾼으로 일하고 있었으나 가난했다. 18살

260

되던 1939년, 높은 임금의 간호사 자리가 있다고 떠들던 일본 순사에게 끌려가 평양역에서 화물열차에 올랐고, 일본 헌병 감시하에 몇 날 며칠을 달려 양자강 변에 도착했다고 한다. 처음에는 끌려온 곳이 남경인 줄도 몰랐고, 위안소에 당도하고서야 속은 것을 알았다고 한다.

죽도록 맞고 성폭행을 당한 뒤에 주저앉은 것이 7년, 하루에 몇십 명을 상대하며 난폭한 일본군의 칼에 찔리기도 다반사였다. 노인은 태평양전쟁에 차출된 일본군에 의해 미얀마까지 끌려갔다가 다시 중국 운남성 송산으로 끌려온 뒤 1944년 생포되었다. 전투에 패한 일본군이 모든 위안부를 사살했으나 노인은 기적같이 살아남았다. 그때 만삭의 상태로 미군에 찍힌 사진이 이후 널리 유포되어 위안부 문제를 세상에 알렸다. 남경 일본군위안소에서 사이판까지 끌려갔다가 구조되는 〈여명의 눈동자〉 윤여옥과 겹치는 장면이다.

아이를 사산하고도 운남성 수용소에서 1년 넘게 지냈던 노인은 북한으로 송환된 후 독신으로 지내다가 1955년 고아원에서 아들을 입양하여 함께 살았다. 일본 학계에서 주목을 받은 노인은 일본 학자와 함께 남경과 운남을 방문하여 생생한 증언을 남긴 10년 뒤에 북한에서 세상을 떠났다.

노인의 증언은 큰 파동을 낳았다. 번화가에 있던 오래된 건물이라 철거 운명에 놓였던 아시아 최대 위안소는 노인이 다녀간 뒤 철거를 면했다. 노인의 증언에 고무된 중국 학자들이 남경시에 보호를 요청했다. 안 그래도 남경에 남아 있던 일본군 위안소 터가 계속해서 철거되던 중이라 안타까워하던 학자들이 기왕에 얻은 노인의 증언을 그대로 흘릴 수 없다며 나선 것이었다. 슬픈 역사의 현장이 철거되면 그 역사는 더 쉽게 잊히기 마련이다.

2008년, 대형 화재가 나서 위안소 터에 있던 3층 건물 하나가 소실되자 학계와 시민들은 위안소 보호 청원에 한층 더 열을 올렸다. 드디어 2014년, 남경시 정부에서 보호 결정을 내렸고, 2015년 12월 1일, 위안소전시관 문을 열었다. 이 위안소는 박영심 노인을 포함한 몇십만 여성의 고단했던 삶을 생생하게 증언하고 있다. 몇 번 안내할 일이 생겨 위안소를 다녀올 때마다 마음이 좋지 않다. 내 뼛골이 이렇게 쑤시는데 그때 그 어리고 젊은 여자들은 모진 목숨을 어떻게 부지했을까? 다시는 일어나지 말아야 할 슬픈 역사다.

남경의 731부대

화중파견군남경방역급수부(華中派遣軍南京防疫給水部). 1939년 남경에 설치된 또 다른 731부대, 즉 특수 세균전 수행 1644부대의 대외용 명칭이다.

1996년 7월 31일, 23명의 일본 민간인들이 남경을 방문했다. 당시 세상에 거의 알려지지 않았던 1644부대 현장 답사팀이었다. 답사 목적은 세균전 관련 자료 수집이었다. 학교에서 가르치지 않는 과거를 직시하여 끔찍했던 세균전을 일본 사람들에게 알리려는 사명감으로 뭉친 팀이었다.

변호사, 의사, 대학교수, 학생 등으로 이루어진 이 답사팀은 1980년부터 중국 각지의 일본군 만행 현장을 조사 중이었다. 남경 답사팀에는 당시 70세가 넘은 3명의 퇴역 일본 군인이 특별 회원으로 참가하고 있었는데, 중국 측 취재진의 질문에 일체 함구했다. 그 세 사람은 일본 답사팀이 찾아낸 남경 1644부대원이었다. 먼저 남경에 파견됐던 노병 중에 1644부대원 백여 명을 찾았으나 많은 사람은 인정하지 않았고 많은 사람은 회피했다. 그래도 3명이나 사실을 인정하고 답사팀과 함께 남경을 찾아왔다니.

답사팀은 곧바로 1644부대 건물로 갔다. 현재 남경군구(軍區) 종합병원의 별관 건물이다. 일본 점령 전에는 수도 남경의 국립중앙의료원이었으나 점령 후 1644부대 본부가 차지했다. 건물을 마주한 한 노병이 긴장되고 괴로운 심정으로 자신의 이름을 밝히고 입을 열었다. "1644부대 본부입니다. 제가 1940년부터 4년 동안 여기서 근무했습니다. 저는 일본 사병의 전염병 검사를 맡고 있었습니다."

노병은 본부 건물뿐 아니라 본부 뒤에 있던 실험실 건물도 변한 게 없다고 했다. "실험실에 들어가려면 완전무장한 보초가 지키는 문을 통과했는데 아무나 들어갈 수 없었습니다. 위층에 인체 실험실이 있다고 들었습니다. 1층 복도에서 나무 관을 들고 나오는 것을 봤습니다. 죽은 사람은 거의 다 중국 사람이었습니다."

남경 답사팀을 이끌던 학자는 1644부대에 관해 가장 많은 연구를 수행한 미즈타니 나오코(水谷尚子)였다. 미즈타니 나오코가 1644부대를 연구하게 된 것은 외삼촌 이시다 진타로(石田甚太郎)의 고백 때문이었다. 1644부대에서 3년 동안 근무했던 외삼촌은 83세의 나이에 말기 암으로 임종을 앞둔 1993년, 중국에 유학하고 있던 생질녀를 일본으로 불러 가슴 속에 눌러 놓았던 무거운 짐을 털어놓았다. 세상에 알리는 일에 동의하면서.

외삼촌의 증언에 따르면 이 부대는 부대의 심장인 1과 생물화학무기와 세균무기 연구 및 제작 부서, 2과 무기재료 관리 및 식당 운영 부서, 3과 방역 예방접종균 제조 부서, 4과 수질 검사 및 급수 부서 등으로 되어 있었다. 현장 답사 결과 미국국립문서보관소 소장 1644부대 내부 시설도와 외삼촌 증언은 정확하게 일치했다. 외삼촌은 이 부대의 기밀문서 취급병으로 병리현상, 중독반응, 균체변화 및 벼룩과 이의 해부도를 채색화로 기록하는 임무를 맡고 있었다. 날마다 오전에 부대 활동을 기록하고 오후에는 인체실험 대상자의 부위별 반응이나 적출된 장기를 그림으로 남겼으며 보고서의 도표와 삽화를 작성했다.

인체 실험 임무를 수행한 이 부대 본부 건물의 배치는 다음과 같았다.

1층의 각 방에서는 각종 전염병 세균을 냉장고에 보관했다.

2층은 쥐, 벼룩, 이를 키우는 공장이었다.

3층은 세균 실험실이었다. 실험 대상자들을 알몸 상태로 벼룩에 노출시키고, 며칠 후 감염된 혈액을 채취하고 나면 사살했다.

4층에는 실험 대상자들이 수용되어 있었는데 많을 땐 백 명이 넘었다고 한다. 대부분이 중국인이었으나 드물게 다른 국적의 사람도 있었다. 실험 도중 사망하면 해부했다. 시체는 밤 11시에서 2시 사이에 태웠고 부대 안 공터에 뼈를 묻었다.

겉으로는 작전 중인 일본 부대에 깨끗한 물을 보급하고 방역을 위해 예방접종을 실시하는 부대였다. 당시 남경에 주둔했던 다른 부대는 이 부대의 실상을 몰랐다. 인체 실험 대상자가 살아서 그 부대 밖으로 나온 적도 없다. 게다가 거의 모든 자료가 파기되었으므로 인체 실험 피해자의 규모를 정확히 알 수 없다. 1998년 남경시 한 동네 공사장에서 사지가 파괴된 인골 몇십 구가 나왔다. 이 부대 뒷동네였다. 당시 현장은 일반적인 묘지 발굴에서 느낄 수 없는 악취가 진동했다고 한다. 연령은 17세에서 38세까지, 뼈는 황산이 입혀져 새카맣게 변해 있었다. 두개골 기준 41구의 화학 검사 결과 콜레라균 유전인자가 검출되었다.

현재까지 진행된 연구에 따르면 1939년부터 패전 때까지 이 부대의 실험에 희생된 사람은 적어도 1천 명이 넘는다고 한다. 승리를 위해서라면 세균전을 금지한 군사협정 따위는 휴지 조각에 불과한 것이다. 탄환 생산보다 원가도 훨씬 덜 든다. 1943년 4월에 작성된 이 부대의 보고서에는 페스트균에 감염된 벼룩 5kg을 생산했다고 적혀 있다. 쥐 2만 마리가 있다면 15kg도 생산할 수 있다는 메모와 함께.

미즈타니 나오코는 부대의 전모를 알 수 있는 위치에 있었던 외삼촌의 증언과 일기를 바탕으로 백 명이 넘는 1644부대원을 찾아냈다. 그러나 외삼촌처럼 자세하고 정확한 증언을 해주는 사람을 찾지는 못했다. 최고 등급의 기밀 임무를 맡았던 군의관 출신들은 말을 특히 삼갔다. 당시 교토제국대학과 도쿄제국대학 의과대학을 졸업했던 그들은 전쟁이 끝난 뒤 일본 의학계의 권위자 또는 고위 의료 공무원으로서 빛나는 삶을 살았다. 개중에는 중일 수교 후 남경 1644부대가 세상에 알려지기 전, 반성은커녕 아무 일 없었다는 듯이 중국 의학계의 초청을 받아 낙후한 중국 면역학계와 교류하기도 했다.

참전의 경험이 없는 일본의 젊은 의사들이 이들을 대신하여 반성했다. 일본의 민간 의사단체 오사카보험의사협회는 1995년 8월에 〈민간 의사단체가 패전 50주년을 맞이하여 민간 의사단체에서 침략 전쟁을 반성하면서 반전과 평화에 관해 결의한 내용〉을 발표했다.

침략 전쟁에 군의관으로 적극 협조한 일본 의사들은 자신들의 과오를 반성하지 않았을 뿐 아니라 731부대 등 전시 실험 결과를 바탕으로 논문을 쓰기도 했으며 의료계와 의학계 고위직에 올라 일본 사회에 영향력을 행사했다. 우리는 아시아 및 세계 각국에 초래한 상처에 대해 정식으로 사죄하고 배상할 것을 요청한다. 일본 민간 의사단체인 본회에서는 일본의 2차 대전 참전 군의관들의 비인도적 죄행에 관해 침통한 심정으로 사죄한다.

가족들은, 남경에서 돌아온 이시타 진타로가 이상하게 변했다고들 했다. 전쟁 전에 그림을 그리던 그는 더는 그림을 그리지 않고 어촌에 눌러앉아 평생을 보냈다. 그리고 일본 퇴역 군인 연금 수령을 거부했다. 그가 생질녀를 통해 남경시에 기증한 1644부대 관련 유물은 현재 중국 국가 1급 문화재로 지정되어 있다.

펄 벅의 중국 사랑

지금은 남경대학교가 새 캠퍼스를 쓰고 있지만, 2008년 내가 중문과 석사과정에 들어갔을 땐 시내 캠퍼스에서 공부했다. 1910년대 말

1930년대 중국에서 지어진 서양식 주택의 전형이라고 할 수 있는 펄 벅의 집. 동향 발코니 위의 지붕 밑 다락방이 펄 벅의 집필실이었다.(吳靖 사진)

에 조성된 금릉대학교 캠퍼스인데 곳곳에 옛날 건물이 남아 있었다. 마흔다섯에 새로 시작한 공부 따라가랴, 그 표지판 읽으러 다니랴 혼이 났다.

어느 날 세미나 도중 쉬는 시간에 강의동 9층에서 내려다보니 낯선 양옥 한 채가 눈에 띄었다. 왜 못 봤을까? 학교 서쪽 담에 붙은 건물이었다. 큰 건물이 앞을 가려 지나쳤던 모양이었다. 선생님 말씀을 들으니 펄 벅(1892~1973)이 살던 집이었다. 예전 중문과 건물이었으나 다들 모르고 있었는데, 1998년 가을 부시 전 미국 대통령이 남경대학교 명예박사 학위를 받으러 온 길에 그 집을 방문하면서 알려졌다고. 1924년생 부시는 자신이 다른 미국 친구들과 마찬가지로 펄 벅을 통해 중국을 알게 되었다고 밝혀 그 자리에 있던 사람들을 깜짝 놀라게 했다고 한다. 1920년대 중국 농촌을 그린 소설 『대지』로 1938년 노벨문학상을 받은 펄 벅을 중국 사람들은 거의 잊고 있었기 때문이었다. 그때부터 중국 사람들이 펄 벅을 다시 보게 되었다니 호기심이 일어났다.

어릴 때 감명 깊게 읽었던 『대지』의 작가 펄 벅이 살던 집이라…. 세미나 마치는 대로 그 집을 찾아갔다. 강의동 서쪽으로 몇 걸음 안 되는 거리에 있었다. 건물 동쪽은 항공모함처럼 큰 생물학과 건물이 있었고, 서쪽은 학교 담장에 붙어 있었으며 남쪽은 아예 길이 막혀 있었다. 북쪽이 겨우 트여 있었는데 7, 8m 이상 자란 나무들이 시야를 가리고 있었다. 펄 벅의 집을 '몰랐을 리가' 하고 가졌던 의구심은 과연 '몰랐겠구나'라는 안타까움으로 바뀌었다. 그 건물은 마치 속세를 피해 숨은 듯했다.

건물은 남경대학교에서 사무실로 쓰고 있었다. 내부를 보고 싶어 사정했지만 사무실 사람들이 허락하지 않았다. 펄 벅의 2층 침실은 책임자 방이고, 벽난로가 있는 응접실은 출납과 회계팀이 쓰고 있다는 정도만 귀동냥해서 알았다. 북쪽에 서 있는 키 큰 스위트올리브나무 몇 그루가 강한 향을 뿜고 있었다. 남경에 흔한 계화(桂花)나무였다. 펄 벅 집과의 첫 만남은 짧고 강렬하게 끝났다.

그때부터 나도 펄 벅을 다시 보게 됐다. 알고 보니 40년 넘게 중국에서 살았던 펄 벅의 옛집들이 곳곳에 보존되어 있었는데 남경의 집은 직업인 펄 벅의 보금자리였다. 펄 벅은 대략 1920년대 초부터 1934년 중국을 떠날 때까지 이 집에 살면서 금릉대학교와 중앙대학교에서 영문학을 가르쳤고, 『대지』를 비롯한 소설 여러 편을 썼으며, 『수호지』를 영어로 옮겼다. 그런 펄 벅의 집이 내 눈에 더 특별히 보인 것은 다락방 때문이었다. 그 방은 동쪽 창으로 자금산을 바라볼 수 있었다. 펄 벅은 치자꽃 가득 피어나던 그 산을 바라보며 글을 썼고, 그뒤에도 평생 잊지 못하고 다락방의 배경이던 그 산을 그리워했다고 한다.

펄 벅의 집을 알게 된 뒤로 산책길을 바꾸어 자주 가봤지만 들어가지 못했다. 사무실이 나가고 기념관으로 새단장을 하고도 그 집은 늘 닫혀 있었다. 행사 때에만 연다고 하는데 언제 어떤 행사가 있을지 알 수 없는 일이라 그 집 구경은 완전히 접고 있었다. 하루는 서울서 온 손님들이 집 외관이라도 보자길래 큰 기대 없이 그 집을 찾았는데, 맙소사 그 집 문이 열려 있었다. 행사를 앞두고 대청소를 하는 중이라고 했다. 싹싹 빌어서 집 안으로 들어갔다. 중국어로 빌었으니 서울 손님들은 내가 얼마나 낮춰서 말했는지 몰랐겠지만, 애절하게 빈 효과가 있었다. 손님들에게 잠깐 둘러본 뒤 얼른 나가야 한다고 일러놓고 재빨리 다락으로 올라갔다. 1920년대 펄 벅의 집필실처럼 낡은 책상에 영문 타자기가 놓여 있었다. 근사했다. 그리고 동쪽 창이 열려 있었다. 그런데 아쉽게 자금산이 보이지 않았다. 더는 그 집을 찾을 이유가 없어져 버렸다.

1921년 가을, 펄 벅의 어머니가 세상을 떠났다. 그 무렵 금릉대학교 농학과 교수로 있던 남편과 영문학과 교수였던 펄 벅이 이 집으로 이사했다. 이 집에서 펄 벅은 장애를 지닌 딸을 돌보며 가족의 옷을 짓고 요리를 하는 한편으로 대학 강의를 나가고, 다락방에서 소설을 썼다. 남편이 중국 농촌 문제를 연구하는 농업경제학자였다. 중국 농촌 문제에 관한 한 누구에게도 뒤지지 않는 열정을 가지고 있었고, 학생들에게 백 가구 이상의 농민 실태를 파악하게 하는 것으로 유명했던 남편이었지만, 17년 동안 함께 살면서 펄 벅의 문학적 소양이나 펄 벅이 쓰는 중국 농촌에 관한 소설에는 아무런 관심도 표시하지 않았다. 두 사람은 결국 이혼했다.

그 전에 펄 벅은 금릉대학교에서 해고되었다. 총장의 설명은 영문학과 교수면서 영문학을 가르치지 않고 다른 이야기만 한다는 학생들의 항의를 받아들이지 않을 수 없다는 것이었다. 펄 벅이 학생들에게 영문학만 가르치지 않은 것도, 영문학 공부에 목이 말랐던 몇몇 학생들이 불만을 가진 것도 사실이었다. 총장은 펄 벅과 아래 윗집 사이좋은 이웃이었다. 펄 벅은 총장의 결정을 받아들였고 이후에도 잘 지냈다.

펄 벅을 다시 보게 된 또 다른 이유는 노벨상 수락 연설 제목 때문이었다. 그 제목은 놀랍게도 '중국 소설'이었다. 서방의 소설과 소설가에게 중국의 소설이 큰 영향을 미칠 수 있다는 것을 전제한 연설이었다. 중국 소설의 기원과 발전 과정 및 특징을 자세히 소개하면서 중국 소설이 경전을 중시하는 중국의 문인에게 부담이었던 것과 어렵게 어렵게 세상에 나온 작품에 대중이 환호했던 것을 역설했다. 특히『수호지』,『삼국지연의』,『홍루몽』은 서방의 어떤 작품과도 비교할 수 없는 지위를 누리고 있다는 사실을 밝혔다.『논어』나 당나라 시에 대해서는 일부 서방 사람들도 아는 바가 있었겠지만, 중국의 소설에 대해서는 거의 알지 못하던 때였다. 중국 사람들은 각국 매체가 주목하는 노벨상 수상식에서 중국 소설을 소개한 펄 벅의 의도를 최근에야 알아차렸다. 중국의 문단과 비평계에서 펄 벅은 오랫동안 제대로 평가받지 못했다. 사정은 미국에서도 마찬가지였다.

중국 사람들이 어떻게 생각했는지, 낙후된 당시 중국 농민에게 펄 벅의 연민이 필요했는지는 중요하지 않다. 중요한 것은 펄 벅의 진심이다. 펄 벅은 중국의 치부를 드러내 중국 사람들의 감정을 다치게 할 생각이 없었다. 석 달 만에 완성한 원고를 남편에게도 알리지 않고 출판사로 보내면서 노벨상은커녕 책이 팔리리라는 생각도 하지 못했다. 1931년 그해는 루즈벨트의 뉴딜정책이 나오기 한 해 전으로 미국 사회가 공황에 시달리고 있었다. 원고 뭉치를 국제 소포로 보낸 펄 벅은 대학에서 가르치는 일을 계속하며 틈이 나면 말을 달려 교외로 나갔다.

『대지』를 송고한 뒤 얼마 지나지 않아 남경에 폭우가 쏟아져 양자강 둑이 무너졌다. 남경에서 백 년에 한 번 일어날까 말까 한 홍수 사태 속에서 펄 벅은 구호 작업에 나섰다. 말을 타고 재난 지역에 접근한 뒤 작은 배로 갈아타고 구호 지점으로 가서 난민을 돌보았다. 홍수가 물러간 뒤에 펄 벅은 계획 중이던 『수호지』 번역을 시작했다. 번역은 4년 뒤에 끝났다. 그 사이에 『대지』가 미국에서 선풍적인 인기를 끌면서 퓰리처상을 받았다. 대학 교수에 유명 작가를 겸하게 된 것이다. 이어서 1938년 노벨문학상을 수상했다. 1920년 노르웨이의 크누트 함순, 1924년 폴란드의 브와디스와프 레이몬트에 이어 농촌을 주목한 작가로서 수상한 것이다. 노벨상위원회는 펄 벅의 작품이 '중국 농민의 생활을 서사시를 쓰듯 리얼하고도 풍부하게 그려냈고, 전기의 인물 묘사에 뛰어나다'고 칭찬했다.

노벨상을 받은 것이 화근이었다. 원래 미국 주류 문단은 펄 벅을 지독하게 비웃었다. 미국 밖에 거주하면서 쓴다는 게 모두 중국 이야기밖에 없으니 그들에겐 오리무중이었을 것이다. 게다가 여자 주제에 그 전까지 싱클레어 루이스, 유진 오닐 두 명밖에 받지 못한 그 상을 받다니…. 노벨상을 바라보던 주류 작가들이 "저 여자가 받은 상이라면 나는 안 받고 말겠어."라는 마음에 없는 말까지 하기에 이르렀다. 노벨상을 받고도 펄 벅과 작품은 알 수 없는 이유로 미국 문학사에서 사라졌다.

중국 사람들도 펄 벅을 몰라보기는 마찬가지였다. 노신(魯迅)의 평가가 결정타였다. 노신은 『대지』가 출판되어 중국 독자들에게 환영받는 것을 못마땅하게 여겼다. 중국의 사정은 중국 사람이 잘 안다면서 펄 벅이 '미국' '여자' '선교사'로서 표면만 봤다고 했다. 노신은 『대지』를 읽지 않았을지도 모르겠다. 노신의 장서 목록에는 분명 펄 벅의 작품이 없다. 노신이 펄 벅을 문제 삼은 이유 셋은 그때 시각으로 봐도 이유가 될 수 없다. 첫째 펄 벅이 '미국인'이어서 중국 농촌을 잘 모른다니, 펄 벅은 그 잘난 중국 지식인들보다 훨씬 더 오랫동안 농촌에 살면서 농민을 관찰했다. 지식인들이 언제 한번 농민의 집 안에 들어가 보기라도 했다면 그들의 작품 세계가 달라졌을 것이다. 당시 중국의 농촌 문제를 작품에 담아낸 중국 작가가 드물어 비교조차 어렵지만, 빈농 가족의 일상을 『대지』만큼 객관적이고도 자세하게 그려낸 작품이 없기 때문이다. 노신의 『아큐정전』도 중국의 농촌이 무대지만 일단 분량이 얼마 되지 않는다.

펄 벅이 '여자'라서 중국 사정을 잘 모른다는 말은 반박할 필요조차 없다. 미국 남자 문인들도 펄 벅을 무턱대고 싫어했으니까.

펄 벅이 '선교사'이기 때문에 편협한 시각을 가졌을 것이라는 생각

또한 노신의 편견일 뿐이었다. 펄 벅은 개신교 선교사의 딸이었을 뿐 죽어서 가는 천당보다 현세의 행복을 추구하라고 주장하던 이단아였고 나아가 다양한 종교가 공존하는 사실을 부정한 적이 없는 현대 종교학의 선구자였다.

노신은 펄 벅이 『수호지』 영문판 제목을 'All Men Are Brothers'로 붙인 것도 비판했다. 양산박 사람 모두를 형제로 보기 어렵다는 것이 이유였다. 노신은 꼭 자신의 각박함을 이렇게 드러내야 했을까? 펄 벅은 『논어』 〈안연〉 편의 '사해지내개형제야(四海之內皆兄弟也)'를 뽑아 썼다. 공자의 제자 자하(子夏)가 친형제 없이 외로워하는 사마우(司馬牛)에게 '사람의 운명과 부귀영화가 하늘에 달렸으니, 신중하게 판단해서 실수를 저지르지 않고 다른 사람에게 예의를 갖춰 행동한다면 천하의 누구라도 형제가 될 수 있으니 외로워하지 말라'고 충고한 것이다. 자하가 이 멋진 말을 세상에 던진 뒤로 중국 사람들이 이 말을 얼마나 많이 애용해왔는지는 노신이 더 잘 알고 있었을 것이다. 노신은 『수호지』의 영문판 제목을 『lakeside story』로 붙였으면 받아들였을까? 내가 노신이라면 펄 벅이 『논어』에서 이 말을 뽑아 쓴 것을 칭찬하겠다. 그보다 먼저 『수호지』를 영어로 번역해 주어 감사하다는 인사부터 전하겠다.

펄 벅은 이런 노신의 비평에 괘념치 않았던 것 같다. 기회가 있을 때마다 노신과 노신의 작품을 소개하고 찬양했을 뿐 아니라 1934년 미국으로 돌아간 뒤에도 중국 지인을 만날 때마다 노신의 안부를 물었다고 하니 말이다. 1936년에 세상을 떠난 노신이 좀 더 오래 살아 1938년 펄 벅의 노벨문학상 수상 소식을 들었다면 또 뭐라고 했을지

궁금해진다.

중국의 정치 지형이 변하여 1988년 『대지』 재번역판이 나왔다. 1991년에는 〈펄 벅의 문학 창작에 관한 토론회〉가 처음으로 열렸다. 그때 1930년대에 펄 벅의 작품을 번역한 적이 있는 중국의 노작가 서지(徐遲)가 "우리는 오랫동안 이 위대하고 멋진 분을 중국인의 친구로 여기지 않았습니다. 이번 대회 참가자들처럼 이분을 존경하는 사람도 있지만 어떤 이는 냉대하거나 심한 말로 헐뜯기도 했습니다. 이분이야 말로 중국의 농촌 실태를 중국의 유명 작가보다 더 잘 그려냈으며 더 많은 작품을 써냈습니다."라는 편지를 대회 측에 보내 그동안의 사정을 반성했다.

그 뒤로 해마다 펄 벅 관련 논문이 무수히 쏟아져 나오는가 하면 국제토론회도 자주 열린다. 이렇게 중국 학술계와 문단에서 펄 벅의 중국 사랑을 대대적으로 재평가하고 있지만, 그저 기사회생의 단계랄 까? 영문도 모른 채 '반동' 문인으로 낙인찍혀 죽을 때까지 중국 입국이 거부되었던 펄 벅의 억울함을 풀기에 아직 멀었다.

펄 벅은 세계인이 알아듣는 언어로 중국을 있는 그대로 소개한 작가다. 중국인보다 더 중국인이었으므로 펄 벅의 작품은 오리엔탈리 즘이나 중국 판타지와 거리가 멀었다. 글만 쓴 것이 아니다. 항일 전선에서 홍보전과 모금 일에 앞장섰으며 미국에 돌아간 뒤에는 여러모로 중국 작가들을 지원했다. 지금도 그렇지만 그때는 그런 사람이 드물었다. 영어보다 중국어를 먼저 배웠고, 생각도 식사도 일처리 방식도 중국식이라고 주장했으며, 묘비명에 자신의 한자 이름 '새진주(賽珍珠)' 세 글자만 새겨 달라고 유언했던 펄 벅이다.

나아가 서양문학에 처음으로 아시아인의 목소리를 들려준 사람이자 국적과 인종, 종교를 넘어 모든 소수자의 인권을 신장하기 위해 노력하다가 이쪽저쪽에서 폄하되었다. 어느 한 나라, 어느 한 민족이 품기에 부족한 온갖 현안의 대변자였던 펄 벅의 삶을 따라가다 보면 동양과 서양의 모든 개혁 운동을 만나게 된다. 이런 펄 벅이 단순한 아웃사이더가 아닌 다문화, 다종교, 소수자 인권 존중 세상의 선구자로 자리매김되기를 바란다.

1937년 중일전쟁이 터지기 직전, 금릉대학교는 사천성으로 캠퍼스를 옮겼다. 남경에 남았던 몇몇 외국인이 국제안전구역위원회를 구성하고 텅 빈 캠퍼스에 난민 캠프를 차렸다. 펄 벅 부부가 살던 집은 위원회가 회의실로 썼다. 그 뒤로 이 집은 펄 벅과 멀어졌다. 급기야 1990년대에 이르면 펄 벅의 집을 찾느라 야단법석을 떨어야 했다. 현재 남경을 포함하여 중국 네 군데에 펄 벅의 옛집이 보존되어 있다.

미국에서 발간되던 『신한민보(新韓民報)』 1942년 6월 25일 자 기사에는 '유명한 동양 정국(政局) 저술가(著述家)' 펄 벅 부인의 '전쟁에 이기려고 하기 전에 모든 민족에게 자유를 줄 것을 결정해야 한다'는 의견이 인용되어 있다. 펄 벅은 중국의 친구였을 뿐 아니라 한국의 친구이기도 했다. 일찍이 한국의 독립을 지지했고, 한국에 무지한 미국인들에게 여러 편의 소설을 써서 한국을 홍보했으며, 전쟁고아들을 돌보기도 했다.

7부

진회하 이야기

부자묘와 공원

진회하는 예로부터 남경의 젖줄이었다. 그중에서도 번화가 4km를 관통하는 십리진회(十里秦淮)는 역대 남경의 문화, 예술, 상업 중심지로 오늘날까지 명맥을 이어오고 있다. 지금은 많이 좁아져 10여 미터쯤 되지만, 예전에는 강폭이 100m에 이르는 큰물이었다. 십리진회 구간이 끝나는 지점에서 양자강으로 합류하여 바다까지 연결되기 때문에 체증이 일어날 만큼 교통량이 아주 많았다. 몇백 년 전까지는 태풍이라도 불면 십 리 구간에서만 몇천 척 배가 뒤집혔다고 하니 지금으로서는 상상하기 어려운 광경이다.

이런 진회하에는 지금도 명소가 여럿 남아 있다. 이 중 대표적인 곳이 부자묘(夫子廟)와 공원(貢院)이다.

부자묘라고 하면 얼핏 감이 잘 잡히지 않지만 사실 문묘를 부르는

남경 문묘인 부자묘 앞을 지나는 진회하가 문묘의 반지(泮池)를 이루고 있다.(陳傑 사진)

다른 이름일 뿐이다. '부자'는 중국어로 '선생님'인데, 여기서는 선생님 중에서도 가장 훌륭한 선생님인 공자를 특정하고 있다. 남경에서는 공자님의 사당을 공묘 또는 문묘라고 부르지 않고 부자묘, 즉 '우리 선생님의 사당'이라고 부른다. 글공부하는 선비들로서는 공묘나 문묘 같은 형식적인 이름보다 '우리 선생님의 사당'이라고 부르는 것이 공자님과의 거리를 좁힐 수 있었을 것이다. 중국 전역에 문묘가 1,600군데쯤 남아 있는데 부자묘라고 부르는 곳은 남경의 문묘밖에 없으니, 남경은 역대로 글공부하는 사람들의 고장이었음을 알 수 있다.

세계의 모든 문묘는 대성전 중심의 사당 구역과 명륜당 중심의 학교 구역으로 배치되어 있다. 이 두 구역은 남북 또는 동서로 나누어져 있는데, 서울의 문묘는 남북형, 전묘후학(前廟後學)이고, 북경의 문묘는 동서형 좌묘우학(左廟右學)이다. 남경의 부자묘는 서울 문묘와 마찬가지로 전묘후학형에 속하지만 그 구조가 아주 특이하다.

남경 부자묘가 다른 문묘와 구별되는 첫 번째 지점은 문묘 구역에 학교는 물론 과거 시험장인 공원이 들어 있다는 것이다. 유교 문화가 지배하던 동아시아 전통 사회에서 문묘에 학교를 넣은 것은 자연스러운 일이었다. 권력 측에서는 통치이념에 맞는 인재를 양성해야 했고, 선비 측에서는 공자를 최고의 스승으로 모시는 환경에서 글공부에 매진하기 쉬웠을 것이다. 그런데 남경의 부자묘는 여느 문묘와 달리 여기서 한 걸음 더 나아가 있다. 문묘 안에 과거 시험장이 있으면 문묘 안의 학교에서 공부하던 선비들에게 그들의 최종 목표인 과거 급제를 날마다 일깨워 주었을 것이다. 남경의 선비들은 공자를 모신 사당 안에서 공부하다 그 사당 안에서 과거에 응시했다. 이렇게 공자 사당과 학교, 과거 시험장이 한 마당 안에 있는 문묘는 남경밖에 없다.

남경 부자묘의 또 다른 특징은 학교 건물 이름이 명륜당이 아니라 명덕당(明德堂)이란 것이다. '명륜'은 '인륜을 명확하게 인식하다'는 뜻으로 『맹자』에 나오는 말이다. 이는 맹자가 교육의 목표로 내건 이념인데, 송나라 때 맹자가 대대적인 추앙을 받으면서 맹자의 왕도정치와 더불어 이 교육 이념이 유행하여 문묘의 학교 건물 이름이 명륜당으로 통일되었다. 아마 앞으로 전 세계 어느 지역에 문묘가 새로 지어지더라도 학교는 명륜당이 될 것이다. 그런데 남경의 부자묘 학교는 명륜당이 아닌 명덕당이다. '명덕'은 『대학』에 나오는 교육 목표 '대학지도재명명덕(大學之道在明明德)'에서 나온 말로 '인간이 지닌 좋은 덕성을 잘 살린다'는 뜻이다. 남경 부자묘의 학교 이름이 명덕당인 것은 『맹자』의 교육 목표인 '명륜'이 유행하기 전에 세워졌다는 것을 의미하므로 남경 부자묘가 지금 중국에 남아 있는 문묘 중 가장 이른 시기에 지어졌음을 알려준다.

남경 부자묘는 문묘 입구에 있는 반지(泮池)에서도 특이한 모습을 보인다. 반지는 고대 중국의 관립학교를 상징하는 반달형 못이다. 주나라 법도대로라면 수도에 있는 최고 관립학교는 사방 둥근 물에 둘러싸여 있어야 한다. 학교 건물을 둘러싼 둥근 물은 '완벽'의 '벽'을 상징한다. 반면에 지방 관립학교는 반달형 물에 삼면을 접하고 있는데 천자의 상징인 완벽에서 한 면을 이지러뜨린 뜻이다. 따라서 문묘 입구에 반달형 못이 있으면 그 도시는 수도가 아니다. 현재 중국에 남아 있는 문묘 중에서 북경 문묘에만 학교 건물 벽옹이 둥근 물에 둘러싸여 있다. 남경 부자묘에도 반지가 있는데 특이하게도 인공 물길인

진회하 부자묘 구간(上)은 지금도 밤뱃놀이가 성행하고 있어 번화했던 옛 모습을 그려보게 한다.(이준구 사진) 남경 부자묘와 이웃하여 2만 명 이상이 한꺼번에 응시했던 과거 시험장 공원(下)이 있었으나 현재는 일부 시설만 남아 있다.(陳傑 사진)

못이 아니라 자연하천인 진회하가 반지 역할을 한다. 문묘 반지에 자연하천을 이용한 유일한 예다. 부자묘의 반지는 현재 진회하 놀잇배의 기점이자 종점으로 밤이 되면 수많은 등으로 장식되어 화려한 모습을 뽐낸다. 특히 해마다 정월 대보름에 열리는 등축제 땐 한꺼번에 몇십만 명이 몰린다. 주변 지하철역과 시내버스 정류장은 무정차 통과하고 2018년부터 온라인 예약자만 입장하게 했지만 그래도 입장객 수는 변화가 없다. 2018년, 줄을 서서 휴대전화 인증을 거친 뒤 들어간 사람들이 30만 명이라니 놀라울 따름이다.

남경 부자묘에 잘 발달한 상업구역도 다른 문묘에서 보기 힘든 광경이다. 남경 부자묘는 여러 차례 전란에 파괴되었다가 18세기 중엽 증국번과 이홍장이 중건했다. 그러나 1937년 중일전쟁으로 남경이 함락될 때 다시 파괴되었다가 20세기 말이 되어서야 증국번 중건 때의 모습을 회복했다. 부자묘가 중건되기 전 몇십 년 동안 이곳에 시장과 식당이 들어찼다. 공자를 모시는 엄숙한 공간이자 과거 시험 준비를 하고 과거를 보던 엄격한 공간이 가장 자유분방한 상업구역으로 변한 것이다.

최근 들어 명청시대 대도회지 남경의 모습을 복원하는 사업이 활기차게 추진되고 있다. 명나라 때 수공업과 상업이 발달한 남경의 모습을 그린 〈남도번회도(南都繁會圖)〉 풍경을 되살리겠다는 것이 이 사업의 목표라고 한다. 600년 전 진회하 풍경이 폭 44cm, 길이 3m 55cm 두루마리에 고스란히 담긴 이 그림에는 109군데 상점과 천 명이 넘는 서로 다른 직업인의 모습이 들어 있다. 당시에도 진회하는 번화한 상업구역이었던 것이다. 남경시에서는 진회하와 연결된 중화문에서 동쪽과 서쪽으로 이어지는 성벽 아래 동네 노문동(老門東)과 노문서(老門西)부터 개수 작업에 들어가 옛 모습을 복원해 냈다.(노문서는 김원봉이 숨어 살던 동네다.) 이 두 동네가 그 옛날 번성했던 남경 대도회의 풍경을 제대로 살리기는 어렵겠지만 철거 위기에 있던 구시가지를 보존한 것만 해도 다행스럽다.

한편 부자묘 구역에 들어 있던 공원(貢院)은 2만 명 이상이 동시에 과거에 응시하던 중국에서 가장 큰 과거 시험장이었다. 공(貢)은 과거에 급제한 인재를 가리키는 말이다. 봉건시대 중국 강남 지식인의 운명을 결정했던 공원은 30여만㎡, 축구장 45개 면적에 건물 2만 644칸이 들어서 있었다. 상상하기 어려운 규모다.

과거 시험장은 전란의 화도 면한 채 1903년 마지막 향시 때까지 위용을 자랑하고 있었다. 1905년, 과거가 폐지되자 무용지물이 되어 버린 시험장은 1918년부터 철거를 시작했으나 2만 칸 넘는 건물을 다 파괴하는 데엔 시간이 꽤 걸려 그 이듬해가 되어서야 거의 끝났다. 본관 건물인 명원루와 호사(號舍) 몇 칸만 남기고 철거된 중국 최대의 과거 시험장은 상업 구역으로 변했다.

선비와 기녀

명나라의 수도가 북경으로 옮겨가자 회시(會試)와 전시(殿試)도 북경에서 치러졌다. 그 뒤 남경에서는 3년마다 향시가 치러졌는데, 지금의 강소성과 안휘성의 선비들이 구름처럼 몰려들어 2만 명 넘는 선비들이 한 장소에서 동시에 과거에 응시했다. 수험생들이 선착순으로 고사장에 입장했기 때문에 북새통을 이루다 못해 깔려 죽는 사고가 빈번했다. 이 문제를 해결한 사람이 바로 임칙서이다. 아편 밀매 문제 해결을 위해 광동에 파견되기 몇 해 전 지금으로 말해 강소성장으로 부임했던 임칙서는 중국에서 가장 큰 과거 시험장에서 벌어지는 안타까운 문제들을 하나하나 해결했다. 시험 때마다 인명사고가 발생하던 고사장 입장 문제는 각 고을별로 시간을 정해서 입장시키니 간단하게 해결되었다.

시험은 2박 3일씩 세 번 연거푸 치렀는데, 그동안 수험생들은 밖으로 나올 수 없이 각자에게 배치된 작은 방에서 먹고 자야 했다. 잘 때는 책상으로 쓰던 판자를 빼서 의자로 쓰던 판자에 이어 붙여 간이용 침대를 만들었다.

밖에서는 신분의 높낮이가 구별되었으나 과거 시험장 안에서는 평등하게 고생해야 했는데, 마른 음식을 준비했다고 하더라도 늘 부족하기 마련이었고 마실 물도 변변히 공급받지 못했다. 한 사람이 한 칸에 들어가는데 가로 3척, 세로 4척, 높이 6척의 작은 방이었다. 골목마다 몇백 칸씩 배치했는데 골목 입구에 물 항아리가 있고 골목 끝에는 분뇨를 버리는 통이 놓여 있었다. 여름에 2만 명 넘는 수험생이 분뇨를 쏟아내면 냄새가 진동해서 분뇨 통이 있는 골목 끝 방에 배치되면 아예 시험을 포기하기도 했다는 것이다. 이런 딱한 사정을 두고 볼 수 없었던 임칙서는 2만 명 넘는 수험생들에게 따뜻한 차와 먹을 것을 제공하고 각종 불편한 사정을 개선해 주려고 했다.

이렇게 3년마다 8월 보름을 전후로 본고사가 있었고, 그 전 2월에 예비고사를 가 있었으므로 선비들은 본고사가 있기 한 해 전부터 남경에 올라와 시험을 준비했다. 과거 시험장은 진회하를 끼고 있는 번화가였으므로 허름한 방이라도 임대료가 비쌌고, 식비와 문구 구입비도 만만찮게 들어갔다. 노잣돈을 두둑이 챙겨오지 않고서는 찻집이나 술집을 들락거리거나 골동품점을 돌아다니는 것은 생각도 할 수 없었다.

명나라와 청나라가 서로 운명을 달리하던 17세기 초, 한 문인이 남경 진회하 풍경을 묘사한 글이 남아 있다.

진회하 물가에 지은 하방(河房) 집은 생활은 물론 벗들과의 교제나 유흥에도 편리하다. 그래서 집세가 비싸도 빈방이 없다. 진회하 물 위로 화려한 놀잇배들이 풍악을 울리며 끊임없이 오간다. 집집마다 물가 쪽으로 발코니를 냈는데 붉게 칠한 난간마다 온갖 무늬가 조각되어 있고, 대나무 발에 갑사 휘장이 덧드리워져 있다. 여름밤, 미역 감은 사람들이 남녀 할 것 없이 발코니에 섞여 앉는다. 물가 양쪽의 누각에서 풍기는 짙은 재스민 향기에 취할 무렵 올림머리를 한 여자들이 둥글부채를 살랑이며 애교를 부린다. 해마다 단오 땐 남경 대갓집 아씨들이 양쪽 물가에 늘어서 등을 켠 놀잇배 구경에 여념이 없다. 호사가들은 뱃전에 보석처럼 반짝이는 양각등(羊角燈)을 늘어뜨린 크고 작은 배를 모아 이물과 고물을 달아 붙여 노는데 많을 땐 열몇 척에 이른다. 꼬리에 꼬리를 물고 이어진 배들이 불을 토하는 용처럼 구불구불 흘러가면 물과 불이 서로 격렬히 튄다. 배 안에서 온갖 악기들이 울리는 풍악소리와 흥겨운 노

284

랫소리가 하늘 높이 퍼진다. 물가 난간에 기대서서 대갓집 아씨들이 깔깔대며 수다를 떠는 소리에 눈과 귀를 어디다 두어야 할지 모를 무렵, 밤 깊어 피곤한 진회하엔 하나둘 등이 꺼지고 별들만 초롱초롱 빛난다. 종백경(鐘伯敬)의 〈진회하등선부(秦淮河燈船賦)〉에 이 광경이 생생하게 묘사되어 있다.

— 장대(張岱), 〈진회하방(秦淮河房)〉

이렇게 보면 대도회지 남경의 진회하는 성스러운 문묘와 과거 시험장 중심의 엄숙한 분위기보다 환락과 낭만이 넘치는 유흥 본색이 아니었을까 싶다.

8월 본고사 응시 인원이 2만 명 이상이었으니 2월 예비고사에는 더 많은 인원이 몰렸을 테고 개중에는 유흥을 즐기는 부류도 꽤 많았던 모양이다. 그리하여 진회하 문덕교(文德橋)를 기준으로 북쪽에는 공자를 모시는 사당과 과거 시험장이 있고, 남쪽에는 수많은 기방이 들어서는 진풍경을 이루었다. 다리 하나만 건너면 별세상이었으니 절제는 먼 나라 이야기였다. '군자불과문덕교(君子不過文德橋)'라는 말까지 생겨났지만, 문덕을 포기하고 다리 건너 남쪽 기방으로 놀러 가는 선비들을 막지 못했다.

남경에는 문묘가 여러 군데 있었다. 현재의 부자묘는 송나라 때 건강부 문묘로 건립되었는데 청나라 때에는 상원현과 강녕현의 문묘로 쓰였다. 이와 별도로 명나라 건국 초기에 육조 황궁 후원 터에 대규모의 국자감과 문묘를 세웠다. 북경으로 수도가 옮겨간 뒤 이 문묘는 강녕부 문묘로 강등되었으나 규모는 그대로 유지되었다. 태평천국 군대가 남경에 입성하여 이 문묘를 재부아(宰夫衙) 즉 가축의 도살을 맡은 관청으로 바꿔 버렸는데 그나마 전화 속에 소실되고 말았다. 남경을 탈환한 증국번은 도살장을 문묘로 재건할 수 없다며 조천궁(朝天宮)으로 옮겨 강녕부 문묘를 중건했다. 이 문묘에서 최후로 석전 제사를 올린 것은 1948년 8월이었다. 이듬해 중화민국 수도 남경이 중국 공산당 인민해방군에 점령된 뒤로 이 문묘는 문묘로서의 기능을 잃었다. 현재 대성전 건물이 남아 있고 문묘 동쪽의 강녕부 학교는 곤극(昆劇) 극장이 되어 있다. 남경시 시립박물관이 경내에 있다.

주원장이 명나라 조정의 예식을 미리 연습하는 곳으로 세운
조천궁 터는 손권 시대 이후 권력자들이 좋아했던 땅이었다.(邵世海 사진)

진회팔염

　'진회팔염(秦淮八豔)'은 '명말청초'라는 17세기 중국의 대변환기를 배경으로 하여 남경 진회하를 무대로 활동했던 곤곡(昆曲) 교방(教坊) 명기들을 이른다. 유네스코 무형문화유산 곤곡은 14세기부터 발달한 중국 강남 지역의 전통극으로 17세기 명나라 말기에 이르러 최전성기를 맞이하고 있었다. 곤곡의 명기들은 서양식으로 치면 오페라의 프리마돈나였으나, 다른 점이 있다면 창은 물론 시, 서, 화에 능해야 '기(妓)'가 될 수 있었다. 진회팔염은 이런 뛰어난 재주에 절의를 겸비하여 망국의 아픔을 온몸으로 견뎌냈다. 예로부터 남경 진회하에는 명기들이 많았지만 유독 이 시대에 진회팔염이 생겨난 것은 명청 전환기라는 시대 배경 때문이었다. 남자들도 당하지 못하고 만주족이 시키는 대로 머리를 밀고 복장을 갈아입은 채 굴욕의 나날을 보내야 했던 엄혹한 시절 진회팔염은 다들 꿋꿋하게 의리를 지켜나간 것으로 유명하다.

　관광객으로 늘 북적이는 고진회(古秦淮) 서쪽 패방 오른쪽 골목을 들어서면 진회팔염의 대표 이향군(李香君) 옛집이 있다. 이향군은 열세 살 때부터 창을 배웠는데 쟁반에 옥 구르는 소리를 냈다고 한다. 비파와 거문고 연주 실력도 뛰어나 단박에 명기 반열에 올랐다. 당시 남경에는 명문가 출신으로 인물 좋고 기개가 있는 데다 시까지 잘 쓰던 후방역(侯方域)이란 인물이 있어 이향군과 사랑을 나누는 사이가 되었다. 두 사람이 거처하던 곳은 지금 옛집 간판을 걸고 있는 곳에서 동쪽으로 몇백 미터 떨어져 있는 진회하 하방이라고 하지만 흔적을 찾을 수 없다.

청나라 군대가 강남까지 쳐들어온다는 소문이 돌자 이향군은 후 방역에게 양주(揚州)의 사가법(史可法) 휘하로 들어가 청나라와 싸우 게 하고는 후방역이 돌아올 때까지 손님을 받지 않겠다며 문을 닫아 버렸다. 남경의 한 벼슬아치가 이향군을 후처로 들이겠다고 압박하자 죽기를 작정하고 2층에서 뛰어내렸는데 그때 들고 있던 부채에 붉은 피가 스며들었다고 한다. 복사꽃 그림이 그려져 있던 그 부채 도화선 (桃花扇)은 이후 이향군의 상징이 되었다. 후방역이 청나라에 투항했 다는 소문을 듣자, 이향군은 산속으로 들어가 도교 도인이 되었다. 천 하가 청나라 세상이 된 뒤 공상임(孔尙任)이 『도화선』이란 희곡을 써 서 이향군의 이름을 후세에 남겼다.

동소완(董小宛)의 이야기는 더 슬프다. 남경 진회하에서 만난 남편 모상(冒襄)에게 청나라의 녹을 먹을 수 없으니 과거에 응시하지도 벼 슬길에 나가지도 못하게 했다. 살림이 점점 가난해지자 동소완은 가 계를 꾸려나가기 위해 닥치는 대로 일을 하다가 병을 얻어 세상을 떠 났다. 스물여덟 살이었다.

진회팔염의 다른 여자들도 대개 이런 식이어서 남편에게 청나라에 항복하지 말고 자결할 것을 권했다가 남편이 말을 듣지 않으면 관계 를 끊고 출가해 버렸다고 한다. 진회팔염이라고 해서 여덟 명의 명기 이름이 남아 있지만 개중에는 진회하에서 활동하지 않은 사람의 이 름도 있다. 명청 교체기, 시대의 아픔을 온몸으로 항거했던 명기가 꼭 여덟 명은 아니었으리라.

중일전쟁이 한창이던 때 이향군은 시대의 부름을 받아 매국노들을 풍자하는 문학 작품의 주인공으로 다시 등장했다. 세상을 떠난 지 300년이 지났지만 이향군은 오늘도 여전히 절의의 상징으로 남경 진회하에 살아있다.

금릉요리와 진회팔절

중국 요리 계보 중에 금릉요리가 있다. 금릉이 남경의 옛 이름이니 남경 요리라는 뜻이다. 손권이 남경을 개발하면서 여섯 왕조의 도읍지였던 이곳에 요리 문화가 발달하게 되었다. 당시 북쪽 중원 요리에 대해 남쪽 강남 요리는 남식(南食)이었는데 지금의 강소성과 절강성 옛 요리가 남식에 속한다. 회안–양주요리, 소주–무석요리, 서주–연운항요리 등과 함께 금릉요리도 강소성 요리에 들어 있다.

금릉요리는 예로부터 어미지향(魚米之鄉)으로 불리던 양자강 유역의 입지에 따라 재료의 신선도를 중시했다. 여기에 육조 도읍의 경제력을 바탕으로 여러 가지 요리법과 조리도구가 발전했고, 문벌들이 북쪽에서 옮겨온 중원 요리 특색도 첨가되었다. 사치가 심했던 당시에는 가문마다 새로운 요리를 개발하여 연회에 내놓는 경쟁이 유행했다. 원나라에 들어서면서는 남경에 이슬람교도들이 많이 늘어났고 명나라와 청나라 때에는 대도회지로서 다른 여러 지방과 교역했기 때문에 남경 요리의 범위가 확장되었다.

남경은 양자강변의 도시답게 예로부터 민물고기 요리가 발달했다. 양자강에서 나는 민물고기 종류가 많지만 그중에서도 철갑상어, 복어, 준치, 웅어를 최고로 친다. 늦가을에 근처 큰 호수에서 나는 민물게도 즐겨 먹는다.

민물고기에 재미를 붙이지 못한 사람은 남경의 오리 요리에 기대를 걸 만하다. 물이 흔한 강남에서는 오리를 많이 기르게 마련이다. 북경 요리 중에 유명한 오리구이도 명나라 초기 영락제가 도읍을 이전할 때 남경에서 옮겨간 것이라고 한다. 남경 오리 요리의 대표는 판압(板鴨)이다. 오리를 소금에 절여 익힌 것인데 대표적인 전채요리이다. 소금에 절였다고 염수압(鹽水鴨)이라고도 한다.

예로부터 남경 음식을 소개한 책이 많은데 그중에서도 18세기에 나온 『수원식단(隨園食單)』이 유명하다. 수원은 남경에서 말년을 보낸 청나라 중기 문단의 맹주 원매(袁枚)가 살던 집 이름이다. 집이라고 하기에 엄청난 규모의 저택이어서 면적이 20만m²에 이르렀다. 원매가 죽은 뒤 저택은 조각나서 몇 개의 동네로 조각났으며, 그 한쪽 자락을 미국 선교사가 사들여 금릉여자대학교(현 남경사범대학교)를 세웠다.

출세한 선비이자 성공한 문인이었던 원매는 미식가로도 유명했는데, 자신이 즐겨 먹던 326가지 음식을 자랑삼아 책으로 남겼다. 『수원식단』에는 당시 남경을 중심으로 한 강남 사람들이 즐겨 먹던 주식과 반찬, 요리, 음료 등의 소개와 조리법이 함께 실린 귀중한 사료다.

최근 들어 남경의 호사가들이 『수원식단』의 음식을 계승하겠다고 나섰다. 이 책에 나온 18세기 강남 음식 중에서 현재까지 전하는 것은 찾아내어 홍보하고 맥이 끊긴 것은 조리법을 부활시키겠다고 하니 멀지 않아 남경의 골목골목에서 18세기 요리를 맛보게 될 듯하다. 원매는 좋은 음식을 만들기 위해서는 '4다(多)'가 선행되어야 하는데, 칼을 자주 갈고, 행주를 자주 바꾸며, 도마를 대패로 자주 깎고, 손을 자주 씻어야 한다고 했다. 부활하는 수원 요리를 만들 때 식당마다 이 위생 원칙을 적용한다면 얼마든지 자주 가서 사 먹을 텐데….

남경 요리 중에서도 부자묘와 진회하 쪽 '딤섬' 요리가 유명하다. 딤섬은 광동어인데 한자로 '點心'이라고 쓴다. 우리말에도 있는 이 점심은 고대 중국어에서 배고플 때 요기할 수 있는 떡이나 부침개를 지칭하는 말이었으나 차를 마실 때 곁들여 먹는 간단한 요리로 변했다. 영국에서 '애프터눈 티'에 과자를 곁들이는 풍속도 여기서 나왔다.

지금은 광동의 '딤섬'이 더 유명하지만 원래는 남경 요리였다. 광동에서는 주객이 바뀌어 딤섬요리가 주인공 차를 뛰어넘어 광동을 대표하는 요리로까지 발달했지만 남경에서는 딤섬을 여전히 간단한 요리로 친다. 그러나 가격 대비 맛이 뛰어나고 종류가 백 가지를 헤아리니 간단하다고 얕볼 일이 아니다. 부자묘와 진회하 부근에는 이런 딤섬 요리 전문점이 많은데 그중에서도 백 년의 역사를 자랑하는 일곱 군데 식당에서 파는 여덟 가지 세트 메뉴가 유명하여 진회팔절(秦淮八絕)이라고 한다.

- 영화원(永和園)의 소를 넣어 구운 떡과 잔새우 두부채
- 장유기(蔣有記)의 맑은 쇠고기국과 쇠고기 군만두
- 육봉각(六鳳閣)의 순두부와 총유병(蔥油餅)
- 기방각(奇芳閣)의 오리기름 약밥과 야채만두, 흰 두부채와 기스면
- 연호고단점(蓮湖糕團店)의 계화 찹쌀새알 팥죽과 오색떡
- 첨원면관(瞻園麵館)의 장조림훈제어 국수와 피 얇은 만두
- 괴광각(魁光閣)의 오향두(五香豆)와 오향 달걀

남경 여행객이라면 부자묘와 진회하를 놓칠 수 없고, 기왕 들렀다면 주머니 걱정 없는 진회 딤섬 요리 한 가지 정도는 꼭 먹어볼 일이다.

남경의 집밥

남경 요리가 맛있어도 날마다 외식을 할 수는 없는 법. 남경에서 강산이 한 번 변하도록 살아 보니 시장에 사철 싸고 풍부한 재료가 넘쳐서 집밥을 해 먹기 좋았다. 그중에서도 채소가 여간 많은 것이 아니라 장 보러 나가는 길이 늘 설렌다.

봄에는 물쑥과 쑥부쟁이 싹이 남경을 점령한다. 물론 냉이와 달래, 구기자 싹도 많다.

물쑥은 누호(蔞蒿)라고 부르는데 여린 줄기를 적당하게 잘라 볶아 먹는다. 물쑥만 볶으면 센 불에 1분이면 된다. 돼지고기나 닭고기를 곁들이려면 잘게 썰어 미리 볶아 쓰면 된다. 소염 작용이 있고 가래나 기침에도 좋아서 봄 감기에 약이 된다.

쑥부쟁이 싹은 마란두(馬蘭頭)라고 하는데 물쑥과 함께 나온다. 봄에 쑥부쟁이 싹을 다 먹어 버려서인지 남경의 가을에는 쑥부쟁이 꽃을 보기 어렵다. 여린 싹을 살짝 데쳐 소금, 참기름에 무쳐 먹는다. 삶은 땅콩과 건두부 잘게 썬 것을 곁들여 무치면 더 맛있다. 데친 싹을 잘게 썰어 볶아 먹기도 하는데 이때에도 간은 소금으로만 한다. 남경 사람들은 쑥부쟁이 싹에 설탕을 약간 넣어 쓴맛을 조절하는데 단 것을 싫어하면 넣지 않아도 된다. 봄에 함께 나는 냉이와 쑥부쟁이 싹을 다져 만두소를 해도 된다. 참기름을 넣으면 냉이와 쑥부쟁이 향이 더 잘 산다.

원매는 『수원식단』에서 "쑥부쟁이 싹은 여린 것을 뜯어 죽순과 함께 식초를 쳐서 무치는데 기름지고 느끼한 음식을 먹고 난 뒤의 더부룩함을 가시게 한다."고 했다. 내년 봄에 쑥부쟁이 싹이 나면 원매가 시키는 대로 식초를 약간 쳐서 무쳐 먹어보려고 한다.

남경의 여름은 감국 이파리가 지천이다. 국화로(菊花澇)라고 하는데 주로 달걀을 곁들여 국을 끓여 먹는다. 끓이는 방법은 두 가지다. 중국 친구 중에는 깨끗하게 씻은 감국 이파리를 기름에 살짝 볶다가 끓이는 파가 있고 물이 끓을 때 감국 이파리를 넣는 파가 있는데 두 가지로 해 먹어 본 결과 기름에 살짝 볶은 쪽의 향이 더 진했다. 1분쯤 끓인 뒤 달걀을 풀어 넣고 소금 간을 해서 한 번 더 끓이면 된다. 여름날 목이 따갑거나 두통이 생기면서 감기 증상이 오면 얼른 감국탕을 끓여 먹는데 무척 잘 드는 편이었다. 물론 살짝 볶아 먹어도 된다.

또 한 가지, 남경에서 만난 뜻밖의 음식이 있다. 오반(烏飯)이라고 하는 검정 밥이다. 당나라와 송나라 시에 청정반(靑精飯)으로 자주 출현하는 것을 보면 중국 사람들이 예전부터 즐겨 먹었던 것을 알 수 있다. 오반이란 이름에 나와 있듯이 찰밥 색깔이 투명한 검은색이다. 그런데 자세히 보면 검은색이 아니라 '청출어람'의 청색이다.

『본초강목』에는 "이 밥을 선가(仙家)에서 먼저 먹다가 불가로 전해져 많은 지역에서 4월 초파일에 먹는다."고 했는데, 선가, 즉 도가에서 양생을 위해 먹기 시작한 밥이라는 이야기다. 밥 색이 짙은 까닭은 모새나무 이파리를 짓이겨 물을 들인 때문이다. 모새나무는 남촉(南燭)

나무라고도 하는 진달래와 산앵도나무 속 관목이다. 방울 모양의 꽃이 피었다가 블루베리와 닮은 열매가 맺힌다. 열매는 달고 시다. 모새나무의 씨앗과 뿌리는 약으로 쓴다. 위궤양을 진정시키고 각종 염증을 가라앉히며 피로도 덜어준다. 최근 들어 악성 종양 세포를 죽이는 기능이 발견되어 항암제로도 각광받고 있다. 이파리 짓이긴 물은 끓여 마셔도 되는데 신맛이 싫을 땐 꿀을 넣으면 된다. 일찍이 두보가 이백에게 증정한 시에 "청정반을 먹지 못해 혈색이 좋지 않다."고 했으니 미용에도 좋지 않을까 한다.

청정반을 만드는 방법은 간단하다. 찹쌀을 모새나무 이파리 짓이긴 물에 밤새 불렸다가 찌면 된다. 이파리를 말렸다가 일 년 내내 우려먹어도 되지만, 이른 봄 새로 돋은 모새나무 이파리를 쓰면 밥맛이 더 좋아 봄철에 많이 먹는다. 예전에 중국에서는 청정반을 건량으로 썼다. 지금이야 모새나무 이파리 즙에 천연 방부제가 들어 있는 것이 알려져 있지만 예전에도 그 사실을 알았을까? 찐 찰밥을 말려서 모새나무 이파리 짓이긴 물에 불렸다가 찌고 말리기를 많게는 아홉 번까지 해서 멀리 갈 때 휴대하여 끓는 물에 불려 먹었다. 모새나무 이파리 즙을 얻어 청정반을 지어 먹은 적이 있는데 약밥보다 먹기 좋았다. 투명하면서 짙은 색이 식욕을 돋우는 데다 찹쌀의 쓴맛이 사라져 목에 넘기기도 좋았다. 약이라서 그런지 소화도 잘되었다. 그러나 남경 시내 청정반 전문점 것만 같지 못해서 가끔 사다 먹는다. 좋아하면서도 자주 먹을 수 없는 건 그 집에서 청정반을 새벽에만 팔기 때문이다.

후기

　서울도 한때 남경이라 불렸던 때문일까? 남경이란 이름이 처음부터 입에 잘 붙었다. 남경은 짜임새마저 서울과 닮아 도시를 가로지르는 큰 강과 제법 높은 산 아래 자리 잡은 궁궐터까지 이사 온 때부터 낯설지 않았다. 소문난 맛집은 물론, 철 따라 매화며 단풍 구경을 부지런히 쫓아다니다 보니 어느새 십 년이 훌쩍 지났다.

　남경 '주민'이 되어 보니 남경에는 찾아보지 않고는 견디기 어려운 곳이 많았다. 김원봉과 김구의 아지트가 있던 동네에 왕희지와 왕헌지의 고택 터가 있고, 정몽주와 정도전이 묵었던 객관 옆에는 이홍장의 사당과 동양 최대 일본군 위안소가 남아 있는 식이다. 어디를 걸어도 난데없이 튀어나오는 유적지들 덕분에 끊었던 독서를 다시 하게되었다. 중국 역사상 10개 나라의 도읍지였던 남경은 고구려, 백제 때부터 외교관이나 상인들이 뻔질나게 드나들던 한중관계사의 한 축이었다. 본의 아니게 남경 공부를 하게 된 뒤로 남경을 찾는 한국 손님들에게 가끔 길 안내를 하게 되었는데, 그분들도 나처럼 남경의 매력에 쉬이 빠져들곤 했다. 남경 이야기책이 있었으면 좋겠다는 말이 자연스레 나오게 되었고, 어쩌다가 내가 이 책을 쓰게 되었다.

이 책이 만들어지도록 내 등을 떠민 분들이 많다.

김정현 박사가 가장 먼저 생각난다. 학생 때부터 늘 좋은 말로 용기를 북돋워 주던 친구였는데, 지금은 동북아역사재단 연구위원으로 남경의 아픈 현대사에 주목하고 있는 연구자이다. 동아시아사 교원현장연수 남경 답사를 위해 남경 역사와 한중 관계사에 집중하여 김정현과 함께 토론했던 여러 과제가 이 책의 뼈대를 이루고 있다.

이름난 답사 서적의 저자들이신 목수현 선생님과 홍순민 선생님이 남경에 답사를 오셨다가 '남경 스토리'를 써보라고 권하셨다. 책을 쓰겠다는 생각은 해본 적이 없었던 터라 고개를 저었지만, 사실 두 분의 권유가 이 책의 시작이었다. 두 분과 헤어진 뒤로 나도 모르게 남경 관련 자료를 정리하기 시작했으니 말이다. 특히, 젊은 시절 직장 '사수'였으며 지금까지 멘토 노릇에 물심양면으로 지원을 해주는 목수현 선생님이 쓰라면 쓰는 것이 맞다고 생각했다.

그 무렵 우연히 한나절 함께 남경을 돌아봤던 구지현 선생님이 남경의 아무개를 허경진 선생님께 추천하여 이 책을 출판하는 일에 돌입하게 되었다. 40년 가까이 선생님의 독자였다가 이 책의 저자로 지명받으니 기쁘지 않을 수 없었다. 직관적으로 일을 맡기신 선생님께서 이 책을 받아 보시고 실망하지 않으시면 다행이겠다.

글을 마칠 수 있도록 격려해 주신 아들의 지도교수님 장쉐펑(張學鋒) 선생님께 감사한다. 남경의 도시사를 연구하고 계시지만, 내 선생님이 아니라 자문을 구할 엄두를 내지 못하고 있었는데, 아들을 통해 사정을 아시고는 기뻐하시며 크게 도와주셨다. 먼저 대강의 얼개부터 보여 드렸는데, 그대로 쓰면 되겠다고 하시면서, 남경을 중심으로 하는 한중 관계사에 관한 책이므로 중국어로 번역해서 출판해도 좋겠다며 격려해 주셨다. 까다롭기로 이름난 선생님의 칭찬을 듣고 우쭐해져서 자판을 신나게 두드리기 시작했다. 그러나 글 쓴 지 오래 되어 머리 속 생각을 글자로 풀어 내기는 쉽지 않았다. 선생님은 그런 나의 사정을 아시기라도 하듯 박물관으로 나를 불러 유물 하나하나를 설명해 주셨다. 선생님의 설명은 차원이 다르기로 소문이 나 있다. 선생님의 설명을 들으니 과연 실마리가 보이기 시작했다. 나는 장 선생님의 남경 도성 관련 논문을 공부하며 중국의 도성 발전 역사를 얼마간 이해할 수 있게 되었다. 마지막으로 선생님은 이 책에 실릴 사진과 지도 모두를 해결해 주시는 것으로 격려 중의 격려를 해주셨다. 지도는 선생님이 직접 제작한 것이고, 사진은 남경의 유적을 찍는 전문가들에게 받아 주셨다.

또 한 분 선생님이 나를 크게 도와주셨다. 내가 늦깎이 학생이 되어 중문과 석사과정을 다닐 때 배운 웨이이후이(魏宜輝) 선생님. 선생님께 고대 중국어 문법을 배우면서 고문 읽기가 그전보다 훨씬 수월해졌기 때문에 고문 번역 일을 하는 나에게는 은인이 되는 분이다. 딸이 같은 학교 중문과를 다녀 선생님께 배우게 된 덕분에 나는 학교를 떠난 뒤에도 선생님과 계속 연락할 수 있었다. 박물관에 기획전이 있을 때나 새로운 발굴지가 개방될 때마다 어김없이 데려가 주시는 선생님, 지난 학기에는 아예 남조 왕릉 테마로 함께 남경을 한바퀴 돌기도 했다. 선생님과 남경의 유적지를 돌 때마다 느끼는 일이지만 선생님은

'살아있는 지도' 같다. 골목골목, 길 없는 산길까지 샅샅이 꿰고 계신 선생님께 배운 것이 너무 많다. 나는 옛날 책을 읽다 막히면 선생님을 찾아 가르침을 받고, 박물관과 유적지에서는 뒤를 바짝 따라다니며 선생님의 설명에 귀기울였다. 그 중 많은 내용이 이 책에 담겼다.

책을 쓰고 나니 김인선 선생님이 그립다. 직장 선배지만 내가 입사하기 전에 나가서서 정작 함께 일한 곳은 다른 회사에서였다. 의뢰 받은 기업 홍보용 출판물을 제작하기 위해 날이면 날마다 열리던 기획 회의라는 것에 질려 있다가도 유쾌한 선생님이 나타나면 살 것 같았다. 좌중을 제압하던 선생님의 아이디어가 죽어가던 회의와 사람들을 언제나 통째로 살렸으니까. 그뒤 서울을 떠나 중국으로 올 때도 선생님이 많이 도와주셨다. 돈이 좀 모이면 선생님을 모셔서 중국 유람을 시켜 드려야지 하고만 있었는데, 지난해 세상을 버리셨다. 죄송하다. 선생님의 명복을 빈다.

우기동 선생님은 한 꼭지 완성할 때마다 내용을 읽어주신 고마운 분이다. 선생님 덕분에 논리의 허약과 비약이 어느 정도 잡힐 수 있었다. 표현도 많이 다듬어졌다. 격무 중에도 싫다는 내색 한 번 없이 전체 원고를 읽어 주신 선생님께 어떻게 감사해야 할지...

어쩌다 중국 고대문학과 중국 고대사를 전공하게 된 딸과 아들은 여느 때와 마찬가지로 토론자가 되어 주었다. 남경의 여러 곳을 함께 돌아보았고, 책을 쓰다 봉착한 어려운 문제를 함께 토론하며 내 비뚤어진 시각과 잘못 입력되어 있던 정보를 교정해 주었다. 그리고 내 막

냇동생 '에밀리'. 여러 모로 바쁜 중에도 수많은 오타를 잡아주고 어색한 표현들을 지적해 주었다. 이런 복을 누리다니, 감사할 따름이다.

벌이가 시원찮은 것을 안 뒤로 다달이 장학금을 후원해 주는 이미현, 신성숙, 정현옥, 이영규, 그리고 만날 때마다 봉투를 건네는 일일이 이름을 말하기 어려울 만큼 많은 고등학교 동기들... 나에게는 그들이 복지다.

대인군자의 풍모를 지니신 김경숙 선생님은 낯설고 물선 땅 남경에서 우리 세 식구가 제대로 된 생활을 할 수 있게 도와 주셨다. 오늘까지 십여 년을 변함없이 차별 없는 사랑을 베풀어 주시는 선생님께 감사드린다.

이준구 선생님께서는 선생님의 남경 사진을 쓰게 해주셨다. 남경에 두 번이나 다녀가신 선생님께서 남경에 다시 가고 싶다고 말씀하셨을 때 얼마나 기뻤는지 모른다. 남경은 그만큼 매력적인 데가 있다.

그리고

김학철 선생님.

이 책에도 썼지만 선생님은 남경에서 항일 운동을 하셨다. 80년대 말, 〈격정시대〉를 통해 선생님의 활약상을 알게 된 뒤로 서울에서 뵈었다가 90년 봄에 연길로 선생님을 찾아가 뵈었다. 나는 그야말로 선생님의 골수 팬이었다. 선생님께서 마지막으로 한국에 나가시던 날, 북경에 살던 나는 선생님을 뵈러 수도공항에 나갈 참이었다. 그러나 시간이 빠듯했다. 서울서 돌아오는 길에도 북경을 거칠 작정이니 그때 만나자고 하셨는데, 그 뒤로 선생님을 뵙지 못했다. 아직도 선생님의 골수 팬인 나는 선생님이 스무 살 무렵 일본 경찰과 끄나풀의 눈을 피해 숨어 사셨던 남경의 한 동네를 하릴없이 거닐 때가 많다.

어쩌다 보니 남경에 살게 되었고 남경에 관한 책까지 쓰게 되었다. 실컷 어슬렁거려도 질리지 않는 남경에 살고 있어 얼마나 다행한지. 남경에 사는 동안은 관광객으로 살 생각이다. 아직 가보지 못한 곳이 있고 듣지 못한 이야기가 많으니, 인연이 다할 때까지 못다 가본 골목들을 흔들흔들 다녀볼까 한다. 이 책은 육십 다 되도록 별일없이 살아온 나를 위로하기 위해 썼지만, 다른 '객'이 '남경에 이런 데가 있었구나' 하고 참고 삼아 읽어준다면 기쁘겠다.

끝으로, 이사 온 날부터 나를 이방인이 아닌 생물체로 동등하게 대해 준 자금산 동쪽 기슭 한 아파트 단지의 고양이 터줏대감들, 그리고 함께 사는 '나옹'에게 이 책을 바친다. '자강불식(自强不息)'을 가르쳐 준 고마운 친구들이다.

저자 신경란

태어난 대구에서 열여덟 해를 지낸 후 객지살이를 시작해 지금까지 여러 도시를 떠돌았다. 서울과 베이징을 거쳐 난징에서 지낸 십여 년 삶이 이 책을 쓴 원동력이 되었다. 서울에서는 잡지사와 출판사에서 일했고, 중국에서는 번역 일을 주로 했는데, 현재는 〈한서〉를 열심히 번역 중이다. 궁금증 풀릴 때까지 뒤지고 뒤지면 제아무리 어려운 문제라도 해답을 찾을 수 있는 집단지성의 문명시대를 살고 있다는 사실에 감사하고 있다.

지성인들의 도시 아카이브 01

풍운의 도시, 난징

2019년 10월 22일 초판 1쇄 펴냄
2019년 11월 29일 초판 2쇄 펴냄

지은이 신경란
펴낸이 김흥국
펴낸곳 보고사

책임편집 황효은
표지디자인 손정자

등록 1990년 12월 13일 제6-0429호
주소 경기도 파주시 회동길 337-15 보고사 2층
전화 031-955-9797(대표), 02-922-5120~1(편집), 02-922-2246(영업)
팩스 02-922-6990
메일 kanapub3@naver.com/bogosabooks@naver.com
http://www.bogosabooks.co.kr

ISBN 979-11-5516-941-4   04900
　　　979-11-5516-940-7   세트
ⓒ신경란, 2019

정가 16,000원